青海蒙古族简史

青海世居少数民族简史丛书

芈一之 张科 著

青海人民出版社

图书在版编目(CIP)数据

青海蒙古族简史 / 芈一之，张科著. — 西宁：青海人民出版社，2013.12(2022.3 重印)
ISBN 978-7-225-04702-7

Ⅰ.①青… Ⅱ.①芈… ②张… Ⅲ.①蒙古族—民族历史—青海省 Ⅳ.①K281.2

中国版本图书馆 CIP 数据核字 (2013) 第 301575 号

青海蒙古族简史

芈一之　张科　著

出 版 人	樊原成
出版发行	青海人民出版社有限责任公司 西宁市五四西路71号　邮政编码:810023　电话:(0971)6143426(总编室)
发行热线	(0971)6143516/6137730
网　　址	http://www.qhrmcbs.com
印　　刷	西宁东宝印务有限责任公司
经　　销	新华书店
开　　本	890mm×1240mm　1/32
印　　张	9.5
字　　数	220 千
版　　次	2014 年 4 月第 1 版　2022 年 3 月第 2 次印刷
书　　号	ISBN 978-7-225-04702-7
定　　价	36.00 元

版权所有　侵权必究

目 录

引 言 ……………………………………………………（1）

第一章 蒙古汗国和元朝时期 ……………………………（5）

  第一节 蒙古族入据以前的青海社会状况 …………（5）

  第二节 蒙古族兴起和进驻青海 ……………………（8）

    一、成吉思汗时蒙古部众进入河湟地区 …………（9）

    二、窝阔台汗时蒙古部众再次进入青海 …………（14）

    三、蒙哥汗时部分蒙古人留驻河曲地区 …………（17）

  第三节 元朝时期镇守诸王和蒙古人 ………………（19）

    一、郡县设置和行政管理 …………………………（20）

    二、蒙古镇守诸王 …………………………………（23）

    三、西平王、镇西武靖王等人的主要军政活动 …（34）

    四、探查河源 ………………………………………（37）

    五、蒙古族人口和社会经济 ………………………（39）

第二章 明朝时期 …………………………………………（43）

  第一节 明朝初年蒙古人外迁和被安置及"塞外四卫"
……………………………………………………（43）

一、明军西进，蒙古人外迁和被安置 ………………… (44)
二、宁王降明和西宁"塞外四卫"始末 ……………… (48)
三、明朝与"塞外四卫"之间的茶马互市和民族关系
………………………………………………………… (56)

第二节 东蒙古入迁西海及其活动 …………………………… (62)
一、亦不剌、鄂尔多斯部败亡西海 …………………… (63)
二、土默特部入据西海 ………………………………… (66)
三、西海蒙古与明朝之间的通贡互市 ………………… (73)

第三节 蒙古汗王与藏传佛教 ………………………………… (80)
一、蒙古汗王与藏传佛教的结盟 ……………………… (81)
二、仰华寺会晤 ………………………………………… (82)

第四节 明朝经略西海 ………………………………………… (86)
一、时战时和八十年 …………………………………… (86)
二、郑洛经略西海 ……………………………………… (91)
三、"湟中三捷" ………………………………………… (96)
四、明末清初西海蒙古余部的分布和活动情况
………………………………………………………… (97)

第三章 清朝前期中期 …………………………………… (103)

第一节 和硕特部固始汗移据青海及统治土伯特各地
………………………………………………………… (104)
一、和硕特部移据青海高原并建立统治
（1636~1642年） …………………………… (104)
二、固始汗的统治措施及与清朝的关系
（1642~1655年） …………………………… (116)

第二节 清朝前期青海蒙古族社会政治概况 ……… (125)
一、固始汗去世后青海蒙古族社会经济概况

　　　　(1655~1723年) ………………………………… (125)
　　二、由外藩而内属 ………………………………… (146)
　第三节　罗卜藏丹津反清事件 ………………………… (156)
　　一、罗卜藏丹津反清前的政治形势 ………………… (156)
　　二、罗卜藏丹津反清和清军的镇压 ………………… (162)
　第四节　清朝的"善后"措施及进入封建领主制衰落
　　　　　阶段 ……………………………………………… (178)
　　一、调整地方建制，整顿宗教寺院 ………………… (180)
　　二、在蒙古族中划界编旗 …………………………… (186)
　　三、青海蒙古族社会进入封建领主制衰落阶段
　　　 ……………………………………………………… (195)
　　四、道光初年清朝对蒙古事务的整理 ……………… (199)

第四章　近代时期(1840~1949年) ……………………… (216)
　第一节　清代后期封建领主制社会的延续和演变
　　　 ……………………………………………………… (216)
　　一、青海蒙古族社会继续衰败 ……………………… (216)
　　二、祭海、会盟及其演变 …………………………… (218)
　　三、蒙古王公与清朝之关系 ………………………… (225)
　第二节　民国时期的青海蒙古族 ……………………… (227)
　　一、北洋政府统治时期(1912~1927年) …………… (228)
　　二、国民党政府统治时期(1928~1949年) ………… (240)
　第三节　解放前社会状况 ……………………………… (252)
　　一、自然地理条件和社会生业状况 ………………… (252)
　　二、牧业等生产状况 ………………………………… (254)
　　三、社会关系和封建王公制度 ……………………… (257)

第五章 青海蒙古族的文化 (264)

第一节 宗教信仰和寺院 (264)
- 一、信仰的演变 (264)
- 二、宗教生活和主要宗教活动 (265)
- 三、宗教寺院 (266)

第二节 语言文字和民间文学 (271)
- 一、语言文字 (271)
- 二、民间文学 (271)

第三节 医学和史学 (273)
- 一、医学 (273)
- 二、史学 (274)

第四节 生活习俗 (275)
- 一、服饰 (275)
- 二、饮食 (277)
- 三、居住和行 (277)
- 四、婚姻和家庭 (279)
- 五、丧葬 (280)

附录一 青海蒙古王公世系表 (281)

附录二 历史大事记 (292)

引 言

蒙古族是中华民族统一大家庭中的一员，有着悠久的历史和灿烂的文化。现有人口约5 813 947人[1]，主要活动生息于我国北部的广阔草原上。在蒙古族的发展壮大过程中，特别是在公元13世纪初叶蒙古汗国建立后，成吉思汗及其后继者的几次拓展和远征，由北方草原出去的蒙古人的足迹遍及欧亚两洲的广大地域，并且有的留住当地，逐渐成为当地居民的组成部分。青海省广袤的草原是蒙古族居住地区之一，有蒙古族99 815人[2]，占全省总人口数的1.77%，约占全国蒙古族总人口数的1.72%。青海省蒙古族主要分布在海西州的德令哈市、乌兰县、都兰县、格尔木市，黄南州的河南蒙古族自治县，海北州海晏、祁连、门源等县，西宁市的大通、湟源，海东市[3]的乐都、平安等县（区）以及海南州的共和县，果洛州和玉树州也有少量蒙古人。现有海西蒙古族藏

---

[1] 2010年第六次全国人口普查人数。
[2] 2010年第六次全国人口普查人数。
[3] 国办〔2013〕23号文件。

族自治州和河南蒙古族自治县两个蒙古族自治地方，另外在海北藏族自治州内设有祁连县默勒乡、海晏县哈勒景乡和托勒乡及门源县皇城乡四个乡。

尽管青海省蒙古族人口数目前并不多，但是追溯其先世在青海省以及在青藏高原广阔土地上活动的历史，则有过声势显赫、主宰乾坤的岁月。自蒙古民族于公元13世纪初登上历史大舞台以后，其对中国历史乃至世界历史的发展，都起过重大作用，留下光辉业绩，青海省蒙古族的历史正是这个伟大民族历史的组成部分。在13世纪及其以后的青海历史发展中，蒙古族占有非常重要的地位，无论是政治史、经济史、文化史、军事史，尤其是青藏高原统一于祖国大家庭的历史，如果没有蒙古族，那都将失去它应有的光辉。广大蒙古族人民在经营开发青藏高原的历史斗争中，作出了应有的贡献。

自13世纪20年代蒙古人进入今青海省的辽阔土地上活动以来，直到1949年中华人民共和国建立的七百多年间，按其历史本身主要特点大致可划分为三个时期。蒙古汗国和元朝，是蒙古民族建立的地域辽阔的政权，确乎是雄强一时，促使祖国边疆各民族统一于一个政权之下，并加速了各民族的社会封建化进程。元亡明兴，居住在今青海省的蒙古族有的北迁，有的降附明朝被安置在原地或迁入内地。这是第一个时期。明代中叶以后即武宗正德以后，大批的东蒙古部落移牧西海，有来有往，西海迎佛，传播黄教（指藏传佛教格鲁派），神宗万历末年以后式微。这是第二个时期。明末崇祯年间，卫拉特蒙古在和硕特部固始汗率领下移牧青海，进而统一卫藏喀木等地，扶持黄教，建立汗国，兵强人众，西裔大邦。迨到清朝雍正初年发生罗卜藏丹津反清事件，尔后势力衰落，人口锐减，直到民国时期人口只有两万左右。这

引言

是第三个时期。

在汉文史籍和地方志书中,称明代活动在环湖草原上的东蒙古为"西海蒙古",称清代活动在这里的西蒙古为"青海蒙古",主要指以固始汗为首的和硕特蒙古。甚至有的文献上(如《西宁府新志》卷二十《武备·青海》等)的"青海"即成为"青海蒙古"的代称。推原其始,那时所称的"西海"或"青海",都是指今青海省境内面积有4 573平方公里、海拔3 200米的青海湖。该湖蒙古语称"库库诺尔"。1928年秋南京国民政府议决青海建省时,按照我国地名的通例,以省内这个全国最大的内陆咸水湖的名称作为省名,称"青海省"。从此"青海"成为一个省的名称。本书作为一本地区民族史,书中所说的"青海蒙古族"是指活动在青海省土地上的蒙古族,而并非专指和硕特蒙古。本书按照历史顺序,从古至今,叙述自13世纪到1949年新中国成立前夕活动在青海大地上的蒙古族历史,而在书尾专设一章为其文化述要。

蒙古历史研究早已成为世界性显学,国内国外都有数量可观的研究成果。我国从清代乾隆以后,出现了若干专门学者,也有了一批重要著述,民国时期又出现一些蒙古史研究论著和对史料进行整理。新中国成立以来,在蒙古史研究的规模和内容上都有很大改观,研究机构也逐步建立起来。不过,上述研究大都是以漠南蒙古或者说以今内蒙古为研究重点的。对漠西蒙古或卫拉特蒙古历史的研究,仅在民国时期研究西北边疆史时才有所涉及,或在边疆民族调查中提及居住在甘肃、青海、新疆等地区的蒙古族的历史和现状。对于青海蒙古族历史,元、明、清王朝的一些官方文书和私家著述中留存不少记载,但是一般地只着重于政治活动,如军事镇压和反镇压、统治措施、王公世系以及划界编旗、会盟、朝贡等等。对于广大人民的生产活动、文化活动等资料则寥若晨星。至于用本民族文字记载的史料则甚少，而且有的尚待发掘整理。所有这些，都给研究者带来相当困难。据甘肃图书馆馆藏资料目录，1905年到1949年国内报刊上发表的与青海蒙古族有关的文章数不足20篇。近些年来对卫拉特蒙古史的研究有了明显的进展，成果丰硕，但也主要是对居住在新疆地区的蒙古族的研究，而对居住在青海省的蒙古族的历史研究，因为其不在蒙古族的中心地区，又不位于政治敏感度高的国境线地带，加之青海经济困难，人文不竞，没有引起中外研究者和有关部门的应有注意，所以发表的有关论文并不多见，更无专著面世。这种状况，与方兴未艾的蒙古史研究情势和稳步发展的民族地区建设事业很不适应。

　　本书主撰芈一之先生从1980年始便致力于青海蒙古族史资料的整理与研究，于1993年，一本关于青海蒙古族的专史《青海蒙古族历史简编》由青海人民出版社出版问世。这不仅使这个民族的这部分历史真实面貌昭然于世，填补了蒙古族史研究空白，更为重要的是有力地推动着青海地方民族史、蒙藏关系史的研究向前迈进。今次，我们在《简编》的基础上，对其内容做了一次细致的修订，增加了一些新的材料和观点，相应地也删减了一些庸赘的内容，同时也对书中史料做了全面的核订，从而使全书更趋凝炼和精准，并列入青海人民出版社"青海世居少数民族简史丛书"面世。自此，青海蒙古族有了一部严格意义上的简史。

第一章 蒙古汗国和元朝时期

蒙古族进入青海之前,这里早已是多民族共居与开发之地。随着蒙古族的兴起与扩张,13世纪20年代开始,蒙古族部落不断迁徙至今青海地区,至元(1264年)以后对青海等地由原先松散的管理到"郡县其地"、派蒙古诸王镇守,以此强化行政管控。蒙古汗国和元朝时期,进入青海的蒙古族人数虽不多,但蒙古族的进驻改变了青海乃至青藏高原民族的分布格局,同时为后来蒙古部落的大批入据开辟了园地,并对明、清朝的西北边防政策、民族关系及青海、西藏的政局走势产生重要的影响。

第一节 蒙古族入据以前的青海社会状况

在公元13世纪初叶蒙古部众进入今青海省以前,这里已有悠久的历史。此地区原住居民,对青海蒙古族的历史发展以及青海蒙古族对他们的历史发展,民族间相互关系,都留下了深远的历史影响。为便于了解蒙古族进入这里以前的历史背景,下面叙述一下历史概貌。

这里古为羌戎之地,河湟地区和河曲地区曾经是西羌活动的中心。这里也是我国兄弟民族发祥地之一,有丰富的古代文化遗存。秦朝时称"临洮边外地",又称作"羌中地",那时仍然停留在阶级社会的大门之外。到西汉武帝时,在汉与匈奴两大民族展开争夺生存空间的大规模较量时,这块羌中之地被推向文明历史的舞台。从公元前121年开始,汉族大批进入河湟地区,使这里开始纳入统一王朝的政治体系,移民屯田,设官治民。在汉羌两族(还有自河西走廊越祁连山南迁来的小月氏人)角逐的背景下,在汉族农业文明的推动下,河湟地区实现了社会封建化,实现了社会发展进程上的大跨越。广大牧业区诸羌部落,依然逐水草而居,无相长一,过着原始部落制生活。

西晋"永嘉之乱"①以后,随着民族大迁徙浪潮,秦雍汉族向河西迁移的同时,塞北鲜卑族大量地涌入河陇地区以至青海草原。继之,4世纪末乞伏部建立西秦王国(385~431年),秃发部建立南凉王国(397~414年),吐谷浑部自4世纪初立国青海草原,长达350年,最为长久。由于鲜卑人和以后的蒙古人同属东胡民族系统,其语言同属一个语族,在这里留下了许多蒙古语的地名。如拔延山(巴彦山)、尧杆(优干)等等。此外,氐人、卢水胡人等也在青海东部活动过。在青海东部多民族化,在牧区鲜卑与羌人互学互融,部分地区实现社会封建化。5世纪30年代后,北魏、西魏、北周相继统治河湟地区。

隋唐时期,汉族第二次成批地迁来。7世纪吐蕃兴起,逐步

---

① 西晋惠帝在位期间政治腐败,八王混战,民生涂炭,匈奴族刘渊起兵自立,国号汉。怀帝永嘉四年即公元310年,刘渊死,子刘聪继立。次年刘聪派石勒破晋军十余万,同年刘曜破洛阳,俘怀帝,纵兵烧掠,杀王公士民三万余人。史称这一时期为"永嘉之乱"。

第一章 蒙古汗国和元朝时期

东进，663年灭吐谷浑，统治诸羌部落，使青海的多民族成分增新异彩。简言之，这里有汉、藏、鲜卑和羌等民族。8世纪中叶后吐蕃东进，统治河西、陇右等地近百年，一直实行军事统治体系，对农业区汉族实行"希洛士"统治。在此期间及其以后，大量汉人和鲜卑人融于藏族之中。唐末，9世纪中叶，吐蕃崩溃，种落分散，无复统一，大者数百家，小者数千家，呈现出分裂割据状态。

宋朝对河湟洮岷等地藏族各部实行结好推恩政策，促进了这里藏族社会的封建化。到公元11世纪初以后，这里出现了延续上百年的唃厮啰政权。唃厮啰居住青唐城，即今西宁，所以也称作"青唐政权"。南宋时期西夏国曾控制西宁一带，而黄河以南一带为金国所控制。金夏两国在这里基本上以黄河为分界线。北宋时原居住在河西走廊甘州等地的一部分撒里畏兀儿人迁入今青海境内，居住在柴达木盆地西部茫崖草原，即噶斯草原上。

1227年以前，今青海省的广大土地基本上归三方管辖：一是西宁一带为西夏占有，仍设西宁州①，柴达木盆地西部茫崖草原，由西夏的沙州路管辖；二是黄河以南的今循化、同仁、尖扎、贵德一带，为金国占有，属临洮府路积石州管辖；三是广大牧业区为吐蕃族活动区域，其中今玉树州囊谦县一带属南宋的羁縻州诺笮州，由黎州（今四川汉源）代管。当时青海土地上的主要居民，除藏族以外，有土族的先民、有撒里畏兀儿人（后来被称作黄番，即裕固族先民）、有一定数量的汉人，在西宁城内还有一些回纥人等。守城官吏和军队，从史籍所见主要是西夏党项羌人和金国女真人及其所率领的军事力量。

---

① 西宁州始设于1104年，此前为鄯州，宋崇宁三年改鄯州为西宁州。

蒙古族进驻青海、统一青海各地并进而统一青藏高原，正是在上述的历史背景下出现的。

第二节　蒙古族兴起和进驻青海

"蒙古"名称始见于唐代史籍，当时室韦诸部中有"蒙兀室韦"部，是大室韦的一个成员，居住在额尔古纳河（望建河）之东。"蒙兀"即当时"蒙古"的汉文译名。到辽、金、宋时代，又有"萌古""朦骨""萌古斯"和"蒙古"等不同汉文译写名称出现。公元10世纪以后，他们与北方草原上其他部落一起被泛称为"鞑靼"，并且又有"黑鞑靼"（即青鞑靼）的称呼，以区别于居住在漠南地区的"白鞑靼"。蒙古族记忆中的古代历史主要保存于《蒙古秘史》①中，蒙古部原过着森林狩猎生活，后来向西逐步发展到鄂嫩河、克鲁伦河、土拉河三河上游肯特山一带，以游牧和狩猎为业。后期有了零星农业，也与契丹、女真等族进行物资交换。辽国建立后，与辽国有聘使往来，并接受其封号。大约在11世纪后半叶，势力渐次强大。金国建立取代辽国后，与金国保持聘使往来，也不断进行战争。12世纪初叶，蒙古各氏族各部落，组成了部落联盟，开始有了"汗"号。在草原上各部争战中，孛儿只斤（博儿济锦）氏族的铁木真的势力逐渐壮大，兼并邻部，统一大漠南北。1206年蒙古贵族在斡难河源举行忽勒尔台②大会，奉铁木真为大汗，建九脚白

---

① 又名《元朝秘史》，撰者不详，大约成书于元太宗十二年，即1240年，是蒙古族最早用蒙古语写成的历史文献和文学巨著，全书共282节。

② 蒙古语音译，《元朝秘史》释为聚会，《元史》作宗亲大会，是诸王百官参加的推戴大汗和决定军国大事的贵族会议。

第一章 蒙古汗国和元朝时期

旄纛旗,尊号"成吉思汗",史称元太祖,建立起蒙古汗国,并形成统一的民族整体。从此,成吉思汗统治的大漠南北,概称为蒙古地区,而"蒙古"这一名称成为各部的共同名称,成了一个民族共同体的名称。从此以后,蒙古民族作为一个整体登上了世界历史的舞台。

成吉思汗建立的大蒙古国,领土广阔,东起兴安岭,西至阿尔泰山,南达阴山,北连贝加尔湖,居民众多。健全千户制,编组全蒙古部众,把他们分配给宗亲和功臣;扩建护卫军,建立行政、司法等制度,成吉思汗把蒙古国完全置于自己和自己的"黄金家族"的控制之下。蒙古汗国建立之后,蒙古统治阶级即不断地向外进行扩展。从成吉思汗到忽必烈,军事活动不断,利用其得天独厚的骏马良弓和"用兵如神"的战争策略,利用毗邻地区对自己的有利时机,战无不胜,在不太长的时间里便成为震撼欧亚两洲的强大军事力量。当时军事活动的方向主要是西征和南进,对这两个方面的军事争战有时同时进行,有时交替进行。经过几十年的发展,几次西征的结果逐步形成了四大汗国,多年南进的结果,最后于1279年在中华大地上出现了规模空前的统一的大元王朝。

蒙古族进入今青海省,是伴随着成吉思汗1227年灭夏攻金的军事活动及其继承者进兵西藏和南攻大理等军事活动而来的,并且进而统一了整个青藏高原,建立了相应的统治体系。

一、成吉思汗时蒙古部众进入河湟地区

(一)入据青海的时间

关于蒙古部众第一次进入今青海版图的时间有两种说法,一种说法认为是1206年,另一种说法认为是1227年。

第一种说法源于萨囊彻辰的《蒙古源流》。该书卷六说:岁

次丙寅（1206年）蒙古军"会于柴达木疆域"，"用兵于土伯特"。柴达木盆地在今青海省内；土伯特，指今西藏，系蒙古汗国和元朝时期对"吐蕃"的又一种译写。对此种说法虽然有人在文章中引用，但多数民族史研究者认为与当时历史事实不符，可靠性不大。当1206年成吉思汗刚登上大汗位时，尚未开始进行西征，位于河西走廊的肃州（今酒泉）、沙州（今敦煌）和甘州（今张掖）、凉州（今武威）等地，属西夏领土，蒙古军怎么能越过上述等地而到达"柴达木疆域"呢？而且蒙古军"用兵于土伯特"是在以后的1239~1241年，而不是在1206年。至于成吉思汗初期南进攻打的对象，主要是蒙古曾经纳贡称臣的金国，为解除西面的牵制，也曾经向与金国结为同盟的西夏国发动过几次进攻。又据《元史》卷一四九《郭宝玉传》载，郭宝玉曾经向大汗建议，"中原（指金国——引者）势大，不可忽也，西南诸蕃，勇悍可用，宜先取之，籍以图金，必得志焉"。其意在于采用迂回包围战略对付当时仍然算得上庞然大物的金国。但是，当时成吉思汗并未采纳这个建议，即用兵于"西南诸蕃"去攻取柴达木地区。据上可见，1206年前后蒙古军没有到达河西走廊，更不必说会师于柴达木了。而且在其后若干年，蒙古军兵锋所指仍是金国和西夏国的北部疆域，不是河西走廊及其南边与之毗邻的柴达木地区。总之，当时对河西走廊以及柴达木地区没有用兵。所以，1985年出版的《蒙古族简史》和1986年出版的《元朝史》等书[①]都没有采用1206年"会师于柴达木"的说法。

---

① 编写组：《蒙古族简史》，内蒙古人民出版社1985年版。韩儒林主编：《元朝史》（上、下），人民出版社2008年版。

第一章　蒙古汗国和元朝时期

第二种说法源于《元史·太祖本纪》等重要史籍。《太祖本纪》载："太祖二十二年丁亥春，帝留兵攻夏王城，自率师渡河攻积石州。二月，破临洮府，三月，破洮、河、西宁二州。"（据中华本校勘记，应为"三州"——引者）。太祖二十二年即1227年，当年蒙古部众到达今青海省版图之上。

1219年成吉思汗亲自率军举行第一次西征，灭花剌子模，破中亚各地。1225年逾葱岭回师东返。1226年集中兵力攻打西夏，次年春，中兴府已成孤城，且夕可下，派察罕入城招谕。蒙古军统帅部不失时机地渡过黄河而南去攻打金国的陇右地区。金国在陇右地区设临洮府路，临洮府治狄道，该路属下有洮州，治临潭；河州，治枹罕；积石州，"本宋积石军溪哥城，大定二十二年（1182）为州，户五千一百八十五，县一，城三，堡三"①。积石州州治由今贵德东移今循化县东境。②成吉思汗留一支兵继续围攻中兴府，即"夏王城"，自己从盐州川率师南下，渡黄河，攻积石州，然后攻取临洮等地，并打算当年在六盘山避暑。

（二）渡河地点的选择

在兰州以西和积石州以东的黄河河段上，有多处渡河地点，如金城关渡、广武渡、莲花渡、古临津关渡等。为出其不意攻入敌方，蒙古军权衡再三，选择距离积石州和积石关不远的古临津关渡作为渡河地点。古临津关渡的北岸为今民和县官亭，南岸为今甘肃积石山县大河家，大河家之西不远处即是积石关。该积石关控扼积石峡和大力加山北端，形势险要，乃汉朝初设河关县的故址，为古来兵家必争之地，也是攻击积石州的最佳出发地。从

---

① 《金史》卷二六《地理下》，中华书局1975年版。
② 参见谭其骧主编：《中国历史地图集》第六册，中华地图学社1975年版，第51~52图。

古临津关渡河后控制关津险要,可以西攻积石州,南攻河州、洮州,威逼临洮府。《元史》所载"自率师渡河攻积石州",舍此路线,则解释难通。据此,我们认为1227年正月成吉思汗率领蒙古部众是从今民和县官亭古临津关渡河南进的,大批蒙古人的足迹第一次踏入今青海省的版图。不过,这属于初步历史推定,尚待进一步实物考证。

(三) 成吉思汗是否来到西宁

据史载,成吉思汗踏进西宁州所辖之地,当时今民和官亭一带属西宁州管辖,但并没有进入西宁州城内或城郊。因成吉思汗率蒙古军于1227年正月渡河后,乘敌不备即"攻积石州"(史书用"攻"字,没用"破"字)。接着主力军攻打军事重镇临洮府,"二月,破临洮府"①。然后,分兵略地,三月分别"破"金国的河州、洮州和西夏国的西宁州,即《元史》说的"三月,破西宁、洮、河三州"。西宁州与河州、洮州不在同一个用兵方向上,前者在湟水之滨,后者在黄河之南,千军万马渡黄河在当时并不是一件轻而易举之事,攻破西宁州,只能是在攻占临洮府之后的蒙古军的分兵略地,而不可能得出"成吉思汗进军临洮、河州及西宁等地"②的结论来。这源于:一是当时西夏都城危在旦夕,无兵可援,西夏的西宁州不可能还有重兵守城;二是蒙古军主帅成吉思汗攻占临洮府后即东攻德顺州(德顺州即今静宁,在六盘山西侧),驻夏于六盘山,没有再北渡黄河;三是再据屠寄《蒙兀儿史记》卷三,蒙古军压根儿没有破西宁州,而是破位于金国

---

① 见《元史》卷一《太祖本纪一》,中华书局1976年版。
② 编写组:《青海历史纪要》,青海人民出版社1987年版,第106页。又《青海省情》,青海人民出版社1986年版,第4页,"成吉思汗攻占西宁州"。又《青海掠影》,人民日报出版社1990年版,第154页,持与上述类似观点。

第一章 蒙古汗国和元朝时期

境内的西宁县。"二十有二年丁亥春正月,汗留别将攻中兴,自帅师渡河攻金积石州。二月破临洮,三月破洮、河二州及西宁县。(原注:旧纪作洮河、西宁二州。按金西宁,今会宁,是县,非州,依金志校正)"。文中所云"旧纪",指《元史·太祖本纪》,所云"金志",指《金史·地理志》。据此可见,蒙古军自丁亥年正月渡黄河而南以后,一直在黄河以南、陇山以西的金国境内作战,并没有再渡河而北到西宁州。因此,成吉思汗直到同年七月逝世于图尔默格依城①(即灵州,享年六十六岁),也没有来到过西宁州。

(四)得地不守和迁西宁民于云州

从各种史籍记载和当时蒙古国的军事政治形势看,当时蒙古军,对西宁州等地没有派官置守,安缉流亡,也没有派兵驻守。西夏灭亡后各个城邑,是一片大战后的残破景象。这在史籍中有明确记载。而这时"蒙古惟事进取,所降之户,因以予将士"②。丘处机有诗云:"十年兵火万民愁,千万中无一二留。"而派宗王镇守边徼襟喉之地,是从忽必烈时才确立的制度,1227年还没有宗王镇守定制。加之当年七月成吉思汗逝世,宗王贵族和各路部众北返会葬,西宁州没有派兵置守。再查史实,到窝阔台汗在位时的乙未年(1235年),方始在新占领区内括户编籍,史称"乙未籍户",才结束了原先的得地不守的做法。

又据《元史》卷一三四《刘容传》,"西夏平,徙西宁民于云京"。云京即今山西大同,原是金国的西京,于1211年被蒙古国攻占,成为蒙古军循汾河南进的基地。西宁州镇海人刘海川和

---

① 萨囊彻辰著,道润梯布译校:《蒙古源流》卷八,内蒙古人民出版社1980年版。

② [清]毕沅编著:《续资治通鉴》卷一六八,中华书局1979年版。

刘容父子,在1227年属于迁民云州的行列。后来刘容①仕途发迹,受知于忽必烈,《元史》为他立传,留下了上述重要史料。至于有的地方史志专书中写到1227年即派章吉驸马镇守西宁,是对章吉家族的历史未加详察,且把章吉的活动时间提前了五六十年,实误。

二、窝阔台汗时蒙古部众再次进入青海

成吉思汗去世后,暂由其幼子拖雷担任蒙古汗国的监国,1229年八月诸王贵族在怯禄连河(今克鲁伦河)畔举行大会,遵照成吉思汗遗嘱,推举成吉思汗第三子窝阔台继承大汗位,史称元太宗。窝阔台汗时继续西征和南进,1234年并灭金国,并经略吐蕃地区,实现了西藏地区统一于祖国的伟大历史任务。太宗七年即1235年窝阔台汗将原西夏的河西地区赐给其三子阔端(史称阔端太子或阔端大王)作封地,阔端率军驻于西凉府,即凉州,后筑宫于永昌,以后史称永昌王,并负责再次规复陇右和经营吐蕃地区。

(一)规复陇右

陇山以西直抵河湟,史称陇右地区,原为金国领土。1227年蒙古军曾经攻占熙、河、洮、秦等地。1234年初金国被并灭,但是"金既亡,唯秦、巩二十余州久未下"②,秦州即今天水,巩昌即今陇西。金国的巩昌总帅汪古部人汪世显据地自守,不降。当年窝阔台汗调集大军从陕西过秦岭攻打南宋,激战于巴山和汉水一带。1235年阔端在今陕西勉县前线,奉命领兵改道西上,规

---

① 据《元史》卷一三四《刘容传》载:刘容,字仲宽,高祖刘阿华,西夏主尚食。刘容喜读书,善骑射,忽必烈时任中书省椽,历任秘书监、广平路总管,以疾卒于官。

② [清]毕沅编著:《续资治通鉴》卷一六八,中华书局1979年版。

第一章 蒙古汗国和元朝时期

复陇右，攻秦州，围巩昌。九月，"阔端驻兵（巩昌）城下，（汪）始率众降"。九月，蒙古军"破宕昌，残阶州，攻文州"①，招降临洮、迭州等地的藏族诸部。唃厮啰后裔、原任金国的熙州节度使赵阿哥潘与其父赵重喜父子归降，阔端命赵阿哥潘担任迭州安抚使。②招集吐蕃部落，立城壁、课农桑。迭州即今甘肃省甘南州迭部县，该安抚使辖区包括今青海省的河曲一带地方。这是蒙古最早任命的吐蕃族的官员。从此，陇右等地纳入蒙古国版图。随后，阔端驻扎凉州，开始筹划进军乌思藏。

（二）招致吐蕃，蒙古部众经青海进藏

阔端经略吐蕃地区是以凉州和临洮为前进基地的。③

在蒙古军攻西夏之时，成吉思汗曾经向西夏国王的上师喇嘛藏巴东库旺秋札西问法，并宣布愿意招致西藏地区僧人并给予优遇等。因为山川阻隔，信使往来不易，以及蒙古军忙于灭金攻宋，无暇顾及吐蕃地区，故招致吐蕃之事停顿不前。到1239年秋，在阔端长兄贵由西征的同时，阔端派部将朵儿达拉罕（达尔罕台吉）多达纳波和那门率军进入乌思藏，途经多堆（今海南州和果洛州相邻地带）、多迈（旧译脱思麻，今青海湖西南和黄河源一带）和索曲卡。骑兵前锋抵达藏北热振寺，烧杰拉康寺。④这是一次试探性进攻，不久蒙古军北返。⑤在这次

---

① ［清］毕沅编著：《续资治通鉴》卷一六八，中华书局1979年版。
② 《元史》卷一二三《赵阿哥潘传》，中华书局1976年版。
③ 《元史》卷一二一《速不台传》，中华书局1976年版。
④ ［清］第五世达赖喇嘛著，郭和卿译：《西藏王臣记》，民族出版社1983年版，第119~121页。
⑤ ［美］怀利《蒙古初次征服西藏史实再释》，载《哈佛亚洲研究》第37卷第1号，1977年，第103~133页。

军事行动中,蒙古弘吉剌部赤窟驸马属下的部众一千户奉调从征。①赤窟是成吉思汗之妻光献翼圣皇后孛儿帖之弟按陈的儿子,他娶成吉思汗的第三女禿满伦公主为妻,元世祖时镇守西宁州的章吉驸马,是赤窟的曾孙。②弘吉剌部蒙古人众于1239年曾进入青海大地。

1241年11月窝阔台汗逝世,诸王贵族会葬北返,各路战事停止,多达纳波等领兵撤返凉州。多达纳波把在西藏搜集到的各种情况向阔端做了报告,详细叙述佛教各教派特点,并指出萨迦派的班智达贡噶坚赞学富五明,声誉最隆。于是,1244年,阔端决定召请萨迦派的这位高僧前来凉州,商议吐蕃诸部归附蒙古王室等大事。③窝阔台汗去世后,汗位虚悬,由皇后乃马真氏称制摄政(1242~1245年),托付阔端以镇守西南的重任,④所以藏人当时认为阔端皇太子代表蒙古大汗。1246年秋贵由继承汗位,史称元定宗(1246~1248年)。

萨迦派班智达贡噶坚赞(以下简称萨班)于1244年应阔端召请,携同其侄八思巴和洽那同行,自乌思藏起程经青海赴凉州,1246年抵达。阔端参加忽勒尔台大会后于1247年返回凉州,与萨班会晤。这次会晤是中国历史上和蒙藏关系史上的重大事件,它直接导致后来元朝中央政府在西藏地方建立行政体制,奠定了西藏地方直辖于中央政府的基础。萨班代表吐蕃各地方各教派僧俗势力与阔端达成协议,承认吐蕃归属蒙古大汗。同年,萨班写了

---

① 芈一之:《散论章吉驸马及其他》,载《青海社会科学》1990年第4期。
② 《元史》卷一〇九《诸公主表》,中华书局1976年版。
③ 《萨班传》载,阔端邀萨班赴凉州之函发出时间为龙年(1244年)八月。
④ [英]波义耳译:《成吉思汗后诸嗣位者》,载《史集》,纽约1971年版。

第一章 蒙古汗国和元朝时期

一封《致乌思藏纳里僧俗诸首领书》①，信中反复晓谕归附蒙古的必要性。要求各地缮具官吏户口贡赋清册三份，一份自己保存，两份分别呈交阔端和萨迦寺。从此，吐蕃等地成为大蒙古国的领土，萨迦派首领被认为是西藏地区的政治领袖，整个藏族以和平方式成为大汗国的成员之一，其伟大历史意义光耀史册。

三、蒙哥汗时部分蒙古人留驻河曲地区

贵由汗于1248年3月病逝，汗位继承再次引起纷争，暂由贵由之弟阔出（也译作库春）之子失烈门听政，而由贵由之妻斡兀主海迷失摄政。1251年夏，诸王贵族开会共推蒙哥（拖雷长子）继承大汗位，史称元宪宗（1251~1259年）。从此，蒙古大汗位由窝阔台系子孙继承转到拖雷（窝阔台弟）系子孙继承，这种权力的转移，并没有影响青藏高原在汗国中的地位。同年，长年患病的阔端大王卒于凉州，萨班也在同年卒于凉州。八思巴、洽那受蒙哥汗之弟忽必烈的邀请于1253年从凉州东行与忽必烈会晤于六盘山，确立了八思巴与忽必烈的友好关系，开始了蒙藏关系历史上又一页新篇章。

为了使读者对蒙古族历史了解上的方便，兹将蒙古王室世系，列简表如后（见下页）。

蒙哥汗即位以后，对窝阔台系后王中的反抗者进行镇压，或死或贬，使其势力衰败。蒙哥汗将管理漠南汉地军政事宜和经营西南地区的重任托付给皇弟忽必烈。从此，管理青海及相邻的西藏等地的权力由阔端转到忽必烈及其后王手中，这一点，在元朝时期青海地方史和蒙古史中是不能被忽略的。1252年6月蒙哥汗

---

① 王辅仁、索文清：《藏族史要》，四川民族出版社1981年版，第80页，称作《萨迦班智达贡噶坚赞致蕃人书》。

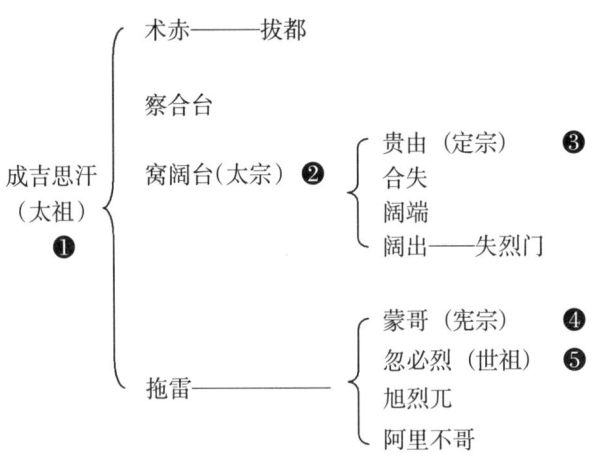

派兵西征的同时，命其弟忽必烈向西南进军，征伐大理。在这次军事行动中，又有蒙古部众进驻今青海境内。

《元史·宪宗本纪》载："二年壬子（1252年）秋七月，命忽必烈征大理……八月，次临洮，欲为取蜀计。""三年癸丑秋七月，次忒拉地，分兵三道以进。"忒拉即塔拉，指今甘肃省甘南州拉卜楞以南地区。1252年忽必烈率军驻于六盘山度夏，秋七月奉命征大理。八月，进驻临洮，筹划进军。1253年于河州（今甘肃临夏）置"吐蕃宣慰使司都元帅府"①，管理安多地区藏族各部(以后元至元时改称"吐蕃等处宣慰使司都元帅府")②，使南征有个巩固的后方和供应基地。秋九月，统兵南进至松潘后兵分三路。兀良哈台率兵取西道，抄合、也只烈率军取东道，忽必烈自领中路军。经大雪山，循大渡河，穿行山谷二千余里，九月至金沙江，乘革囊（皮筏子）及筏以济。1254年初围大理，大破其

---

① [民国]慕寿祺：《甘宁青史略》卷十三，兰州俊华印书馆，1936年版。
② 《元史》卷八七《百官志三》，中华书局，1974年版。

第一章 蒙古汗国和元朝时期

兵,大理国灭亡。留兀良哈台镇抚云南,忽必烈率师北返,招降喀木地区吐蕃诸部。此役中,达吾尔部奉调前来,在卓格浪地区(西倾山河曲地区)设立马场和驿站,负责后勤供应。战后,达吾尔部一部分人留居当地,成为今河南蒙古族自治县境蒙古人最早进驻该地区的部落。①留居四川西北部的蒙古人,其后裔逐渐藏化,明末的白利土司顿月多杰等即是蒙古人的后裔。

经过忽必烈的经营和此次战役,蒙古军南据云南,西控吐蕃,占松潘,据洮岷,制河湟,扼青海,威令达于青藏高原各地。慕寿祺在《甘宁青史略》卷十三说:"由临洮进征大理,灭之,遂入吐蕃,振威西藏,兼有青海,洵善用兵者","西藏从此附属于蒙古"。

综上所述,从1227年到1253年,蒙古部众为执行军事任务,有几次成批地进入今青海省,大部分随着领兵将帅而他去,只有一部分留驻下来。1253年在河州设立的宣慰使司都元帅府,是蒙古汗国设置的管理包括部分青海地区在内的安多地区的军政机构。

第三节 元朝时期镇守诸王和蒙古人

蒙古汗国自成吉思汗以来设官甚简,1231年始立中书省,后仿金朝制度置行省和元帅、宣抚等官。忽必烈(史称元世祖,1260~1294年)即位后,始定内外官制和官俸。1272年十一月改国号为"大元"。对于"地广而险远,民旷而好斗"的吐蕃地区,

---

① 编写组:《青海省藏族蒙古族社会历史调查》,青海人民出版社1985年版,第139页。

采取"因其俗而柔其人"①的方针,推崇藏传佛教,推行政教合一制度,"乃郡县土番之地"②。对于唐宋以来的羁縻地方,"皆赋役之,比于内地"③。对边徼襟喉之地,"命宗王将兵镇守"④,建立起镇守制度。此外,成吉思汗以来,"宗室驸马,统称诸王"(呼某太子或某大王),"初制简朴,位号无称"。至元(1264年)以后,颁定爵秩,"遂有国邑之名"⑤,有一字王、二字王和郡王等称号。总之,对青海等地由原先松散的管理到"郡县其地"和派诸王镇守,是从元世祖忽必烈时实施的。随着对青海等地的行政体制、军事制度等的建立和诸王的分封,成批的蒙古人在青海土地上居住下来。其中,诸王贵族是统治阶级,跟随他们的广大部众,除有的负担军事戍守任务外,众多人民仍然以畜牧为业,从事生产劳动,与其他兄弟民族共同开发青海大地。

一、郡县设置和行政管理

(一) 东部农业地区

包括西宁等地在内的原西夏境土,中统二年(1261年)设甘肃等处行中书省,省会设在中兴府(今银川)。至元三年(1266年)夏,罢行省,改设宣慰司。至元十八年(1281年)又设甘肃行省,四年后又罢行省,复设宣慰司。至元二十三年(1286年)复设甘肃行省,省会移至甘州(今张掖),直至元末未变。甘肃行省辖七路二州,西宁州为其辖州,原乐州、廓州,俱省并,

---

① 《元史》卷二〇二《释老传》,中华书局1976年版。
② 《元史》卷二〇二《释老传》,中华书局1976年版。
③ 《元史》卷五八《地理志一》,中华书局1976年版。
④ 《元史》卷九九《兵志》,中华书局1976年版。
⑤ 《元史》卷一〇八《诸王表》,中华书局1976年版。

第一章　蒙古汗国和元朝时期

"省入西宁"①。西宁州为下州，户口不足六千户，可见当时西宁各地社会经济衰败情况，比之唐宋户口减少了许多。

西宁州西川藏族西纳家族的华本受封为"宗喀万户，赐虎头牌三面"②。蒙古王室与西纳家族建立了密切关系。西纳·则觉曾被拖雷收养为义子，③尔后赐给大司空（大师公）金印。班觉桑波被封为同知，米钦那摩太被任命为守皇帝灵庙御像的官员。④蒙古王室后代还与西纳家族互相通婚。⑤当地部落首领祁贡哥星吉被封为万户（金印紫绶，故又称"金紫万户"），任甘肃行省理问所土官。⑥土族李赏哥担任过西宁州同知兼都护使，其曾孙李南哥担任过西宁州同知。⑦……此外，尚未发现蒙古人担任西宁州地方官职的史料。

黄河以南原金国境土积石州等地，划属陕西行省管辖。中统三年（1262年）四川和陕西合设一行省，称秦蜀行省。到至元二十二年（1285年）分置两行省，陕西等处行中书省，省会设在奉元路，即今西安市。该陕西行省辖四路、五府、二十七州，河州路属之。河州路辖贵德州和积石州（均系下州），与"吐蕃等处

---

① [明] 王圻：《续文献通考》卷二百三十六《舆地考·古雍州》明万历三十年刻本。
② 陈庆英、蒲文成：《西纳家族、西纳喇嘛和塔尔寺西纳活佛》，载《青海社会科学》1985年第1期。
③ 智观巴·贡却乎丹巴绕吉著，吴均、毛继祖、马世林译：《安多政教史》，甘肃人民出版社1989年版，第162页。
④ 智观巴·贡却乎丹巴绕吉著，吴均、毛继祖、马世林译：《安多政教史》，甘肃人民出版社1989年版，第162页。
⑤ 智观巴·贡却乎丹巴绕吉著，吴均、毛继祖、马世林译：《安多政教史》，甘肃人民出版社1989年版，第162页。
⑥ 《湟东祁氏宗谱》，青海省图书馆藏。
⑦ 《民和李氏族谱》，民和县档案馆藏。

宣慰使司"呈交叉管理状态。该二州的民户属于州和路管辖，藏族等游牧部落属于宣慰使司管辖。撒拉族首领韩宝及其祖父和父亲被任命为"世袭达鲁花赤"①。上述交叉管理体制是元朝中央对这个地区"因俗而治"的一种创举。

关于对农业区的财税制度，有如下若干史料。至元七年（1270年）"定河西田税"，至元八年"定西宁州、兀剌海三处之税，其数与前僧道同"。而"僧道验地"，照纳地税。至元十七年（1280年）定制，"地税每亩粟三升"②，交纳税赋时，"每石带纳鼠耗三升，分例四升"，③共七升，即额外交纳百分之七。此外，杂税项目颇多，有契本、房地租、乳牛、羊皮、牙例等项目。商税则是"至元七年，遂定三十分取一之制"④。至元二十三年与设置甘肃行省的同时，"立西宁等处拘榷课程所"，专司征税和财赋转运。从上述税则税目看，并不苛重。但史称元朝"取民未有定制"，剥克聚敛，官吏贪污，远过前代。

（二）牧业区

柴达木西部草原即噶斯草原，归甘肃行省的沙州路管辖。环湖、河曲、果洛等地广大牧区统为吐蕃地面，属总制院（至元元年设），至元二十五年改称宣政院，故又称"宣政院辖地"。宣政院"掌释教僧徒及吐蕃之境而隶治之，……军民通摄，僧俗并用"⑤。其管辖地方行政区划上称为道，分为三道，设三个宣慰

---

① [清] 龚景瀚：《循化志》（重印本），青海人民出版社1981年版，第219页。
② 《元史》卷九三《食货志一·税粮》，中华书局1976年版。
③ 《元史》卷九三《食货志一·税粮》，中华书局1976年版。
④ 《元史》卷九四《食货志二·商税》，中华书局1976年版。
⑤ 《元史》卷八七《百官志三》，中华书局1976年版。

第一章 蒙古汗国和元朝时期

司。其中至元初改设的"吐蕃等处宣慰使司都元帅府",治河州,管理安多藏族聚居地区;"吐蕃等路宣慰使司都元帅府",管理包括玉树地区在内的喀木藏族聚居地区;另一个是管理西藏地区的"乌思藏纳里速古鲁孙等三路宣慰使司都元帅府"。

元朝中央政府于1268年和1287年两度派官员清查涉藏地区户口和土地数目,开辟从内地到涉藏地区的三条驿路,在涉藏地区推行乌拉制度和贡纳制度。前者指驿路上所需要的供应和服役,后者指各级封建领主向元朝王室的定期贡纳。

元代青海蒙古族的牧业生产情况,因史料奇缺,无以为据。至于兴教办学情况,虽然史载元世祖至元六年(1269年)诏"置诸路蒙古字学","命诸路府官子弟入学"[①],推行民族教育,开展学习蒙古文字的教育,以及从仁宗皇庆二年(1313年)恢复科举取士制度,不久以后又恢复廷试,并定南人、汉人、色目、蒙古分场异榜,因时因地制宜。但当时在青海地区如何推行,何人中榜,史载阙如,难以详述。

二、蒙古镇守诸王

元朝时期在青海地区镇守的蒙古诸王,主要是忽必烈系的后王和远支宗王、驸马等等。

先在1251年以前,把永昌路封给阔端,沙州路属八都(拔都)大王,西宁州地区是否有驻兵和由哪位宗王率兵驻扎,史籍无征。民间传说和藏文本《佑宁寺志》中所说的"格日利特大将"在今互助县驻守[②]云云,尚无确切史料给以证实。当时蒙古汗国把凉州和临洮看作军事重镇,因之,在今青海境内即使有蒙

---

① 《元史》卷八一《选举志一》"学校",中华书局1976年版。
② 编写组:《土族简史》(修订本),民族出版社2009年版,第20~21页。又,芈一之:《土族族源再考》,载《青海民族学院学报》1982年第4期,给予考辨。

古人驻守或者驻牧，人数也不会太多。1251年蒙哥汗即位后，着手巩固汗权，消除异己，采取分割封地、分授诸王、以削其势等策略，并对反叛者进行诛杀，将河西、陇右和青海等地的统治权力转移到忽必烈之手，尤其是忽必烈即大汗位以后，封他的儿子及该系的驸马、宗王等人镇守其地。如：至元初命皇三子忙哥剌镇守关陇，驻兵六盘山，在固原西南开远堡置开城府；至元九年冬封忙哥剌为安西王，以京兆为份地，镇守长安，至元十年益封秦王。①又，至元六年（1269年）封皇七子奥鲁赤为西平王，②将吐蕃地区委付于他。又，至元二十四年（1287年）封驸马章吉为宁濮郡王，镇守西宁，③等等。在青海地区的诸王中，地位最高、权势最重和影响最大的是西平王及其后裔，兹分叙于后。

（一）西平王及其后裔镇西武靖王等

奥鲁赤系忽必烈次妃所生④，为皇七子⑤，于至元六年封西平王⑥，驼钮金镀银印⑦。关于"西平"的郡望，源于古西平郡，指

---

① 《元史》卷一〇七《宗室世系表》和卷一〇八《诸王表》，中华书局1976年版。

② 《元史》卷一〇七《宗室世系表》和卷一〇八《诸王表》，中华书局1976年版。

③ 《元史》卷六〇《地理志三》，中华书局1976年版。

④ 达仓宗巴·班觉桑布著，陈庆英译：《汉藏史集》"大蒙古之王统综述"，西藏人民出版社1999年版，第144页。

⑤ 《元史》卷一〇七《宗室世系表》，中华书局1976年版。

⑥ "至元□年封"。中华本校勘记云："《蒙》据书，至元六年封。"《元史》卷一〇八《诸王表》，中华书局1976年版。

⑦ 据《元史》"诸王表"，诸王印分五等，一金印兽钮，如燕王真金之印等；二金印螭钮，如安西王忙哥剌之印等；三金镀银印驼钮；四金镀银印龟钮；五银印龟钮，如宁濮郡王和濮阳王之印等。又《元史》卷四《世祖本纪》，至元六年十月 "赐诸王奥鲁赤驼钮金镀银印"。

第一章 蒙古汗国和元朝时期

今西宁地区。自东汉末建安年间置西平郡（郡城遗址即今西宁市）以后，历魏、晋、十六国、北朝，相沿未改，隋唐时仍有西平郡望之称，唐玄宗时哥舒翰受封之王号即西平郡王。北宋末年（1104年）改称西宁州。奥鲁赤受封王爵，被委付给镇守吐蕃地面，而以"西平"作为他的"国邑之号"，可见，西宁州一带地方也是归他节制的。

关于西平王驻地，《元史》缺载。对此，《汉藏史集》中有如下记述：奥鲁赤"受命管辖西土之事，驻于汉藏交界处。亦曾前往乌思藏，多次镇压反叛"。①所说"汉藏交界处"，应该指藏族居住的牧业区和汉族居住的农业区的交汇地方，或者说指藏族传统居住区和汉族传统居住区的交汇地方。再查《元史·世祖本纪》至元十六年（1279年）六月己未，"以朵哥麻思地之算木多城为镇西府"，镇西府即西平王府。算木多系藏语译音也可译作松多或松都，应该于朵哥麻思地，亦即朵甘思或脱思麻地寻之。朵哥麻思，为藏语"Mdo-Khams"之音译，是藏人对吐蕃最东部地区的称呼。又据《元史·地理志·河源附录》载："河源在吐蕃朵甘思西鄙……名火敦脑儿"（蒙古语Hodun na'ur，译言星宿海，今同名）。据此可知，星宿海在朵甘思西鄙，而朵甘思的地理范围应大致包括今四川省西北部和青海省东南部，而湟水以北地方和四川及西藏交界一带地方不包括在内。据此可知，韩儒林先生认为"算木多城（疑即今昌都）为镇西府"②，未免失之过南而不可取。另有人认为镇西府应在今互助

---

① 达仓宗巴·班觉桑布著，陈庆英译：《汉藏史集》"大蒙古之王统综述"，西藏人民出版社1999年版，第144页。
② 韩儒林主编：《元朝史》（修订本，下），人民出版社2008年版，第651页。

县境内的松多乡①，位于湟水之北，不在朵哥麻思地，也不可取。我们认为应在今河曲地区同德县之松都。其主要理由有二：一是该地是汉藏交界处，位于朵哥麻思地方；二是联系考查从元初到元末西平王及其后王镇西武靖王的军政活动都在这一带的黄河以南地区，而不在湟水以北地区，也不在今昌都一带，故应认为镇西府在今同德一带。

据史载，奥鲁赤有二子，继封时分成两个王系，即西平王和镇西武靖王。镇西武靖王住在镇西府，世袭封地，有权会同宣政院处理吐蕃地方的军政事宜。而西平王的继王一系，在以后史籍中所载活动甚少。奥鲁赤长子铁木耳不花于成宗大德元年（1297年）受封镇西武靖王，赐驼钮金镀银印。《汉藏史集》说他"服事萨迦大寺，做了许多利益教法之事"②，他是藏传佛教萨迦派的忠实信徒和有力维护者。铁木耳不花有二子，长子老的罕于武宗至大二年（1309年）受封云南王，就藩他去；老的罕之子答儿麻于顺帝至正十八年（1358年）受封安西王；老的罕另一子阿纳忒纳失里先封安西王，后晋封豫王，该豫王与青海历史也颇有些关系。铁木耳不花的次子（次妃所生）搠思班袭封镇西武靖王。搠思班有子为乞八大王和亦只班大王脱班，脱班受封梁王，梁王之子卜纳剌袭封镇西武靖王。再说奥鲁赤次子八的麻剌，袭封西平王。八的麻剌之子贡哥班（管不八）袭封西平王。据上可知：西平王先后有三人，镇西武靖王有三人，对上述奥鲁赤世系列示意表（见下页）。

---

① 仁庆扎西：《西平王府今地考》，载《青海社会科学》1986年第6期。
② 达仓宗巴·班觉桑布著，陈庆英译：《汉藏史集》"大蒙古之王统综述"，西藏人民出版社1999年版，第144页。

第一章 蒙古汗国和元朝时期

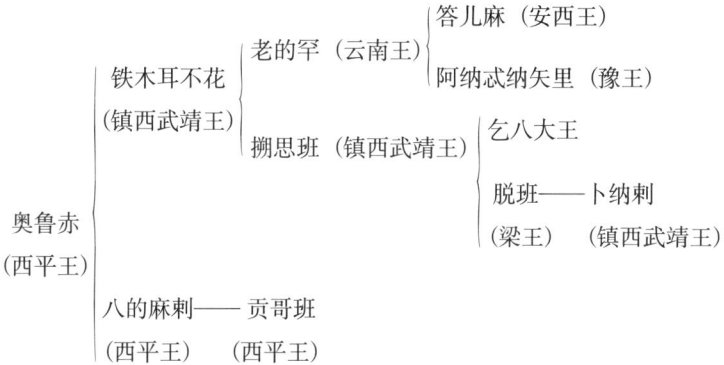

（二）宁濮郡王章吉及其家世

宁濮郡王即驸马章吉，《元史》也写作"昌吉"或"长吉"。此人在青海蒙古族史研究中是位颇有歧见的人物。

1. 章吉驸马分地及其活动

以西宁为章吉驸马分地和派章吉镇守西宁，主要见于《元史》卷六〇《地理志三》，该志"西宁州"条载："元初，为章吉驸马分地"，"至元二十四年封章吉为宁濮郡王，以镇其地"。所谓"分地"或"份地"，不同于镇守之地，而是把其地作为某位贵族的衣食租税之地，该"分地"上的租税拨交某位贵族所享用，由达鲁花赤代为征收。西宁州何时成为驸马的分地呢？《元史·地理志》明确写为"元初"，当从1271年算起，即是在1271年或此后不久，元廷把西宁州划作章吉驸马的分地。

据《元史》卷八《世祖五》载：至元十二年命驸马章吉等"分遣所部蒙古军，从西平王征吐蕃"，章吉此时是年未及弱冠或年刚及弱冠的按蒙古习俗早婚的年轻驸马，所以只是征调他的部众从征，而没有令他本人从征。到至元二十四年（1287年），章吉已届壮年，才受封为宁濮郡王，赐银印龟钮，奉命镇守西宁。他受封的郡邑之号为"宁濮"。经考证，濮的地望解释有两种：

其一是指靠近西宁的,《汉书》所记位于兰州黄河以北地区的庄浪河一带的"逾濮"之"濮"的古地望。①章吉家族有数人驻守在这里。其二是在"乙未籍户"(1235年)和"丙申分土分民"(1236年)时,章吉的曾祖赤窟一系在山东濮州(今河南濮阳市一带)分有土地户民,赤窟死后追封"宁濮郡王"②,爵邑之号也是"濮"之地望,绝非偶然。

按元朝制度,各地镇戍军队都驻屯在城外。《马可波罗行记》记载过镇守军"驻扎在离城池四五哩远的地方"。当时章吉的镇守军和郡王府在何地,当于西宁城郊外寻之,待进一步研究。

2. 章吉家世及世代驸马

章吉是蒙古族弘吉剌氏,迭儿列斤部的一支。原有五部,其中一部原居呼伦贝尔以东地方,在金代称临潢路,生女多美。铁木真少时,其父也速该为其娶德薛禅之女孛儿帖,即后来成吉思汗的正皇后。成吉思汗降服弘吉剌部后,封其岳丈德薛禅之子按陈及按陈之子赤窟等分长弘吉剌三千户。在蒙古统一诸部的战争中,按陈(阿勒赤)等帅骑从征,多著功勋。成吉思汗的内侄赤窟娶成吉思汗第三女秃满伦为妻,称赤窟驸马。1206年蒙古建国,按陈及其弟其子被封左手千户,分所部为四千户。史载,按陈"从太祖征伐,凡三十二战,平西夏、断潼关道,取回纥、寻斯干城,皆与有功。岁丁亥(1227年)赐号国舅按陈那颜。壬辰(1232年,窝阔台汗四年)赐银印,封河西王,以统其国族"。③

---

① 见《汉书》卷五五《卫青霍去病传第二》,中华书局1975年版。
② [清]屠寄:《蒙兀儿史记》卷二三《德薛禅传》,上海古籍出版社1989年版。
③ [清]屠寄:《蒙兀儿史记》卷一一八《德薛禅传》,上海古籍出版社1989年版。

第一章 蒙古汗国和元朝时期

1227年蒙古军平西夏,占西宁,弘吉剌部进入河湟地区的是按陈及其子赤窟,当时章吉尚未出世。成宗元贞元年(1295年)二月,按陈死后被追封济宁王,谥忠武。"济宁"在今山东省,为何追封王号为"济宁"呢?据史载,按陈等所统弘吉剌部,除在窝阔台汗时赤窟拨出一部驻在河湟地区以外,按陈及次子斡陈一系的封地、分地在辽河上游和今山东济宁、单县和河南濮阳等地。职此之故,按陈被追封的王号为"济宁",而赤窟及其后裔的王号带有"濮"字。

从元世祖忽必烈"采用汉法"后,成吉思汗家族之女称"公主",加徽号。在此以前史载"××公主"乃系追封。如:成吉思汗女帖木仑公主,长女豁真别乞公主,窝阔台孙女安秃公主等等,均是于英宗至治元年(1321年)追封,号昌国大长公主,[①]而"××驸马"之号也是从元世祖时开始,史载此前的诸女婿直书其姓名而不称"××驸马"。[②]据《元史》卷一〇八载:"盖自成吉思汗以来,初制简朴,位号无称"。世祖至元以后,"颁定爵邑,遂有国邑之名"了。由此观之,章吉驸马有"宁濮郡王"爵称,只能在元世祖至元以后。

成吉思汗在世时,"先是成吉思有旨,弘吉剌氏生女,皆以为后,生男,世尚公主"[③]。于是黄金家族孛儿只斤(博尔济锦)氏与弘吉剌氏累世通婚。粗略计算,按陈及其三弟阿忽台的后裔

---

① [清]屠寄:《蒙兀儿史记》卷一五一《诸公主表》,上海古籍出版社1989年版。

② 见《元史》卷一〇九《诸公主表》和《蒙兀儿史记》卷一五一《诸公主表》。

③ [清]屠寄:《蒙兀儿史记》卷二三《德薛禅传》,上海古籍出版社1989年版。

为驸马者至少14人,为皇后者也有此数。如,按陈有三子:长子赤窟,与其父同时封千户,妻为秃满伦公主,后追封郓国公主;次子斡陈,于太宗十年(1238年)封万户,妻为拖雷之女也速不花,后追封鲁国大长公主;三子纳陈,宪宗七年(1257年)袭封万户,妻为成吉思汗孙女薛只干,后追封鲁国大长公主。纳陈跟从蒙哥汗,入蜀攻钓鱼山,后来又跟从忽必烈南涉淮甸,平济州、兖州。赤窟兄弟三人主要活动于太宗、宪宗及世祖初年。又如,赤窟一系,他本人为驸马,分地在濮州,死后追封宁濮郡王。赤窟长子佚名,即怀都之父,事迹不详。赤窟之孙怀都,妻为翁吉八忽公主。怀都之弟爱不哥,妻为采真公主。爱不哥之长子即章吉,妻为忙哥台,封郓国大长公主。章吉之弟脱脱木耳,妻为桑哥不剌,也封郓国大长公主。章吉兄弟二人,其父、其伯父、其曾祖,均系驸马。章吉兄弟二人主要活动在元世祖、成宗至仁宗之世。章吉以后的世系和主要活动,缺载。兹将章吉家世列示意表如后:

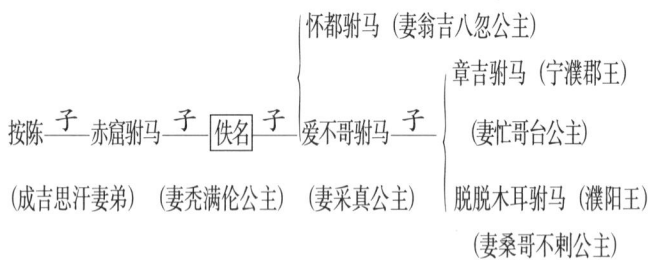

3. 章吉一家定居河湟地区的时间

1227年按陈及其子赤窟虽然从太祖平西夏,但随即北返,未曾定居这里。后在1239年阔端派兵进藏时,曾抽调赤窟属下一千户从征,怀都和爱不哥一支先世可能于这次战役后留驻在凉州和河湟地区,所以后来章吉和脱脱木耳弟兄都驻守在这里。

第一章 蒙古汗国和元朝时期

章吉于至元二十四年封宁濮郡王以后的事迹,据史载主要有以下两条:至元二十五年"也速不花等以昔烈门叛,甘肃行省官约诸王八巴伯答罕、驸马章吉合兵讨之,皆自缚请降"①,章吉率军出征,仅此一事;又据《蒙兀儿史记》卷一五三《氏族表》,章吉之妻为忙哥台,章吉弟脱脱木耳之原配妻也是忙哥台,"亦尚忙哥台,封濮阳王;继尚桑哥不剌公主,进封岐王"。封濮阳王在大德十一年(1307年),五年后即皇庆元年(1312年)进封岐王。

《蒙兀儿史记》中有关史料

疑是章吉已在1307年或此前不久去世,是封宁濮郡王后不足20年,享年不永,中年伤逝。依蒙古转房婚俗,兄死弟纳嫂,忙哥台公主又与脱脱木耳结为夫妻,脱脱木耳驸马受封濮阳王。为时不数年,忙哥台去世,脱脱木耳乃继娶桑哥不剌公主为妻,进封岐王。②

岐王脱脱木耳的军政活动事迹,史载缺如。据《民和李氏族谱》,李土司始祖李赏哥曾担任岐王府司马,岐王将今互助县红

---

① [清]屠寄:《蒙兀儿史记》卷八《世祖记》,上海古籍出版社1989年版。

② 参见芈一之:《散论章吉驸马及其他》,载《青海社会科学》1990年第4期。

崖子沟地方封给李家。①

(三) 西宁王

西宁王先后有两位。一位是忽答里迷失，《元史·文宗纪》也写作忽答的迷失，于文宗天历二年（1329年）封西宁王，金印螭钮。论位次，比宁濮郡王高，他系成吉思汗三弟哈赤温的玄孙，属远支宗王。自忽必烈登大汗位（1260年）到至元二十五年（1288年），平定多次藩王叛乱以后，加强中央集权和行省管辖诸路府州的权力，削弱了各地藩王势力，所以从至元末年以后所封诸王，罕见有同时受命率军镇守之记载。如此看来，西宁王虽位尊而无实权，也未发现其世系传袭史料。

另一位西宁王是速来蛮，《宗室世系表》也写作搠鲁蛮，于文宗至顺元年（1330年）受封。从名式上看，这位西宁王似乎是伊斯兰教徒，元成宗时（1295~1307年）驻守在河西走廊的安西王阿难答（忽必烈三子忙哥剌之子）因笃信伊斯兰教，影响其"所部士卒十五万人，闻从而信教者居其大半"②，速来蛮之皈依伊斯兰教，也不足为怪。他是成吉思汗四弟铁木哥斡赤斤之玄孙，也属于远支宗王，他曾经为伊斯兰教贤人古卜都兰巴尼在西宁城西南凤凰山（即南山）腰修建拱北，并立碑纪念，原碑现存西宁南禅寺。③

(四) 宁王

宁王名卜烟帖木儿，系忽必烈第八子阔阔出（封宁王）之后

---

① 参见芈一之：《土族族源再考》，载《青海民族学院学报》1982年第4期。

② [瑞典] 多桑著，冯承钧译：《多桑蒙古史》（上），上海书局2003年版，第332页。

③ 编写组：《青海历史纪要》，青海人民出版社1987年版，第117页。

第一章 蒙古汗国和元朝时期

裔,是近支宗王的后王。他是活动于元末明初时期的人物。《明史》卷三三〇《西域二》叙述到柴达木西部草原时说:"其地本名撒里畏兀儿,广袤千里""元封宗室卜烟帖木儿为宁王镇之。"这块广袤草原北连敦煌,西接若羌,归甘肃行省沙州路管辖,从整个元朝历史上看,它并不是战略要地。在元末(1330年后)封一位宗王镇守该地的原因,可能与安西王阿难答阴谋夺取中央政权失败及其子月鲁帖木儿与畏兀儿阿訇勾结"谋不轨"等事件不无关系。忽必烈第三子安西王忙哥剌曾经是元朝统治陕甘等地区的支柱,至元十七年忙哥剌死后,其子阿难答承袭安西王,率兵驻在河西走廊。他不仅是在西北的一位最大藩王,也是全国最大的势力集团之一。随着阿难答势力的增强,他开始策划阴谋夺取中央政权。大德十一年(1307年),元成宗(与阿难答为叔伯兄弟)病死,他立即与成宗的皇后伯要真氏、左丞相阿忽台等相勾结,企图以伯要真氏称制听政,而由他自己辅佐,以掌握实权。上述活动受到强有力的右丞相哈剌哈孙等人的反对,夺权失败。武宗(名海山,成宗兄之子)登位后,阿难答及其手下三十余人或赐死,或被杀。安西王封地被武宗转授给"平定内难"有功的母弟爱育黎拔力八达(即以后的元仁宗)。据泰定帝元年四月(1324年)"命昌王八剌失里往镇阿难答昔所居地"①和泰定帝三年(1326年)六月"命湘宁王八剌失里出镇阿难答(的)之地"②等项记载。这反映出阿难答虽然已死,其属下势力仍然不小,与元朝中央的矛盾仍相当尖锐,不得不派宗王前往专事镇抚。到元文宗至顺元年(1330年),"安西王阿难答之子月鲁帖木儿,坐

---

① 《元史》卷二九《泰定帝纪一》,中华书局,1976年版。
② 《元史》卷三〇《泰定帝纪三》,中华书局,1976年版。

与畏兀僧玉你达八的剌板的、国师必纳忒纳失里沙津爱护持谋不轨,命宗王、大臣杂鞫之。狱成,三人皆伏诛,仍籍其家"。①所谓"畏兀僧",可能就是当时维吾尔族的伊斯兰教阿訇,而不是佛教僧人,他们这次反叛活动也失败了,这必然引起元朝中央对阿难答属下及其相连地区的密切注视。在上述政治背景下,于是有封卜烟帖木儿为宁王去镇守沙州路属下的撒里畏兀儿地方之举。

(五) 威武西宁王

威武西宁王名出伯,系忽必烈六弟旭兀烈之玄孙,也属于远支宗王。成宗大德六年(1302年)籍隶甘州善射军,大德八年(1304年)受封威武西宁王。三年后,大德十一年晋封豳王,建藩邸于甘州。

上述诸王中有的是属于近支宗王的忽必烈的子孙,有的是在政治上属于忽必烈一系的远支宗王和驸马,他们在这里都率领有数量不等的蒙古部属。当时的蒙古部众,都是按千户制、百户制编组起来的。如有军事行动,上马则备战斗,平时则从事畜牧业生产。

三、西平王、镇西武靖王等人的主要军政活动

依据史书记载,元朝初期和中期西平王、宁濮郡王、镇西武靖王等曾有多次军事活动。元朝末期尤其在元明之际,宁王和西平王后裔的豫王曾经抵抗明军以及兵败后被明朝招抚。其余诸王,有的语焉不详,如关于西宁王速来蛮,于文宗至顺三年(1332年)三月己卯"诏以西宁王速来蛮镇御有劳,其如安定王朵儿只班例,置王傅官四人,铸印给之"②。速来蛮封王在1330

---

① 《元史》卷三六《文宗纪五》,中华书局1976年版。
② 《元史》卷三六《文宗纪五》,中华书局1976年版。

第一章 蒙古汗国和元朝时期

年，两年后诏称他"镇御有劳"，镇御之人，应与1330年原安西王阿难答之子月鲁帖木儿的反叛"不轨"有联系，至于安定王朵儿只班，事迹不详。

元朝时期，各地的反元斗争层出不穷，青海地区也不例外。从元世祖至元十二年（1275年）始，到元朝灭亡（1368年）的九十多年中，史书上记载"吐蕃盗起"有十次，记载"征吐蕃""征西蕃"有十八次，①而这许多次军事行动，大都由西平王奥鲁赤及其后王受命处理，兹择其要而述之。

世祖至元十二年（1275年）秋，"赐西平王奥鲁赤所部鸭城戍兵，人马三匹。"因为"近时悍匪犯边，有一人而带马三匹者"②。"命安西王忙兀剌、诸王只必帖木儿、驸马长吉分遣所部蒙古军，从西平王奥鲁赤征吐蕃。"③

至元二十五年（1288年）十二月丙子"也速不花以昔列门叛。甘肃行省官约诸王八八、拜答罕、驸马昌吉合兵讨之，皆自缚请罪，独昔列门以其属西走，追至朵郎不带之地，缴而获之，以归于京师"④。这次事件是藩王的分裂割据势力对抗忽必烈加强中央集权斗争的组成部分，通过调集这一地区的驻军镇压叛乱，对保持元朝多民族国家的统一起了积极作用。

至元三十年（1293年）再次征吐蕃。二月，"辛亥，诏发总帅汪惟和所部军三千征土番。又发陕西、四川兵万人，以行枢密官明

---

① [民国] 慕寿祺：《甘宁青史略》卷十三，兰州俊华印书馆1936年版。
② 《元史》卷八《世祖纪五》，中华书局1976年版；[民国] 慕寿祺：《甘宁青史略》卷十三，兰州俊华印书馆1936年版。
③ 《元史》卷八《世祖纪五》，中华书局1976年版。
④ 《元史》卷十五《世祖纪十二》，中华书局1976年版。

安答儿统之,征西番"①。汪惟和系汪德臣之子,汪世显之孙,任巩昌总帅。同年"冬十月癸未,以侍卫亲军千户张邦瑞为万户,佩虎符,将六盘山军千人,及皇子西平王等军共万人,西征"②。

成宗元贞二年(1296年)五月,"土蕃叛,杀掠阶州(今甘肃武都)军民,遣脱脱会诸王铁木而不花(奥鲁赤之子)、只列等合兵讨之"③。至次年春,平之。④此前,元贞元年(1295年)三月,"以诸王出伯所统探马军、红袄军各千人,隶西平王奥鲁赤"。这一条史料说明,诸王出伯所统军人,被编入西平王奥鲁赤所统序列,归其管辖,吐蕃地区有事,照例由西平王及其子孙镇西武靖王负责处理。

元仁宗时,甘州连年饥馑。延祐五年(1318年)"西蕃贼起",乘势抢掠,"甘肃省调兵捕之"⑤。

元英宗至治三年(1323年)"西番参卜浪诸族叛,敕镇西武靖王搠思班等发兵讨之"⑥。对于此次事件,有人认为参卜浪族在今四川西北部的喀木地区,实误。参卜浪,今译写成夏卜浪,驻牧在青海省黄南藏族自治州同仁县一带,属脱思麻地区。参卜浪等族位于由河州入西藏的驿道附近,供役繁重,民不聊生。从世祖至元十二年西平王奥鲁赤征吐蕃以后,即屡屡出现"供役繁重,有质卖子女以供役者"⑦的记载。如至元十六年(1279年)

---

① 《元史》卷一七《世祖纪十四》,中华书局1976年版。
② 《元史》卷一七《世祖纪十四》,中华书局1976年版。
③ 《元史》卷一九《成宗纪二》,中华书局1976年版。
④ [民国]慕寿祺:《甘宁青史略》卷十三,兰州俊华印书馆1936年版。
⑤ 《元史》卷二六《仁宗纪三》,中华书局1976年版。
⑥ 《元史》卷二八《英宗纪二》,中华书局1976年版。
⑦ 《元史》卷十《世祖纪七》,中华书局1976年版。

五月"以临洮、巩昌、通安等四十驿岁饥,供役繁重,有质卖子女以供役者。命选官抚治之"①。成宗大德元年(1297年)十月,"以朵甘思十九站贫乏,赐马牛羊有差"②等。当地藏族人民在忍无可忍的情况下,于至治三年春便群起反叛,劫掠使臣,阻断驿道。镇西武靖王搠思班发兵征讨,战事不顺。同年六月,"诸寇未平,遣徽政使丑驴往督师"③。与此同时,"西蕃又攻巩昌府"④。到了泰定帝三年(1326年)冬,西蕃复攻阶州。镇西武靖王派临洮路元帅盏盏谕降招抚了事。⑤为了减轻驿道附近各部人民的供役负担,在泰定帝三年四月不得不再颁诏令,"禁西僧驰驿扰民"⑥。可见,元代的驿道乌拉差役负担是很繁重的。

元文宗至顺元年(1330年)云南发生"镇兵之变",秃坚自立为云南王,元朝中央命镇西武靖王搠思班和豫王阿纳忒纳失里,率领朵甘思、脱思麻、巩昌诸处军马共一万三千人,人乘马三匹,会同荆王等共十万人进行征剿,青海的蒙古兵马从八蕃征进。不久,平之。⑦

四、探查河源

自古以来,人们就知道黄河的源头在今青海省,元朝还有清朝政府曾几次派遣官员探查河源,当时不仅留有文字记录,而且绘有地图,对河源的考察和认识一步步地更科学、更准确。有计

---

① 《元史》卷十《世祖纪七》,中华书局1976年版。
② 《元史》卷十九《成宗纪二》,中华书局1976年版。
③ 《元史》卷二十八《英宗纪二》,中华书局1976年版。
④ [民国] 慕寿祺:《甘宁青史略》卷十三,兰州俊华印书馆1936年版。
⑤ [民国] 慕寿祺:《甘宁青史略》卷十三,兰州俊华印书馆1936年版。
⑥ [民国] 慕寿祺:《甘宁青史略》卷十三,兰州俊华印书馆1936年版。
⑦ [民国] 慕寿祺:《甘宁青史略》卷十三,兰州俊华印书馆1936年版;《元史》卷三十九《顺帝纪二》,中华书局1976年版。

划有组织地探查河源,是元朝政府开其端的。

(一) 唐代以前对河源的认识和记载

黄河古称"河",殷商甲骨文中已有"河"的记载。最早记述黄河源的古籍是战国至秦汉成书的《禹贡》,其中有"导河积石"的说法,指出黄河是从积石山那边流来的。后来知识发展,出现了大积石,而把《禹贡》中的积石称之为小积石。汉代人认为小积石在汉代河关县,即今循化附近,见于《汉书·地理志》。秦汉及其以前的人认为河源最西至黄河绕小积石山处即"河曲"而止。《山海经·西山经》说,"昆仑之丘……河水出焉"。认为积石山以西高大的昆仑山是黄河的发源地。这些记载,反映了当时人们对河源的初步认识。

随着秦汉多民族统一国家的形成,青海东部地方纳入统一的郡县体系以内,在认识河源问题上又前进了一步。人们已知道黄河源在积石山之西南羌地,自西南朝东北方向流,至河关流入塞内云云。尽管已知道河源地区有羌族居住,但却没有派人探查,没有留下可靠的文字资料。到隋炀帝时破吐谷浑后设西海、河源二郡。河源郡设在今海南州境内。当时对黄河源头仍是未予探查。唐代对河源的认识有了一个大步前进。据《旧唐书·侯君集传》《新唐书》卷二一六《吐蕃传》《旧唐书》卷一九六《吐蕃传》记载,唐朝人经过实地观察,不仅知道了星宿川及地貌景况,而且对黄河发源的正确方位,都有了比较明确的了解。

(二) 元、清朝派专使探查河源

元朝派专使探查河源是在世祖至元十七年(1280年)。至元十七年冬十月,忽必烈派习诸国语的荣禄公都实为招讨使,佩金虎符,"往穷河源"。都实一行从河州(今临夏)出发,沿河西上,"四阅月,始抵河源",对整个河源地区的地貌、气候、动

第一章 蒙古汗国和元朝时期

植物资源等,都做了调查和记录。继之,翰林学士潘昂霄,依据都实的原始记录,据以写成《河源志》。这些记述为以后进一步探查,奠定了基础。

18世纪初叶,清朝政府再次对河源进行实地探查。康熙四十三年(1704年)派侍卫拉锡、舒兰等为专使到星宿海,令其"直穷其源","凡流经处,须详阅之"。归来后写成《河源记》,绘了山川地图,对鄂陵湖、扎陵湖正式定名。① 到乾隆四十七年(1782年)春,由于黄河决堤,"豫省青龙岗漫口合龙未就",遣大学士阿桂之子乾清门侍卫阿弥达,"前往青海,务穷河源告祭","据按定南针绘图具说呈览"。阿弥达所探查的"真河源",即今日的卡日曲,足见这次"穷河源告祭",确属事实。

总之,远在唐朝,人们已经探查了黄河上游的扎陵湖(柏海)、鄂陵湖和更远些的星宿海。到了元朝,政府有计划、有组织地派专使探查河源,达到新的认识高度,并写有专门书籍。到清朝,又遣使探查河源,对前人考察作了进一步补充和完善。解放后又经过多次科学考察,证实黄河发源于巴颜喀拉山的各姿各雅山,卡日曲是其正源。

五、蒙古族人口和社会经济

纵观自唐末以来,我国先后出现了五代十国的并立,辽宋和金、夏、蒙古、高昌、大理、吐蕃等政权并立的局面,相互纷争分裂,长达三四百年之久。这时期的青海历史,也是各个民族的统治者纷争扰攘,从未统一,社会进步不能不受到阻碍。这种状况,无论对于胜利者或失败者的任何一方人民都是灾难。蒙古族兴起,建立了疆域广大、横跨欧亚大陆的蒙古汗国,终于统一了

---

① 《康熙东华录》卷一五。

整个中国，把青海及青藏高原各地，纳入一个空前统一而广阔的国家之中，结束了地方割据，奠定了伟大祖国在西北、西南地区的统一疆土。元朝时期，今青海广大牧业区和其他民族地区一样，社会封建化的进程加速。元朝的统一在青海各民族的历史上都留下了深刻的影响，有着十分积极的意义。

元朝时期居住在青海的蒙古人口数目，限于文献无征，难以确知。大体说来，人口不会太多。在这里不妨放大范围来参考一下。元朝统治广大的中国，包括黄河上下、大江南北。沿海各地、内地诸省，到上述地区去的蒙古人数已无法确考。根据明末努尔哈赤致林丹汗的信，说元时进入长城以南的蒙古人有40万。进入青海的蒙古人，当然也只能是上述40万人中的一个零头。再说蒙古军队，成吉思汗逝世后留下的军队共有12.9万人，其中10.1万人由幼子拖雷接统，其余2.8万人分别分给了成吉思汗的母亲、三个弟弟和四个儿子，最多的得到5 000人，最少的只得到1 000人，窝阔台汗只得到4 000兵士。① 由此可见，当时驻节凉州的阔端的军队不会有很大数目，西平王和宁濮郡王等人的军队也不会有很多。上文曾叙及弘吉剌部留在这里的不过是一千户。

元朝时期蒙古人在青海的主要居住区有三个：一是以西宁为中心的湟水流域。有宁濮郡王、濮阳王、西宁王等先后在这里驻节。其所率领的部众，当然也应该居住在这里。其二是河曲地区。西平王、镇西武靖王等驻节在这里，而且在这些王爷的率领下多次在吐蕃地区用兵，当然会有一部分基干力量在这里居住。其三是今海西州草原。理由之一，宁王卜烟帖木儿镇守今噶斯草

---

① 韩儒林主编：《元朝史》（修订本，上），人民出版社2008年版，第6~7页。

第一章　蒙古汗国和元朝时期

原，即所谓的"撒里畏兀儿地面"，当然会有部众跟随而来。理由之二，1958年在循化进行社会历史调查时，撒拉族老人普遍地说："循化县原住有蒙古人，撒拉人来后，他们迁到海西州都兰去了。"我们认为那是军队移驻防地。理由之三，1958年冬，在诺木洪农场第二作业站挖出一具古代干尸。尸体完整无损，头部须发俱全，胸部有伤痕，伤口上塞有一块丝绸，染有血迹。死者身着黄花织锦缎面皮袍，护身软甲，腰部佩皮带，脚穿长筒皮靴，头戴皮帽，帽顶上插有一枝红缨。整个尸体外用羊毛毡包裹。殉葬品有马尾、鞍蹬、角质弓、箭壶等。箭壶内装有十一支箭，每支形式各异，并且都很精致锋利。根据死者的穿着、脸型和出土文物，断定他是战死在战场上的元代蒙古军武将。① 据此可知，诺木洪一带居住过蒙古人。依照元朝制度，诸王驸马的属民，可以自己设官管理，呈报皇帝批准，列入各级官员、衙门的序列之中。

总的来说，元朝时期青海的社会经济，应该有所前进，有所开发。如元初湟水流域的西宁州农业定居户口不足六千户。② 可是到了元末明初，明军进军这里时，从当地民族首领相率归附明朝的各种史料看，户口是大大增加了(详见下章)。牧业经济在正常情况下，除了自然灾害以外，也会在正常的社会规律中运行。元朝交通发达，商旅方便，前所未有地流通纸币，构成社会经济的一个特色。1955年秋，在格尔木农场第一作业站即发现元代纸币。当时平地造田，挖出用毛毡包裹的纸币一包，保存完好。纸币用桑皮纸印刷，票面分五百文、一贯、二贯三种。纸币上盖有

---

① 赵生琛等：《青海古代文化》，青海人民出版社1986年版，第154页。
② 元代西宁州为下州，按元制，下州户口不足六千。见《元史》卷五八《地理志一》，中华书局1974年版。

中书省、尚书省等朱红印鉴，是中统、至元、至正时分别印行的，距今已有600年以上了。①

蒙古人建立的元朝和历史上的其他封建王朝一样，都是封建统治阶级的政权，有其光明面，也有其黑暗面。其经济制度和政治制度基本上是从前代继续和发展来的，有其弊病，亦有其积极方面。例如，前期，成吉思汗后裔争夺皇位的斗争；中后期，各地反元的斗争，都影响到青海蒙古族历史。又如，在青海和全国一样，各民族文化通过接触，相互补充，相互吸收，出现了多种文化交相辉映的特色。当时在这个地区主要使用多种语言和三种文字。蒙古语是"国语"，蒙古文字是官方文字，诸路置有蒙古字学。汉人使用汉语言和汉文。藏族使用藏语言和藏文。土族以及撒拉族和回回人，各有他们的语言。与此同时，在元朝的提倡扶持下，藏传佛教、伊斯兰教和道教与汉族中的儒家文化，几种文化并行于青海大地，构成了这个时期及其以后青海文化多样性的特色。元代青海蒙古族的社会经济文化等情况，限于目前所能掌握到的资料，难以深究详叙，有待将来。

---

① 赵生琛等：《青海古代文化》，青海人民出版社1986年版，第154页。

第二章 明朝时期

元朝灭亡后,居住在青海的蒙古人有的北迁回到塞北,有的降明而被安置。明代中期以后,在不同历史背景下因各自特殊的情况,大批蒙古各部落或奔袭或迁徙至青海湖周围。多民族、多部落在各种矛盾交织中,冲突频仍,征战激烈。

第一节 明朝初年蒙古人外迁和被安置及"塞外四卫"

明朝初年,就全国范围来看,蒙古贵族及其部属相当部分退至塞北草原,①与明朝对峙,展开了长期激烈的战争。散居明朝内地的蒙古族也有数以十万计的人众,被编入明朝的户籍和军籍,一般民众耕地自食。由蒙古壮丁组成的队伍叫作"土达官

---

① "方大乱时,各处转战蒙古人等……惟脱出六万",以后形成六万户。这里不包括漠西蒙古。见萨囊彻辰著,道润梯布译校:《蒙古源流》卷五,内蒙古人民出版社1980年版。

军"或"汉达官军"等。明朝对他们实行强迫同化政策，在《大明律》中规定"不许本类自相嫁娶"，并令改为汉姓，更改服装。由于长期民族杂居和同化的结果，内地的蒙古族成批地融合到汉族或其他民族之中了。居住在青海的蒙古族，除外迁者以外，则被安置在边地卫所管辖的地区。

一、明军西进，蒙古人外迁和被安置

明洪武元年（1368年）八月初二日明军占领大都以后，分兵略地打击元朝在各地的武装力量。同年底，取太原，元将军河南王扩廓帖木儿（王保保）奔大同，转甘肃，到鸣沙，继续抵抗。此时，蒙古人祁贡哥星吉①，仕元为甘肃理问所土官，举起反元旗帜，归附明朝，成为青海境内响应明朝檄谕、举部归附的第一位地方实力集团首领（后为西祁土司始祖）。洪武二年（1369年）春明军渡陇，略定陇右，四月克秦州（今甘肃天水）。大将军徐达遣平羌将军冯胜取巩昌（今陇西），徇临洮，元将李思齐降。接着，兰州降。徐达遣平章俞通海袭攻元豫王阿纳忒纳失里于西安州（今宁夏海原县），豫王兵败退至河州。五月，徐达军出萧关，克平凉，下庆阳，元将张良臣以庆阳降，陇右平。二年冬，徐达命将驻守各地，自率大军凯旋南还。同年冬，扩廓帖木儿侦知大军南旋，又纠众反攻，洪武三年（1370年）正月围攻兰州，"将欲结连青海，扰乱西北"②。明指挥使张温固守兰州待援，镇守巩昌的指挥使于光援救兰州兵败战死。驻扎庆阳节制西北诸军的冯胜兵单力薄无以为计，遂有洪武三年、四年再次大军经略西

---

① "祁贡哥星吉，元裔，初封金紫万户侯，世守西土。"见《清史稿》卷五一七《土司传六·甘肃》，中华书局1974年版。《湟东祁氏宗谱》又将其追溯到宋，可能有误。

② [民国] 慕寿祺：《甘宁青史略》卷十三，兰州俊华印书馆1936年版。

第二章 明朝时期

北之举。

明朝任命徐达为征虏大将军,李文忠为左副将军,冯胜为右副将军,邓愈为左副副将军,汤和为右副副将军,兵分两路。徐达"自潼关出西道,捣定西,取扩廓帖木儿";李文忠"自居庸,出东道,绝大漠,追元嗣主"①。东路军向元主妥欢帖木儿驻地应昌(今内蒙古克什克腾旗)进攻,四月元主卒于应昌,太子爱猷识里达腊继位,称必力克图汗,年号宣光。五月,明军克应昌,必力克图汗率数十骑趋走和林。西路军于四月初七日在定西沈儿峪②与扩廓帖木儿进行激战,大败元军,擒获诸王、国公、平章等官1 865人,俘将校士卒84 500余人,获马15 200余匹,扩廓帖木儿仅与妻子数人北遁,得流木以渡黄河,遂奔和林。元嗣主复任以事,后从徙金山之北。明将郭英追至宁夏,不及而还。从此,故元军事主力被彻底摧毁,再也组织不起来称之为有力的抵抗了,明军乘胜分兵经略甘青各地。汤和率军略定宁夏。邓愈经略河州及黄河以南地区,冯胜经略河西等地。

(一) 黄河南地区

洪武三年五月邓愈自临洮趋"吐蕃等处宣慰使司都元帅府"所在地河州(今甘肃临夏),豫王阿纳忒纳失里和镇西武靖王卜纳剌及宣慰使何琐南普(藏族)据城抵抗。经过激战,五月辛亥(二十三日)明军"克河州"③。邓愈安缉流亡,招抚诸部,何琐南普④等率部众纳印请降,豫王西逃。镇西武靖王卜纳剌于六月

---

① 《明史》卷一二五《徐达传》,中华书局1974年版。
② 沈儿峪在车道岭以南,俗称沈儿谷口,该地有王保保大将台。
③ 《明太祖洪武实录》卷五二,洪武三年五月辛亥。
④ 今甘肃东乡族自治县锁南坝,即何锁南普屯兵处。何锁南普降明后,授河州卫指挥同知,其后裔即何土司。

二十八日在今黄南州境内举部归降。①据调查所知：今同仁县隆务河两岸的藏族和土族群众，于每年夏历六月十九日至二十五日举行盛大的祭神歌舞活动，届时乐舞连天，藏语称"六月鲁热"。据说这项活动起源于元末明初蒙古军。相传，蒙古军为了反对战争继续打下去，以安定民心，毅然将全部武器毁于其地。广大群众为庆祝这一义举，举行祭神祝福活动，延续至今。对照史事，镇西武靖王卜纳剌反对战争继续打下去，毅然向明将军邓愈议和归降，争取地方和平。蒙古军在热贡②地区的这种举动深得人心，可能是"鲁热节"的原始本事。果真如此，卜纳剌被后人代代不忘，则是完全应该的。豫王西逃，邓愈追击，"追豫王至西黄河，抵黑松林，破斩其大将，河州以西朵甘、乌斯藏诸部悉归附"③。这里所云"西黄河"，是指黄河从今果洛玛沁县拉加寺北流，经今贵南县、贵德县西境的一段黄河。黑松林应指今同德县内的大片原始森林。豫王西逃后的具体情况，史书缺载，可能先留驻于今玉树地区，而后北迁。

上述镇西武靖王卜纳剌和豫王阿纳忒纳失里都是西平王奥鲁赤的后裔，这一带是该系后王镇守之地，地利人和等均顺利。而两人的政治态度不同，结果也不相同。镇西武靖王"以吐蕃诸部来降"④后，于洪武四年（1371年）三月，入朝京师（今南京），安置居住，给予优厚的生活待遇，授以"武靖卫指挥同知"⑤官

---

① 《明太祖洪武实录》卷五三，洪武三年六月乙酉；谷应泰：《明史纪事本末》卷十《故元遗兵》，中华书局1977年版。
② 热贡，藏语，义为充满希望。热贡地区，指今同仁县一带。
③ 《明史》卷一二六《邓愈传》，中华书局1974年版。
④ [民国]慕寿祺：《甘宁青史略》卷十三，兰州俊华印书馆1936年版。
⑤ 《明太祖洪武实录》卷六二，洪武四年三月戊子。

第二章 明朝时期

衔。至此，青海东部黄河以南地区的蒙古军被肃清，蒙古人外迁。过了百余年，到明代中叶后又有"西海蒙古"进入莽剌（茫拉）、捏工（热贡）二川。

（二）西宁及其以西地区

经略河西五郡的任务由冯胜总之。据史载，"及明兴，使耿炳文收河、湟，冯胜取甘、肃"。①西宁一带在冯胜及其属下耿炳文招抚下，基本上是传檄而定、不战而下的。元初镇守这里的宁濮郡王章吉和岐王脱脱木儿的后裔到底有部众若干，驻兵何地，态度若何，至今无法详知。据《甘宁青史略》卷十三，在洪武三年六月"镇西武靖王卜纳剌以吐蕃诸部来降"条下注文："元封驸马章吉为宁濮郡王，镇西宁，管理吐蕃诸部，至是悉归降。"说明西宁等地吐蕃诸部也归降了，但对这里蒙古余众的情况未作出详细说明。西宁一带地方首领人物颇识时务，相继归附明朝，决定了这里的传檄而定。例如祁贡哥星吉于洪武元年五月即归明，随明将军韦正②军前效力。洪武五年调往西番地方，六年授副千户，挂武略将军印信，守御碾伯地方，洪武三十一年卒。其子祁索南袭职，升千户。索南子祁贤时，升卫指挥金事、指挥使，是为东祁土司③。元西宁州同知李南哥（民和李土司之祖）于洪武四年以西宁州归附，佐耿炳文经略西宁等地。该《李氏族谱》说："值天兵定关辅，率众归附，高皇帝嘉其诚，授忠显校

---

① ［清］梁份著，赵盛世等校注：《秦边纪略》卷一《全秦边卫》，青海人民出版社1987年版，第21页。

② 韦正，即宁正，洪武二年随大军定陕西。冯胜克临洮，留韦正守之。次年，随邓愈破定西，克河州，授河州卫指挥使，抚循劳徕，不数年，河州为乐土。

③ 见《湟东祁氏宗谱》，原本存青海省图书馆。

尉,佐长兴侯耿炳文经略西平,刱置规划,甚称上意。""抚番族、通道路、广积储、置邮递,其功甚多"。①元甘肃行省右丞朵儿只失结,率部随平章、太保朵儿只班屯青海。洪武三年率部众二千人诣冯胜归降,明朝任命他为宣武将军,②西宁卫指挥佥事(为东祁土司之祖),率所部跟从冯胜征甘肃。如此等等。

蒙古贵族岐王朵儿只班曾抗拒不降,据守于西宁以西息利思沟(今乌兰县希里沟)。洪武五年十一月,明指挥使徐景,协同朵儿只失结袭破其营,获岐王金印一,司徒银印一,及军士马匹③等。朵儿只班率部退入北大通山中,又北退至居延海。以后冯胜北征,击走之。④至此,湟水流域一带蒙古人除部分归附明朝外,全部外迁。明朝时期湟水流域的东祁土司(朵尔只失结后裔,居住乐都胜番沟)和西祁土司(祁贡哥星吉后裔,居住西宁东川寄彦才沟),在过去地方史籍和有关研究论著中,被当作土族土司。20世纪80年代中,该两家土司的部分后裔先后更改民族成分为蒙古族。鉴于本章着重点在于论述明代时期居住在牧业区的蒙古人的活动,所以对两家祁土司的历史活动,略而不赘。⑤

二、宁王降明和西宁"塞外四卫"始末

(一)宁王降明

明朝初年率部归附明朝并在原地安置的,是居住在柴达木盆地西部的故元宁王卜烟帖木儿。有的出版物中有所谓"明初,青

---

① 见《李氏世系谱》,原件存民和档案馆。
② 《明太祖洪武实录》卷七八,洪武六年春正月己未。
③ 《明太祖洪武实录》卷七六,洪武五年十一月甲辰。
④ 《明史》卷一二九《冯胜传》,中华书局1974年版。
⑤ 关于两家祁土司的历史活动,参见芈一之:《青海土司制度概论》,载《青海社会科学》1980年创刊号。

第二章 明朝时期

海境内并无蒙古族游牧者"①，实乃对"塞外四卫"的设置原委视而不见所致。

宁王原镇守的柴达木盆地西部，北连敦煌，西接若羌。青海境内的噶斯草原是水草丰美之地，汉代婼羌在这里立国，②元时称撒里畏兀儿地面。撒里畏兀儿也称黄头回纥，原居住在河西走廊。约在公元1028年，西夏攻破甘州回鹘时，该部二十余万人西逃敦煌，傍祁连山阴游牧，其中有数万人越祁连山而南，游牧于噶斯草原上，于是这里成为撒里畏兀儿的一块主要游牧地。③元末封宗室卜烟帖木儿为宁王，镇守其地。当时居民中，宁王及其武装是统治力量，撒里畏兀儿地面还有一些藏族属于从事生产的基本群众。此外还有一部分从扬州迁来的乐户（应是汉族）。据《秦边纪略》卷一载："元封哈忽失里为武威王，④迁扬州乐户一族，（随宁王迁青海）以快其心。遂以乐户之族为撒力畏兀儿。久之，其人同回夷之俗，然必养犬豕以自别。元末，乃同阿端之人徙于青海。"又载："元遣扬州乐户，谓之撒力畏兀儿。元末，白哈密而徙青海。明初，[卜]烟帖木儿贡铠甲刀剑内附。乃以乐户之后，分为若[苦]先、帖里二族。"⑤哈忽失里，《明实

---

① 周希武编著，吴均校释：《玉树调查记》，青海人民出版社1986年版，第19页，吴均注释之五。

② 芈一之、聪喆：《婼羌国址考》，载《西北史地》1986年第1期。

③ 撒力畏兀儿乃吐谷浑素和贵之后裔，降于吐蕃，居排衕川，也名计罗川，后讹为贵和，为畏兀，书此另备一说。陶保廉：《辛卯侍行记》，甘肃人民出版社2002年版，第372页。

④ 哈忽失里，先封武威王，改封肃王，卒，弟安克帖木耳袭爵。永乐元年，安克帖木耳朝贡，永乐二年封忠顺王，驻哈密。

⑤ [清]梁份著，赵盛世等校注：《秦边纪略》卷一《西宁卫·西宁近边》，青海人民出版社1987年版，第76~77页。

录》写作忽纳失里，《明史》写作纳忽里。上引两条史料说明下列四个问题：一是扬州乐户先迁武威，归武威王哈忽失里，元末迁于青海，到撒里畏兀儿地面。二是卜烟帖木儿与哈忽失里同为元朝宗室，当他就藩撒里畏兀儿时，哈忽失里送给他一部分乐户，跟随前往，成为统治集团中的基干力量。三是扬州乐户在撒里畏兀儿地面居住长久以后"同回夷之俗"了，但为了保持其特点，"必养犬豕以自别"。至于《秦边纪略》的作者认为撒里畏兀儿是乐户之族的改称，则与史实不符。四是扬州乐户人数不少，到了明初，分别安插在苦先和帖里二部之中。

由于宁王僻处青海省西北一隅，当明军在定西、河州以及河西走廊甘州等地与元军战斗时，没有受到较大震动。当明军抚定河州、西宁等地，并设置河州卫（洪武三年冬）、西宁卫（洪武五年）以后，便着手招降宁王卜烟帖木儿的事宜。洪武六年五月宋国公冯胜命故元甘肃右丞，"宣威将军朵尔只失结招安定王归附"[①]。宁王降明后封安定王，所以在《明史》卷三三〇《西域传》中径称他安定王卜烟帖木儿。洪武七年六月，"[卜]烟帖木儿遣使入贡"[②]，贡铠甲刀剑等物表示顺应时势，归附明朝。明太祖朱元璋"诏其酋长立为四部，给铜印，曰阿端、曰阿真、曰苦先、曰帖里"[③]，洪武八年正月，卜烟帖木儿遣其王傅卜颜不花等朝贡，"献元所授金银字牌"[④]。明廷随即下诏，"置安

---

① [清] 杨应琚：《西宁府新志》卷三十一《纲领下》，青海人民出版社1988年版，第800页。
② [清] 杨应琚：《西宁府新志》卷三十一《纲领下》，青海人民出版社1988年版，第800页。
③ 《明太祖洪武实录》卷九〇，洪武七年六月壬戌。
④ 《明太祖洪武实录》卷九六，洪武八年正月癸亥。

定、阿端二卫指挥使司"。"以沙剌为指挥同知,亦班藏卜卜理不花护出完者帖木儿为指挥佥事"①,"封卜烟帖木儿为安定王"②。经过上述招降、朝贡、置卫、封王等活动,以卜烟帖木儿为首的在青海西北部的故元封建主与明朝确立了臣属关系,统领其原有部众,继续在噶斯草原上繁衍生息。

(二)西宁"塞外四卫"始末

安定卫、阿端卫、曲先卫和罕东卫,统称"西宁塞外四卫"。这四卫连同沙州卫、赤斤卫、哈密卫,因地处嘉峪关以西,合称"关西七卫"或"西北七卫"。七卫的统治者多为蒙古族,故亦称"蒙古七卫"。③到英宗正统时沙州卫内迁,宪宗成化时在原沙州卫地置罕东左卫。实际上先后称卫者有八个或九个。下边着重叙述"塞外四卫"的建置、兴废等情况。

1. 定安卫

洪武八年(1375年)置。《秦边纪略》卷一载,安定卫在西海北,距西宁三百八十里。④据此,有的人把安定卫的地望定在今海北州的祁连县、海晏县一带,⑤"安定卫在西宁西北、甘州西南。汉为婼羌,唐为吐蕃地",⑥与《明洪武实录》和《明史》所记相同,在"甘州西南一千五百里"。据此,其地望则不能定

---

① 《明太祖洪武实录》卷九六,洪武八年正月丙戌。
② 《明史》卷三三〇《西域二》,中华书局1974年版。
③ 唐景伸:《明代关西七卫述论》,载《中国史研究》1983年第8期。
④ [清]梁份著,赵盛世等校注:《秦边纪略》卷一《西宁卫·西宁近边》,青海人民出版社1987年版,第76~77页。
⑤ 《青海省情》,青海人民出版社1986年版,第5页;魏明章:《青海历史纪年》,1986年内部刊本第86页。
⑥ [清]杨应琚:《西宁府新志》卷二十《武备·明塞外四卫》,青海人民出版社1988年版,第509页。

在今海北州内，而应在今海西州的西部。据谭其骧主编的《中国历史地图集》，①安定卫的首府为昔儿丁，在今当金山口以南、花海子以北。安定卫初辖阿端、阿真（即阿真川，位噶斯库勒湖以西）、苦先、帖里四部，以后，分置阿端卫。

洪武九年，明延命郑九成等至安定卫。"赉王及其部人衣币"。②洪武十年，安定王卜烟帖木儿被指挥同知沙剌所杀。王子板咱失里复仇，诛沙剌。沙剌的部将复杀板咱失里，部内大乱。番将朵儿只班叛走沙漠，经安定卫，大肆抢杀，掠其印去。朵儿只班乃西番土官，洪武九年叛，率众攻掠罕东（在今湟中县境内），被河州卫指挥使宁正击走之，"追至西海北山口而还"，③朵儿只班西逃，经安定卫向北遁去。经过这一次骚乱，安定卫衰落了。洪武二十五年（1392年）蓝玉西征逃寇祁者孙，徇阿真川。土酋哈昝等惧，逃匿山谷不敢出。到洪武二十八年（1395年）明太祖子肃王朱楧就藩甘州，原安定卫的土酋哈昝等遣僧人拜谒肃王，乞求授官以安部众。洪武二十九年（1396年）明廷派中官陈诚至其地巡视，复立安定卫。酋长哈孩虎都鲁等五十八人悉授官职，并随陈诚入京朝贡谢恩。明成祖永乐元年（1403年）派人持敕"抚谕撒里诸部"。原先安定王卜烟帖木儿被杀时，其子撒儿只失加亦被杀，部众溃散。撒儿只失加之子亦攀丹流寓灵藏。永乐十一年（1413年）五月亦攀丹朝贡，"自陈家难，乞授职。帝念其祖率先归附，令袭封

---

① 谭其骧主编：《中国历史地图集》第七册，中华地图学社1975年版，第59图。

② [清] 杨应琚：《西宁府新志》卷二十《武备·明塞外四卫》，青海人民出版社1988年版，第510页。

③《明太祖洪武实录》卷一〇八，洪武九年八月庚戌。

安定王,赐印诰"①。自是以后历任安定王朝贡不绝。

到武宗正德时,东蒙古亦不刺、阿尔秃厮等入据西海,纵掠邻境,"安定遂残破,部众散亡"②。"仅存余孽江缠尔加等僧俗四十有奇,徙居西宁沙棠川威远城东"③。从洪武八年(1375年)卜烟帖木儿被封安定王,传四世,历一百三十余年,至正德年间,安定卫破亡,王位不存。

2. 阿端卫

洪武八年置。《明史》称在撒里畏兀儿之地。《秦边纪略》卷一称,"阿端卫,在曲先西南,盖鞑靼别种。自哈密迁青海,与安定卫之人同属[卜]烟帖木儿者也"。"洪武八年,以[卜]烟帖木儿所部,凡属夷种(指蒙古——笔者注),皆为阿端,以别于乐户之族"。④阿端卫在安定卫之西,首府在帖儿谷。在今茫崖噶斯口附近,其辖地包括今新疆境内若羌河一带地方。洪武二十四年(1391年)朵儿只巴叛逃抢掠,阿端卫遂废。

成祖永乐元年(1403年)遣官持敕"抚谕撒里诸部"后,永乐四年(1406年)冬,酋长小薛忽鲁札等朝贡,请求置卫设官,即授小薛忽鲁札等为阿端卫指挥佥事。

永乐二十二年(1424年),安定卫散哥和曲先卫散即思等邀劫朝廷使臣时,胁迫阿端卫指挥佥事锁鲁丹同行,因而招致明朝李英等率大军征剿。锁鲁丹惧,率部远窜,失其印。宣德初年朝廷

---

① 《明史》卷三三〇《西域二》,中华书局1974年版。
② 《明史》卷三三〇《西域二》,中华书局1974年版。
③ [清]杨应琚:《西宁府新志》卷二十《武备·明塞外四卫》,青海人民出版社1988年版,第514页。
④ [清]梁份著,赵盛世等校注:《秦边纪略》卷一《西宁卫·西宁近边》,青海人民出版社1987年版,第77页。

派人招抚，锁鲁丹仍不敢归，依附曲先卫杂处。宣德六年（1431年），镇守西宁卫的都督史昭奏言，"曲先卫真只罕等本别一部，因其父助散即思为逆，窜处毕力术江。其地当乌斯藏孔道，恐复为乱，宜讨之"①。朝廷命"遣人宥其罪，命复故业"②。于是真只罕率部还居帖儿谷旧地。宣德七年（1432年）正月真只罕入朝，授阿端卫指挥同知，令掌卫事，以指挥金事卜答儿为之副。真只罕奏言："阿端故城在回回境（指维吾尔地），去帖儿谷尚一月程，朝贡艰，乞移本土为便。天子从其请，仍给以印，赐玺书抚慰之"③。迄英宗正统时，数入贡，"后不知所终"④。

3. 曲先卫

洪武初年置，确切年代不详。《明史》说，"洪武时酋长入贡，命设曲先卫，官其人为指挥"。大约在洪武八年，与安定卫、阿端卫同时设置，而《明洪武实录》失载。一说曲先即苦先，而苦先为洪武七年分设故元宁王所部为四部之一。曲先卫地望"东接安定，在肃州西南"，"元设曲先答林元帅府"⑤，在阿真川以北，其首府为药王滩。《秦边纪略》卷一说，"在罕东卫北，大通河之南也"⑥，"在西宁西北三百里"，约今海晏县和刚察县一带。这可能是初置卫时的情况。"后遭朵儿只巴之乱，部众窜亡，并入安定卫，居阿真之地。"⑦徙居至阿真川北部。成祖永乐

---

① 《明史》卷三三〇《西域二》，中华书局1974年版。
② 《明史》卷三三〇《西域二》，中华书局1974年版。
③ 《明史》卷三三〇《西域二》，中华书局1974年版。
④ 《明史》卷三三〇《西域二》，中华书局1974年版。
⑤ 《明史》卷三三〇《西域二》，中华书局1974年版。
⑥ ［清］梁份著，赵盛世等校注：《秦边纪略》卷一《西宁卫·西宁近边》，青海人民出版社1987年版，第76页。
⑦ 《明史》卷三三〇《西域二》，中华书局1974年版。

四年（1406年）批准安定卫指挥哈三等请求，从安定卫析出，恢复曲先卫建制，哈三即为曲先卫指挥使，掌卫事，散即思副之。①

永乐二十二年散即思"劫杀朝使"，李英率军征剿时，他"率众远遁，不敢还故土"。宣德初年，明廷遣陈诚往招抚，"复业者四万二千余帐"，朝贡如初。到宣德五年（1430年）六月，"朝使自西域还，言散即思数率部众邀劫往来贡使，梗塞道途。"命都督史昭为大将率兵至曲先卫，散即思先逃。宣德六年四月"遣其弟副千户坚都等四人贡马请罪。复待之如初。令还居故地并归其俘"。宣德七年（1432年）散即思卒，其子都立嗣职，英宗正统七年（1442年）遣使贡玉石。②

武宗正德七年（1512年），东蒙古亦不剌等迁据西海，"曲先为所蹂躏，部众窜徙。其卫遂亡。"③

4. 罕东卫

洪武八年置"罕东等百户所五"④。洪武二十五年（1392年）明将军蓝玉西征追击祁者孙，其部多窜徙。经瞿昙寺僧三剌为书招抚，相继来归。洪武三十年（1397年）其酋锁南吉剌思遣使入贡，诏置罕东卫，授锁南吉剌思为指挥佥事。⑤成祖永乐元年（1403年）锁南吉剌思偕其兄答力袭入朝，晋指挥使，授答力袭指挥同知。⑥自此以后，数入贡。永乐十六年（1418年），命中官邓诚巡视其地。

---

① 《明史》卷三三〇《西域二》，中华书局1974年版。
② 《明史》卷三三〇《西域二》，中华书局1974年版。
③ 《明史》卷三三〇《西域二》，中华书局1974年版。
④ 《明太祖洪武实录》卷九六，洪武八年正月甲子。
⑤ 《明史》卷三三〇《西域二》，中华书局1974年版。
⑥ 《明史》卷三三〇《西域二》，中华书局1974年版。

关于罕东卫的地望，颇有歧说。《明史》卷三三〇《西域二》说"在赤斤蒙古南，嘉峪关西南，汉敦煌郡地也"。《西宁府新志》亦持此说。顾炎武《天下郡国利病书》卷六三说："罕东卫西北去卫（西宁卫）三百里"，顺治重刻《西镇志》说："罕东卫在西宁西北。"《秦边纪略》卷一说，罕东卫"在西宁西北三百余里"，并说："按罕东卫在青海，罕东左卫即沙州，在甘肃之西，相距二千里许。世之著书者，以二卫合而为一，不知多一左字，相去悬殊……以此言之，边地考据，岂易言哉。"我们认为，罕东卫明初在西宁西北，其地望在归德所北边的黄河以北。其民从事游牧生活，"无城郭宫室，以毡帐为庐舍，逐水草，孳牧畜，与曲先、安定、阿端辅车相依，而各分其地，要不离乎青海左右"，①可能在洪熙、宣德年间，或由于发展牧地的需要，或由于部落之间的冲突，或由于反抗明朝的统治等原因。其后罕东卫人大部分西迁，分布在今敦煌、玉门、安西一带。武宗正德时，"蒙古大酋入青海，罕东亦遭蹂躏，其众益衰"。②嘉靖时移其部落于甘州。

三、明朝与"塞外四卫"之间的茶马互市和民族关系

明朝与"塞外四卫"在建立政治上隶属关系的同时，经济交往也日益密切起来。这种经济交往主要通过"茶马互市""贡使贸易"进行。四卫的居民主要过着逐水草而居的游牧生活，茶叶是肉食民族的生活必需品。马匹是明朝的重要作战物资，明之西北边卫，从"阶州而河州，西而西宁，折而北而庄浪，又西而凉州、甘州、肃州，东而靖虏、宁夏，及于榆林，

---

① [清]梁份著，赵盛世等校注：《秦边纪略》卷一《西宁卫·西宁近边》，青海人民出版社1987年版，第75页。
② 《明史》卷三三〇《西域二》，中华书局1974年版。

第二章 明朝时期

皆边卫也"①。均需战马,以茶易马,对双方都很需要,相互有利。

(一)茶马互市

洪武四年(1371年)二月置秦州、洮州、河州三茶马司,与今甘肃、青海的藏、蒙古等少数民族互市贸易。洪武三十年(1397年)长兴侯耿炳文奏言,秦州距西宁远,少数民族往返不易,乃移秦州茶马司于西宁。塞外四卫的茶马互市,主要由西宁茶马司主持。河州茶马司、西宁茶马司的贸易对象,包括河州卫和西宁卫管辖的"番族",《明史》作"西番",也包括安定、阿端、曲先、罕东四卫。

茶马交易的数额是相当大的。如洪武十三年兵部奏:"河州茶马司市马用茶五万八千八百九十二斤,牛九十八头,得马二千五百匹。"②又,洪武三十年,明太祖朱元璋对户部尚书郁新等言:"陕西汉中以茶易马,每马约与茶百斤,岁给茶三百万斤,可易马三万匹。"明初市马用汉中产的巴茶,到明代后期湖茶盛行,方改用湖茶,故此处言"汉中以茶易马"③。又,永乐二年,安定卫指挥朵儿只速等来朝,"自陈愿纳差发马五百匹"④。洪熙元年,罕东卫指挥那那奏:"所属番民桑思塔儿等一千五百人,例纳差发马二百五十匹"。⑤正统十二年,巡按陕西监察御史冯靖奏:"征收西宁、罕东、安定、阿端、曲先五卫番民马二千

---

① [清]梁份著,赵盛世等校注:《秦边纪略》卷一《全秦边卫》,青海人民出版社1987年版,第23页。
② 《明太祖洪武实录》卷一三三,洪武十三年九月戊戌。
③ 《明太祖洪武实录》卷二五四,洪武三十年七月辛未。
④ 《明太祖永乐实录》卷二九,永乐二年三月丙寅。
⑤ 《明宣宗宣德实录》卷一一,洪熙元年十一月己未。

九百四十六匹,给茶叶一十二万五千四百三十斤"①等等。

为确保茶马互市的正常进行,防止卫所将士擅自索要或营私舞弊,洪武二十六年(1393年)制定金牌信符制度,颁给四卫及河、洮、西宁、河西等纳马之族以金牌信符,并敕谕各族:"往朝廷有所需,必酬以茶货,未许私征。近闻边将无状,多假朝命扰害俾尔等,不获宁居。今特制金铜信符颁给。遇有征发,必比对相符始行,不然则伪,械至京师罪之"。②据《明史》卷六八和卷八〇载,金牌分上下两号,上号为阳文,下号为阴文,合若符契。上号藏内府,下号给四卫及各族。其文篆文。上曰"皇帝圣旨",左曰"合当差发",右曰"不信者斩"。"三岁一遣官合符"。据载,共颁给"曲先、阿端、罕东、安定四卫,巴哇、申中、申藏等族,牌十六面,纳马三千五十匹"③。平均每面金牌应纳差发马二百二十匹左右。该种金牌曾在贵德县发现实物,并曾在青海省博物馆举办的《青海历史文物展览》(1986年10月,西宁)和《汉藏关系文物展览》(1988年4月,北京)中展出。该金牌铜制镏金,长22厘米,宽8厘米,厚0.8厘米。正面有楷书"信符"二字,背面有篆文十二字,上有一孔,以便系挂,与《明史·食货志》所载相同。

金牌信符制的施行,旨在限制边卫吏士的敲诈勒索和使茶马互市进一步法制化。但该制度行之不久就被破坏了。征马的使者及茶马司官吏(洪武初设茶马司令、丞,洪武十五年改设大使一人,九品,副使一人,从九品④)往往以劣茶充好茶,甚或侵夺

---

① 《明英宗正统实录》卷一五二,正统十二年四月丙午。
② [民国]慕寿祺:《甘宁青史略》卷十四,兰州俊华印书馆1936年版。
③ 《明史》卷八〇《食货志四》,中华书局1974年版。
④ [民国]慕寿祺:《甘宁青史略》卷十四,兰州俊华印书馆1936年版。

第二章 明朝时期

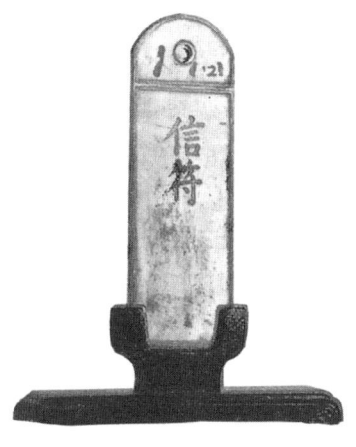

金牌信符

少数民族的财物，影响征马的正常进行。以至如《明史》卷八〇《食货志四》所说，"马入中国（指内地——笔者注）者少，岂所以制夷狄哉"！于是，永乐三年下诏，"来年其遣金牌信符给西番为验，使比对相同即纳马，如洪武中例，不可后期。仍榜谕边地官民以朝廷怀远之意。今后，马至，必与好茶，若复欺之，令巡按监察御史采察以闻。"①此后，是否认真执行了金牌制度，颇多疑问。据《明史》载，"自永乐时停止金牌信符，至是（宣德十年）复给。未几，番人为北狄所侵掠，徙居内地，金牌散失"，可见金牌制度未能长期贯彻执行。

关于各卫差发马的数额如何确定，至今已不太清楚。从零星史料看，有"例纳"的，也有"自陈原纳"的，即有依例强行征发的，带有赋税性质，不过均酬以茶斤；也有自愿交纳的，带有自由贸易性质，如，永乐三年安定卫指挥同知哈三奏，"请

---

① 《明太宗永乐实录》卷四九，永乐三年十二月乙酉。

如例岁纳孳畜什一"①。依据各卫牧马总数，按孳生马驹十分之一交纳差发马，可能是当时的通例。

茶马比价并非一成不变，"先是，洪武中以茶易马，上马给茶八十斤，中马六十斤，下马四十斤"②。但是，史载：洪武十三年（1380年）河州茶马司用茶五万八千余斤，牛九十八头，换得马三千余匹，每匹马偿茶平均不足三十斤。永乐二年（1404年）安定卫纳马五百匹，"上马给绢二匹，布二匹；中马绢一匹，布二匹；下马绢一匹，布一匹"③。正统十二年（1447年）征罕东等五卫马近三千匹，用茶十二万五千余斤，每匹马平均约用茶四十斤。可见，洪武初年所定比价并未贯彻始终。

与上述茶马互市同时，明朝还在边卫地区设苑马寺，建军马场，发展军马生产。甘肃苑马寺设于永乐四年（1406年），寺在碾伯城（今乐都区）。该苑马寺辖祁连、甘泉二监，每监二苑。西宁苑、大通苑隶祁连监，广特苑、麟麒苑隶甘泉监。④永乐六年增设武威、安定、临川、宗水四监，连同祁连、甘泉二监，共六监。每监四苑，共二十四苑。祁连监辖西宁、大通、古城、永安四苑；甘泉监辖广特、麟麒、温泉、红崖四苑；临川监辖暖川、岔水、巴川、大海四苑；宗水监辖清水、美都、永州、黑城四苑；武威监辖和宁、大川、宁番、洪水四苑，安定监辖武胜、永宁、青山、大山四苑。⑤上述六监中，"庄浪、甘州各一，而

---

① 《明太宗永乐实录》卷三九，永乐三年二月丙戌。
② 《明太宗永乐实录》卷八七，永乐七年正月辛亥。
③ 《明太宗永乐实录》卷二九，永乐二年三月丙寅。
④ 《明太宗永乐实录》卷五九，永乐四年九月壬戌。
⑤ [清]梁份著，赵盛世等校注：《秦边纪略》卷一《西宁卫·西宁边堡》，青海人民出版社1987年版，第70页。

第二章 明朝时期

西宁有四焉；暖川、三川各一，而威远独有二焉"①。暖川、三川在今民和县境，临川监和宗水监在其地，威远指西宁东川威远营，在今互助县，其川为沙塘川，"永乐间改为广牧，其川特宽，美地茂草"②。祁连监、甘泉监在该地及其毗邻地区。苑即马场，分上中下三等。上苑牧马万匹，中苑七千匹，下苑四千匹，二十四苑牧马共十数万匹。上述马场均在祁连山南北和河湟地区的美地茂草地方，与塞外四卫相距密迩，有利于交流和促进牧马技术，共同开发西北边疆。

(二) 民族关系

从明初设置西宁塞外四卫安置蒙古部众，到正德年间罢废，经历了一百三四十年。在这期间，蒙古人民与兄弟民族在共同的生产斗争和政治斗争基础上，通过相互通婚、互易牧地、人员交流、茶马贸易，彼此逐渐接近和融合，共同开发着边疆地区。四卫各族都以游牧为业，他们的生活方式类似，在血缘关系上有不同程度的联系，是不可避免的。

罕东卫的群众以藏族为主，自洪熙、宣德以后，从西宁附近逐渐西迁。通过安定、阿端等卫地面，移向沙州。又如曲先卫人牙兰(即牙木兰)，曾被土鲁番虏去，备受信任，娶其酋阿力之妹为妻，后拥帐二千归附明朝。这些均说明，在各卫的各族人民心目中，民族界限不甚严格，迁徙归属也比较自由，这有利于民族之间相互接近和相互融合。

四卫与明朝建立政治上隶属关系，经济上广泛交流，中原先

---

① [清] 梁份著，赵盛世等校注：《秦边纪略》卷一《西宁卫·西宁边堡》，青海人民出版社1987年版，第70页。

② [清] 梁份著，赵盛世等校注：《秦边纪略》卷一《西宁卫·西宁边堡》，青海人民出版社1987年版，第70页。

进的经济文化对他们有颇大的吸引力。四卫破灭后有些人即迁居至今互助县和乐都县境内,大部分人徙居河西走廊,还有一部分如罕东卫一百余口"在乞达真依申中族居牧"[①]。安插归附的属民成为明代中叶的一项重要政务活动。今天甘青一带民族状况与四卫历史有着相当关系,如裕固族的祖先就是元朝时期的撒里畏兀儿人,如此等等。

据近日所知材料(马忠著文),明初,故元甘肃省郎中蒙古人失剌于洪武四年(1371年)投诚,后成为明清时期河湟16家土司中阿土司和今天大通阿姓蒙古族的始祖。至光绪二十年(1894年),共传17辈,共有19人被朝廷授职,或承袭世职。其孙阿吉时,因功授予百户改姓阿氏。阿吉子阿保安及后裔阿承印皆因战殁,恩加指挥同知,世袭。明景泰四年,阿索安奉旨防番,驻老鸦城守御,世居白崖子庄。万历时,阿朝长子阿继德同总兵柴国柱征剿宁夏叛酋勃拜有功,携眷随柴国柱迁居大通北川清水沟。清顺治五年(1648年)甘肃米喇印、丁国栋事件中,阿继德子阿维琳以功补授北川营把总,奉派管理马厂事务。雍正初年,因受罗卜藏丹津事件冲击,清水沟的阿姓蒙古四处避难,隐瞒真情。阿朝次子阿继勋在老鸦城袭指挥同知职,从此阿土司家族分别在今乐都和大通两地生息。

第二节 东蒙古入迁西海及其活动

明代,蒙古内部赛特专权,汗权更迭频仍,大汗与权臣之间

[①] [明] 顾炎武:《天下郡国利病书》卷六三,上海书店出版社1986年版。

第二章 明朝时期

长期进行着割据与统一的斗争。代宗景泰年间,也先虽曾一度统一过全蒙古,但很快在内乱中兵败被杀。宪宗成化年间,达延汗再次统一了蒙古各部,消灭异己,强化了封建统治。但达延汗去世后,蒙古再次分裂,土默特俺答汗(阿拉坦汗)部又在封建势力斗争中崛起。在这一系列统一与割据的斗争中,东蒙古以亦不剌、满都赉·阿固勒呼和俺答汗等为首的一些部落相继入迁青海,活动于西海周围,形成了蒙古族南下的又一个高潮。他们的入迁,打破了明初以来青海地区的民族分布格局,并与明军发生了一系列军事冲突,现代史家称他们为"西海蒙古"。

一、亦不剌、鄂尔多斯部败亡西海

成吉思汗十五世孙达延汗(约1474~1517年)即位后所处的是一个蒙古族封建割据、枭雄迭起的时代。他一生主要致力于蒙古内部的统一,并最终完成了历史所赋予他的这一重任。

明代东蒙古实行六万户制,分左右两翼。左翼三万户是察哈尔部、喀尔喀部、乌梁海部,由可汗统帅;右翼三万户是鄂尔多斯部、土默特部、永谢布部,由可汗派济农(副王)统之,附属于可汗。达延汗主政后,为了巩固汗位,首先击杀了权臣亦思马因,排除了他的挟制,牢牢控制了左翼的统治权。继而兵锋指向右翼,亦不剌、满都赉·阿固勒呼为首的右翼三万户,成为达延汗征服的对象。亦不剌是河套蒙古的封建领王,于弘治八年(1495年)率部入居河套。他虽身为永谢布、鄂尔多斯两部太师,但河套蒙古封建主满都赉·阿固勒呼却受制于他。他们拥兵数十万,势力强大。对此,达延汗采取了一系列征服手段,终于使之败亡西海。

达延汗首先欲娶亦不剌之女,企图用政治联姻的策略控制右翼三万户,巩固其在六万户中的共主地位。但亦不剌出尔反尔,

- 63 -

先是允婚，继而爽约，转将女儿嫁给了满都赉·阿固勒呼，从而加强了右翼三万户内部的联盟，以反抗达延汗的统一。后又发动叛乱，杀害济农。达延汗出征右翼，镇压叛乱，亦不剌兵败，于正德四年（1509年）带领万余众逃离河套南下，另寻活动场所。南下途中亦不剌又与明朝的西北边防军发生冲突，先与甘肃总兵马昂战于木瓜山（今陕西省定边县南）等处，部众伤亡较大，而后活动于亦集乃，继而又攻破安定卫，夺其诰印，进据西海（青海湖）地区，役属诸番。时当正德四年冬，①这是亦不剌等部第一次进入西海地区，但为时不超过一年，旋为达延汗招附，"复称藩于小王子"，②返回河套。

达延汗废除太师，恢复传统的济农制（相当于副汗），任命次子乌鲁斯博罗特为济农，前去统治右翼三万户，住帐于鄂尔多斯万户。这是达延汗在联姻失败后果断采取的对右翼三万户的政治干预措施，同时更深地触及了右翼封建领主的根本利益，激起他们更强烈的反抗。亦不剌、满都赉·阿固勒呼共同设计刺杀了乌鲁斯博罗特济农。达延汗联姻未果，派王被杀，终于对右翼三万户诉诸武力，兴师讨伐。双方于正德五年底（1510年）激战于达兰特哩衮③。亦不剌、满都赉·阿固勒呼等不支，于正德五年（1510~1511年）以来，"引众至凉州、永昌、山丹、甘州及高台、镇夷、肃州，联络住牧"④。这是亦不剌等部第二次南下，

---

① 亦卜剌何时进入青海，文献记载不一。《明史》卷三二七《外国八·鞑靼传》说是正德五年，该书《西番诸卫传》说正德四年，《曲先传》又说是正德七年。《文献通考》亦主正德五年之说，而大部分著作认为在正德四年。
② 《明史》称达延汗为小王子。
③ 达兰特哩衮，蒙语译音，七十山头之意，指今内蒙古大青山。
④ 《明武宗正德实录》卷一一四，正德九年秋七月庚午。

第二章 明朝时期

此次"伤残疾疫,死者甚众"①,情形十分悲惨。

在河西地区,亦不剌为求得立足和明廷保护,在河西走廊辗转了四五年,明朝边将不是以武力驱之,便是啖之币帛,贿其远去,终不得安身之所。亦不剌等与明军先后战于庄浪、山丹、甘州、凉州等地,伤亡损失甚重。正德七年(1512年),亦不剌遣使至肃州,请求驻地未果,满都赉·阿固勒呼遂带众进入西海,曲先卫部族避之远徙,其卫遂亡。正德八年(1513年)五月,亦不剌辗转到讨来川②,再次遣使肃州,请求驻牧修贡,明都御史张翼却与之币帛,促其远走乌斯藏。至正德九年(1514年),总制彭泽率大军前来"捣巢",亦不剌由河州渡黄河,走松潘、茂州,入乌斯藏。待明军还,又回到西海地区驻牧。时正德九年至十年(1514~1515年),而满都赉·阿固勒呼未归,滞留于乌斯藏。亦不剌等河套蒙古入居西海,也为尔后蒙古族的大批进入开辟了活动场所。依次迁来的东蒙古部落有卜儿孩部、整克部和大同部。

卜儿孩出身于野乜克力部,是达延汗的兄弟,初隶于达延汗,称太师。达延汗在统一蒙古的过程中据其女子,戮其党众,卜儿孩兵败逃亡于西海,活动在祁连山南麓浩门河流域。由于其势力不及亦不剌部而受制于他。卜儿孩时而进入甘凉,曾被总兵官姜奭击败。他也屡屡结好明朝,希望得到明廷的庇护,嘉靖十一年(1532年),请内属明朝的帖木歌等向甘肃巡抚赵载致意,要求与明朝通贡互市并内属,但明廷认为甘肃镇远通西域,边防上具有重要战略地位,不宜作蒙古入贡之路,未敢轻许。卜儿孩

---

① 《明武宗正德实录》卷九四,正德七年十一月乙未。
② 讨来川,位祁连山南、青海湖西北讨来河流域。

未得到明廷的帮助，在以后土默特部与鄂尔多斯部蒙古的联合打击下部众散亡，卜儿孩远徙，其后裔活动于大通河流域。

嘉靖二十四年（1545年），以整克为首的蒙古部落进入西海。整克是河套蒙古领主吉囊的属下，"因变逃居西海有年"①，与以前来此的部落相同。整克也力求结好明朝，遣其属阿都赤赴甘肃纳贡，求居内地。但明廷犹豫不决，既怕整克不得请，被河套蒙古兼并，壮大声势，又怕整克居内地，招致麻烦。②于是，依总督尚书张珩之计，令其仍驻牧西海，"既以羁縻西虏，又借其力以捍御套虏"③，企图利用整克钳制亦不剌等部，并抵制河套蒙古的南下。但整克并无这等与各方面抗衡的力量，只能是驻牧西海，自生自灭。

嘉靖年间，还有一支以大同为首的蒙古部落活动于西海地区。据总督侍郎曾铣奏报，嘉靖二十六年（1547年），"西海虏酋大同令其部落绰卜等二人款塞求市"，明朝犒遣其使。但认为其投降纳款并非诚意，谕令边臣毋轻信要功。④

以上这些蒙古部落具有一些共同特点：他们均非黄金家族，彼此之间也没有亲缘关系；他们都是在封建势力相互兼并中逃难而来，共同驻牧于青海；他们向明朝或请通贡，或求居内地，都未得允；他们势力较小，或在西海地区自生自灭，或为以后较大的蒙古势力所吞并。

二、土默特部入据西海

16世纪初，达延汗在取得达兰特哩衮战役的胜利并征服右翼

---

① [明] 方孔炤：《全边纪略》卷五，国立北平图书馆1930年版。
② [明] 方孔炤：《全边纪略》卷五，国立北平图书馆1930年版。
③ 《明世宗嘉靖实录》卷三〇一，嘉靖二十四年七月丙戌。
④ 《明世宗嘉靖实录》卷三二一，嘉靖二十六年三月乙卯。

第二章 明朝时期

之后,将蒙古六万户分封诸子,从而结束了蒙古内部百年来内讧的局面,使蒙古社会一度统一,社会经济有了较大的发展。但是,蒙古内部的封建割据因素并未消除。各部在自己的领土上过着分散游牧的自然经济生活,交换不发达,生活必需品匮乏。在达延汗强有力的统治下,各部尚能以联盟的形式来协调相互的关系,使各种力量暂时处于平衡状态。正德十二年(1517年),这种平均状态被打破了,蒙古各封建主之间混战不已。此时,"作为封建制度特征的狭隘的割据的利益左右着一切"①。

嘉靖年间,达延汗的三子巴尔斯博罗特受命继任右翼三万户济农位。巴尔斯博罗特卒,其长子衮必哩克墨尔根(吉囊)继位,占据鄂尔多斯,拥众七万;次子俺答占据十二土默特。吉囊病殁(1542或1543年)后,俺答汗不仅以兄长的身份统率诸部,而且以长辈叔叔的身份控制着吉囊诸子。于是,势力大增,掠夺近邻,攻扰明朝北部边境,直到隆庆五年(1571年)被明朝封为顺义王以前,对外进行了45次大的战役。

然而,俺答汗并非无政治眼光之部酋,或只满足于战争的掠获,他力图在达延汗去世后蒙古诸部再次分裂的封建割据中,扩大封建领地,以实现"长北方诸部"的政治目的。他采取了一系列加强统一、扩大其封建领地的行动。

第一,控制漠南,建立根据地。土默特呼和浩特地区,明代称为丰州川,是大青山下的一块冲积平原,适宜农牧。俺答汗陆续收留了成千上万不堪明朝剥削压迫而进入漠南谋生的汉族兵民,给予他们牲畜和生产工具,修筑"板升"(即土房子),定

---

① [苏] 符拉基米尔佐夫著,刘荣焌译:《蒙古社会制度史》,中国社会科学出版社1980年版,第236页。

居生产。同时，汉族兵民也将内地的先进生产技术带到了蒙古地区，与当地蒙古人一起建设开发丰州川。俺答汗还制定了奖励农耕、保护牲畜的政策、法令，广泛吸取其他民族文化，使漠南地区的经济文化有了相当大的发展，成为俺答汗向四处扩张的政治、军事据点。

俺答汗利用丰州川特殊优越的地理环境，发展了政治经济势力，在征伐乌梁海的战斗中显示出了他的力量和军事才干，并从蒙古大汗打来孙那里取得了"索多汗"称号，声势显赫，咄咄逼人。俺答汗名义上是小王子（察哈尔大汗）的别部，实际上不受其节制。《北虏始末》言："小王子虽号称为君长，不相摄。"察哈尔大汗为避免被其吞并，东徙辽东西拉木伦河流域。于是，俺答汗派其长子辛爱黄台吉进驻察哈尔部，从而基本上控制了漠南地区，将其作为大本营。

第二，以战争求通贡。俺答汗面对蒙古社会"爨无釜，衣无帛"的状况，意识到恢复和发展蒙古与中原的经济交流是蒙古社会面临的首要问题，并为此作了不懈的努力。自1541年至1547年，先后向明朝遣使约十余次，词颇恭顺。但明廷以"天朝"自居，对漠南蒙古实行经济封锁政策，不仅屡次拒绝俺答汗提出的互市、求贡的要求，甚至还悬赏重金收买俺答汗的首级、杀死蒙古使臣。

俺答汗为了报复明廷，举兵袭击明边诸郡，企图迫使明廷在经济上作出让步，以达到和平互市的目的。嘉靖二十九年（1550年），俺答汗兵临北京近郊，并重申和平互市要求。明廷以其退兵作为和谈互市的先决条件，俺答汗接受了这个条件，退兵出塞。次年，双方达成协议，在大同、延、宁等地开放互市。但明廷待俺答汗撤兵后，背信弃义，封闭边市。

第二章 明朝时期

此后,重开战端。双方之间的战争持续了20年。俺答汗经常深入宣、大、延、绥一线,铁骑驰骋,给明廷造成很大威胁。在其强大的军事压力下,以及双方人民要求和平和进行经济文化交流的推动下,和平互市终于在隆庆五年(1571年)获得成功。俺答汗接受明廷的顺义王封号。从此,蒙古社会经济得到了进一步的发展,俺答汗实力更加强大。

第三,挥兵西南,开拓领地。达延汗向西经略仅以河套为止,俺答汗则远不以此为满足,他与鄂尔多斯领主多次西征瓦剌。这一时期喀尔喀蒙古的势力也不断向西发展,对瓦剌威胁很大。瓦剌在这双重压力下,牧地不断西移,而俺答汗不断西进南下,扩展领地,其中占领西海、征服撒里畏兀儿、派遣军队进入喀木(西康)等地,便是他向西扩张的一项重要战略规划。

亦不剌、卜儿孩等部在西海活动,不仅被明廷视为边陲大患,也成为俺答汗等部西进的主要障碍。俺答汗与其兄吉囊联合,曾多次派兵袭击亦不剌与卜儿孩等部。

嘉靖十一年(1532年),俺答汗与吉囊由河套南下远征,率五万骑由野马川①径入西海,至青海湖以西布喀河畔扎帐,大破亦不剌营,收其部落大半。卜儿孩惧之,将女儿嫁给了吉囊,得以幸免。②吉囊、俺答汗乘势收服了驻牧柴达木西北部的撒里畏兀儿人(黄番)部落。这次行动的最大成果是消灭了亦不剌部,亦不剌从此在历史上销声匿迹了。③

卜儿孩部众得以保全,加之塞外四卫的一些番属还为其所控制,因而还有一定的势力。嘉靖十三年(1534年),俺答汗、吉囊

---

① 野马川位于甘州东南扁都口南50里。
② 史载吉囊贪色,纵欲而死。
③ 《蒙古源流》载,达兰特哩衮战后,亦不剌在哈密遇刺身亡。

又兵临西海，于青海湖东北三角城①袭击了卜儿孩部。嘉靖二十三年（1544年），吉囊已死，俺答汗再次率部从河套进入青海，企图收服西海诸番及红帽族，但番族皆逃匿不从。他又分兵七千，从黄羊川（今甘肃省武威东南的黄羊河）过分水岭（今冷龙岭东部），直走西海，再一次袭击卜儿孩和当地诸番，并将所掠赐予了大成诺颜，令其留居西海。这是俺答汗最早留在西海的部落。他得胜而归，蒙古汗王博迪汗加恩行赏，封他为"土谢图索多汗"。

俺答汗为巩固他在西海取得的战果，又于嘉靖三十七年、三十八年（1558~1559年）两次进入西海。收服卜儿孩等残余部众，当地诸番也归顺于他。俺答汗携子丙兔、其侄宾兔等数万众在西海仅居了一年就东还了。其原因之一是由于他患脚疾，部下多染疾病。另一个促其东还的重要原因是后方根据地不稳，他拥众西海，而留老弱于丰州、大同。明军乘虚攻其板升，斩获百余，焚毁其居。"板升"是俺答汗苦心经营的根据地，是漠南蒙古政治、军事、文化的中心，在明朝"捣巢"的威胁下，他只得于嘉靖三十九年（1560年）返回。

在这紧急撤兵之时，俺答汗也未放弃他经营西海的目标，留其子丙兔等七部②于西海，留其侄宾兔于松山（今乌鞘岭）。前者可代其经营西海，巩固数征西海的成果，后者可控制由河套南下的捷径，使河套、松山、西海连为一线。俺答汗终于实现了他占据西海，将其变为新的领地的夙愿。

随着俺答汗向西海的扩展，又有许多东蒙古部落陆续入

---

① 今青海湖东北海晏县境。
② 丙兔七部：俺答第五子把林台吉有七个儿子：纳赖、补儿哈兔、姐姐（且且）、土麦、著力兔、延定、埃克，除土麦外，其他六人皆随丙兔驻牧西海，故称丙兔七支（部）。

第二章 明朝时期

迁。至万历初年，徙至西海的蒙古部落已达29支之多，① 主要是以俺答汗的儿子丙兔、侄子火落赤② 和永邵卜台吉等为首的蒙古部落支派，实际上把青海变成他的一块领地。当时明人慨叹"环甘皆虏矣"③。以后，万历五年至六年，俺答汗至西海迎佛，修建仰华寺，皈依藏传佛教格鲁派，将火落赤和把尔户④ 留驻西海，守护仰华寺。随后，东蒙古许多部落也借互市、熬茶、拜佛等名义来到西海。俺答汗所属的丙兔、火落赤、把尔户、瓦剌它不囊⑤、真相⑥、克臭⑦ 和吉囊鄂尔多斯的吉能⑧、卜失兔⑨、狼台吉⑩、把都儿⑪、宾兔⑫、著力兔⑬、炒

---

① 《明神宗实录》卷一六八，万历十三年十一月辛丑。又有二十四支之说，参见魏时亮：《魏敬吾文集二·题为摘陈安攘要义以裨睿採疏》，[明]陈子龙等编：《明经世文编》卷三百七十一。

② 火落赤，多罗土蛮鄂托克领主，孛儿只斤氏，达延汗四子阿尔苏博罗特孙，不只吉儿台吉子。

③ 《明神宗实录》卷一六八，万历十三年十一月辛丑。

④ 把尔户是达延汗的重孙，系永邵卜部。

⑤ 瓦剌它不囊，永邵卜部把尔户手下的头领。

⑥ 真相，又名宰生、三温台吉。明代蒙古右翼土默特部领主，孛儿只斤氏，俺答汗孙，丙兔的长子，部名威兀慎。

⑦ 克臭，多罗土蛮部领主，孛儿只斤氏，达延汗四子阿尔苏博罗特之孙，不只吉儿台吉，俺答汗的亲家，其女嫁给俺答汗的长子僧格（辛克都隆哈）。

⑧ 吉能（1522~1572年），即诺颜达喇济农，吉囊长子，1543年继承济农位，其领地在河套西部。

⑨ 卜失兔（1565~1642年），即博硕克图济农，吉囊长孙，1576年继承鄂尔多斯济农位。

⑩ 狼台吉，即拜桑固尔郎台吉，吉囊次子。

⑪ 把都儿，吉能之长子，明廷授都督同知，驻牧榆林边外。

⑫ 宾兔，即爱达必实达延，狼台吉的长子，驻兰州以北松山附近，明廷授都督同知。

⑬ 著力兔，狼台吉的次子，明廷授指挥金事。

哭儿①、切尽黄台吉②、青把都儿③、那木大④、庄秃赖⑤等部酋都频繁地活动于西海。有的则久驻不归，联合当地番族，势力大增。

东蒙古各部进入西海的原因，历代研究者说法很多。明人著作提到蒙古部落进入青海的原因时，有的说是为了"掠番"，有的说是"趁水草"，有的说是为了"迎佛"，也有的认为是"以迎佛为号，以仇瓦剌为名，以抢番为欲，而侵牧我内地、切扰我兵民者也"⑥等诸说。上述提法不无一定道理，这也正反映出当时蒙古部落入据青海原因的复杂性和多样性，但应因时因部而异，不能一概而论之。综合相关因素分析而认为其原因主要有如下四种：第一，蒙古内部的封建割据斗争是导致一些蒙古部落进入西海的原因。亦不剌、卜儿孩、整克、大同等部是为了反对大封建主的吞并和袭击，将西海作为避难之地，来到西海。而吉囊、俺答汗则是在封建主斗争中为扩大封建领地、满足封建分封领土的要求，占据西海。由是，吉囊分其子宾兔、白马、银定等于河西大小松山（今甘肃省永登县北部和天祝藏族自治县东部），⑦而俺答汗也将其子丙兔等二十余支部落留居西海。这就在一定程度上

---

① 炒哭儿，吉囊之孙，吉囊季子那木按的三子。
② 切尽黄台吉，是吉囊四子花台吉的长子，明廷授指挥同知，龙虎将军。
③ 青把都儿，即赛音达喇青把都儿。
④ 那木大，青把都儿之弟。
⑤ 庄秃赖，又称卫征钟都赍，是吉囊六子克邓威正台吉之次子，明廷授指挥金事，驻牧于神木和孤山之间，1590年左右移到昌宁湖附近，经常进入西海地区。
⑥ 魏时亮：《魏敬吾文集二·疏》"题为摘陈安攘要议以裨睿採疏"（甘肃摘议），见［明］陈子龙等辑：《明经世文编》卷三七一。
⑦《明神宗万历实录》卷一六八，万历十三年十一月辛丑。

解决了分封日众与领地不足的矛盾,巩固了他在蒙古部落中的封建共主地位。第二,蒙古进据西海,是其经济活动的必然要求。随着蒙古部落生产的日益发展、牲畜的增多,牧地日趋紧张,牲畜的增长与草原的承载能力形成了尖锐矛盾,于是寻求新牧场就成为发展其畜牧业生产的必要措施。地旷人稀、水草丰美的西海牧场就成为东蒙古的理想选择之地。尤其是通贡互市的实现和发展,促进了蒙古畜牧业的更快发展。隆庆开市时,各市市马八九千匹,万历二年时却猛增到三万匹,增长率约为三倍。①正是由于明朝政府采取了允许蒙古部众南北自由通行和准予就近互市的政策,才使得"西镇之不用兵殆二十年",②青海蒙古部落社会和生产也进一步安定和发展。第三,与佛事活动有着密切的关系。自9世纪40年代吐蕃赞普达摩(又称朗达玛)灭佛之后,一些西藏僧侣到青海等地避居,藏传佛教遂在青海得以广泛传播。至明代前期,黄教得到明朝政府的大力支持,在青海地区修建了许多黄教寺院,如灵藏寺、弘化寺等。俺答汗皈依藏传佛教格鲁派后,蒙古部落尤其是鄂尔多斯和土默特部,黄教广为传播,并于万历四五年间(1576~1577年)由丙兔建成了仰华寺。西海地区既是熬茶礼佛的唯一捷径,又是黄教圣地之一。因此,因宗教活动而来也是一个主要原因。第四,西海的战略地位十分重要,它不仅是丝绸之路的重要通道,也是入藏大道的必经之地,这对寻求新的发展的蒙古部落至为重要,以后的历史也证明了这一点。

三、西海蒙古与明朝之间的通贡互市

通贡是边疆少数民族与中原王朝保持联系的一种方式,它具

---

① [明]冯时可:《冯元成文集·志》卷一《俺答后志》,见[明]陈子龙等辑:《明经世文编》卷四百三十四,影印平露堂。

② 《明神宗万历实录》卷二二四,万历十八年六月丁酉。

有双重含义。政治上，其表示少数民族臣属于中原王朝，也是封建王朝羁縻少数民族的有效手段；经济上，则是一种官方贸易。与通贡相联系的就是互市，它是更大范围的民族间的贸易形式。总之，通贡互市反映了各民族之间的友好联系以及不同经济生活方式发展的自身要求。

明蒙通贡，始自永乐。孝宗弘治年间，达延汗为了征讨满都赉·阿固勒呼，移帐于鄂尔多斯，明廷误以为入掠，发兵袭击，双方的和平贡市关系中断。正德、嘉靖年间，西海蒙古各部也屡屡求贡，终未实现。明代中后期，俺答汗开发漠南地区，使蒙古社会经济有了很大发展。这种发展要求更大范围和更多数量的商品交换，以解决生产、生活用品奇缺等社会问题。俺答汗经过多年的努力，甚至采取"庚戌之变"[1]等流血手段以求与明通贡。而明廷也苦于多年来蒙古人的骚扰，鉴于当时民族斗争和阶级斗争的形势，以俺答汗爱孙把汗那吉降明事件为契机，于隆庆五年（1571年）恢复了双方贡市关系。明廷封俺答汗为顺义王，并封鄂尔多斯济农诺颜达喇等蒙古封建主七十余人为都督同知、指挥、千户、百户等官。"每年一贡，以二月为期"[2]。隆庆、万历间又陆续开设马市十三处，其中西海蒙古的互市情况如下述。

（一）互市地点

西海蒙古的互市地点一般设在甘肃庄浪的岔口堡、铧尖墩、洪水和扁都口等地。

---

[1] 俺答汗率军入古北口进攻北京城的事件，时在嘉靖二十九年（1550年），是年为庚戌年。

[2] ［明］李东阳等敕撰，申时行等奉敕重修：《大明会典》卷一〇七，《朝贡三迤北小王子》万历十五年司礼刊本影印。

第二章 明朝时期

丙兔的互市地点最初设在宁夏中卫,由于道路险远,且获利不及俺答汗诸部,很不安心。万历二年十二月,陕西巡按御史董石题:"虏酋宾(丙)兔倡率部落千余骑要抢西番,并欲在凉州互市"①。凉州距西海近,互市十分便利,丙兔的这一要求反映了他的真实愿望。但甘镇有重兵把守,难以逾越,而"宁夏途远,往还艰难无利"②。于是,丙兔又将目标转往东南松潘地区。他想借松潘迎佛打通与东南地区的经济联系。因为,伴随宗教活动的同时,往往是大量的经济交流活动。然而,这又给明朝河洮川蜀地区增加了压力。四川守臣畏惧,乞令顺义王俺答汗禁约其子。但俺答汗为丙兔辩解,陕西总督石茂华也为他上言,说他们远赴宁夏,奔波劳苦。于是,兵部于万历三年十月题准,令"于甘镇边外,择离内地远处,置立夷厂,令西海丙兔部落,每年赴彼互市一次。松山宾兔一枝,亦许岁庄浪小市一次"③。同

《明实录》(明神宗万历年间)中有关史料

① 《明神宗万历实录》卷二二,万历二年二月癸丑。
② 《明神宗万历实录》卷三八,万历三年五月庚子。
③ 《明神宗万历实录》卷四三,万历三年十月壬申。

年十二月，开"洪水、扁都口市。已，又开庄浪岔口堡、（铧）尖墩小市"①。火落赤、著力兔及其子哑班台吉、失甲班台吉均在扁都口互市。

西海蒙古经过斗争终于取得了互市甘镇边外的权利。明朝对互市地点的变通也表明其对西海蒙古的政策较能切合实际，从而使双方之间的经济交流和友好关系得到进一步的发展。

(二) 互市时间

西海蒙古每年的贡市时间规定在九月。贡市每年一次，为期约一个月。开市季节一般规定在春末夏初。②但蒙古部落多迁延至秋来市，因为此时牲畜膘壮肉肥，经济价值高，因而实际开市多在七至十月。

后来，由于这项活动牵涉到明朝在西北地区"招番中马"的顺利进行，故又要求西海蒙古的贡市时间不得相同于明朝与西番中马的时间。中马日期，洮州茶马司定在五月，河州、甘州二茶马司定在六月，西宁茶马司则定在七月。待番市结束，才准许蒙古人赴市，③并且要与延绥镇、宣大镇同时开市，便于管理。

随着互市的发展，又出现了月市，开市时间在每月十五以后的两三天。

(三) 互市类型

西海蒙古与明朝之间的朝贡互市等经济联系的形式约有五类：朝贡、官市、民市、月市、小市。

1. 朝贡

---

① [明]瞿九思：《万历武功录》卷九，中华书局1962年版。
② 农历二月开市。见[明]李东阳等敕撰，申时行等奉敕重修：《大明会典》卷一〇七《朝贡三·迤北小王子》，万历十五年司礼刊本影印。
③ 《明神宗万历实录》卷四七，万历四年二月己巳。

第二章 明朝时期

据《明会典》记载，明廷规定俺答汗所统各部，每年贡马不过五百匹，内选上马三十匹，由督抚代进，余留边军；蒙方使者不得超过一百零五名，俱留大同，由军门颁给赏赐；河套蒙古吉能每年贡马二百匹，西海丙兔每年贡马八匹。①

由于朝贡能使蒙古上层得到大量回赐，因而朝贡的规模和范围往往被蒙古部酋突破，有的已成定例，有的则是特许。如规定俺答汗部"夷使不过一百名"，但万历二年（1574年）却增至"五百五十七名"②。不过，他的五百匹马贡一直作为定例延续下来，到扯力克时仍贡马五百匹。

2. 官市

官市是由明朝出市本，由太仆寺发放，边将领取市本后采购蒙古部众所需货物，运至交易地点交易马匹。这种贸易形式受官方市本多少的限制。明廷常出于考虑其马匹数量的需求和节省开支等因素，往往开市前严格限制马匹数量，下令予以节制，不得递增。尽管如此，蒙古各部却在不断地突破其限制。到万历十二年（1584年）户部尚书奏："贡市之费逐年递加，积至于今，恐不啻十倍。"他建议"以（万历）十二年贡市之费著为定规"③。由此可见，明蒙之间的经济交流是难以阻挡的。

3. 民市

民市原是随贡贸易，将贡外马匹随贡就市。俺答汗封贡后，明廷允许在马市之后接着开设民市，由民间商人经营。明代文献中记载："自隆庆五年北房款贡以来，始立市场，每年互市，

---

① 《明神宗万历实录》卷九五，万历八年正月己酉。
② ［明］李东阳等敕撰，申时行等奉敕重修：《大明会典》卷一〇七，《朝贡三·迤北小王子》，万历十五年司礼刊本影印。
③ 《明神宗万历实录》卷一五六，万历十二年十二月辛酉。

缎布买自江南，皮张易之湖广……彼时督抚以各部夷人众多，互市钱粮有限，乃为广召四方商贩使之自相贸易，是为民市之始。"①民市比官市交易的范围大，商品构成种类更多，其交易量也远远大于官市，这从西海蒙古的贸易成交量可见一斑。据陕西总督石茂华奏："两广（厂）贡市告成，后与虏互市，共官易马二千一百四十匹，牛羊五十八只。商民易过马骡牛羊共二万二千有余。"②据此，民市的交易量是官市的十倍。这种蒙汉人民之间的直接的物资交流是明代蒙汉地区商品经济发展的反映，也是蒙汉民族之间经济联系不断密切的结果。

4. 月市

由于一年一次的互市周期太长，蒙古人常于沿边各口求官权易。于是，明政府在万历元年（1573年）下令依西海、开原月市旧例，每月十五以后开市二三天。这在很大程度上解决了蒙古人民购买粮谷的问题，对活跃蒙汉人民间的经济交流大有裨益。

5. 小市

随着东蒙古向西南的扩展和入居西海，许多蒙古部落远离马市地点，迎佛建寺及生活上常常需要临时性贸易以应急需。为此，明廷允许在长城以南的松山等地开设小市，即临时性的马市，也有市本、抚赏、守市等措施。因其规模小，称为小市。待到这些蒙古部落撤回原地或满足其临时需要后，即予撤销。万历三年（1575年）三月，克臭、丙兔依俺答汗命令，准备修建仰华寺，请求明廷准于建寺开市。年底，明廷同意丙兔、克臭等在庄浪岔口堡、铧尖墩开小市，以满足所需。万历十一年（1583年）

---

① 梅国祯：《梅客生奏疏》"请罢榷税疏"。[明]陈子龙等编：《明经世文编》卷四五二。

②《明神宗万历实录》卷四五，万历三年十二月丙子。

第二章 明朝时期

正月,西海蒙古火落赤部几经恳请,明廷允许该部"比照先年松山宾兔事例,每岁准其牛羊小市一次,请发帑银一万两,……待复回原巢,即行停止"①。准火落赤市于扁都口。

小市的开辟,在一定程度上缓解了贸易周期长与牧民生活所需之间的矛盾,使蒙汉人民的经济往来更趋经常化。

互市的积极影响,首先是经济上的密切交流带来了政治上的安定。俺答汗封贡之后,蒙汉之间的和平维持了二十余年,互市成为明朝缓和民族矛盾、维持边疆安定的有力杠杆。其次,互市的兴起促进了蒙古毗邻地区经济的发展。蒙汉人民避免了战乱的灾难,得以休养生息和发展生产,人民生活得以改善,开市前"斗米值银二三钱,今(万历五年)则仅值钱许"②。再次,边防稳定,明廷每年所省粮食不下数十万石,从而改善了明朝的财政状况、减轻了人民的负担、缓和了阶级矛盾和民族矛盾,西海地区由此安宁。虽然俺答汗去世后,西海战端又起,"款贡非策"的论调又闻于朝,但是明蒙经济交流带来的和平繁盛的事实是无可辩驳的,甚至万历皇帝也指斥这种论调说:"款贡安边已二十年,虏情变迁,岂得追究始事?"③

(四)互市禁物

明朝与蒙古部落互市之初,为防止蒙古各部冶炼兵器,曾禁止输出铁锅和铁制农器。后在蒙古各部的强烈要求下,宣大总督王崇古建议以不受炼炒的广锅折马价绸布允其货卖。但硝黄、铜铁、盔甲、兵刃,仍列为违禁物品,严禁互市交易。

另外,明朝对西海、松山地区的蒙古禁限市茶。茶,对于以

---

① 《明神宗万历实录》卷一三二,万历十一年正月乙卯。
② 《明神宗万历实录》卷六七,万历五年九月庚午。
③ 《明神宗万历实录》卷二二五,万历十八年七月己酉。

肉乳为主要食品构成的游牧民使用价值颇高，无茶为饮，势将病困。因此明廷采取了以茶易马，以茶马制西番，以西番牵制北方蒙古的战略方针。茶政乃明王朝西北边防之大政，明廷唯恐"北狄若得（茶），藉以制番，番必从狄，贻患匪细"①，因而不许与蒙古人市茶。但是，西海蒙古为争取市茶的权利而不懈地斗争。万历四年（1576年），丙兔开市时，曾经廷议"以招番余茶用易虏马"，但明廷担心这会使"番人仰给于虏"，蒙番联系更加密切，此议未果。翌年，俺答汗款塞请开茶市，又遭拒绝。万历七年（1579年）俺答汗又请求在洮州开茶市，明廷终于作了一定让步，俺答汗所率领的西海蒙古以五百匹马易茶。明廷经过禁驰反复后，终于在万历十三年（1585年）形成了一条制度："以西安、凤翔、汉中不与番邻，开其（茶）禁。招商给引，抽十三入官，余听自卖。"②西海蒙古的市茶斗争取得了一定的胜利。

总之，隆庆、万历时期明蒙的互市贸易是十分繁荣兴旺的。上述多种贸易形式的出现，乃是互市禁约不断被突破、蒙汉人民经济文化交流日益密切的反映，也是蒙汉人民为和平共处共同斗争的结果，它有力促进了蒙汉社会的发展。

第三节　蒙古汗王与藏传佛教

16世纪下半叶，俺答汗在向青海扩张的过程中，与藏传佛教中的黄教（格鲁派）势力集团结为政治盟友，黄教由此弘扬于蒙

---

① 《明史》卷八〇《食货志四》，中华书局1974年版。
② 《明史》卷八〇《食货四》，中华书局1974年版；又见［明］《续文献通考》卷二二《征榷考·榷茶》，明万历三十年刻本。

第二章 明朝时期

古地区,对蒙古社会的历史发展产生了重要影响。

一、蒙古汗王与藏传佛教的结盟

早在15世纪初,宗教大师宗喀巴鉴于藏传佛教中的腐败情形,积极推行宗教改革,冠戴黄帽,严整戒律,在林立的教派中创立了格鲁派,世称黄教。该教派与原来那些生活日趋腐化、专横跋扈的旧教派形成鲜明的对照,因而深得人心。永乐十二年(1414年),宗喀巴应明成祖之邀,派其弟子释迦也失(释迦意希)为代表到京谒见明帝,翌年释迦也失被封为"大国师"。尔后,宣德九年(1434年)释迦也失再度入朝,明宣宗封他为"大慈法王"。释迦也失两次路过青海时,修建了灵藏寺、弘化寺,使黄教势力迅速在西康、青海地区传播发展。但是,黄教在西藏受到了敌对势力和其他教派的攻击。黄教上层集团在斗争中急需借助外界力量,巩固自己在西藏的地位。而这一时期,蒙古封建主俺答汗已统率军队开始进入青海,受到当地诸番的抵制。这使他不由得怀念起先祖忽必烈尊萨迦派首领八思巴为国师、制驭诸番的历史往事,竟"昼不能忘,夜不能寐"①。这就从客观上形成了黄教势力与以俺答汗为主的蒙古封建主之间达成政治同盟的趋势。以往,俺答汗本人及东部蒙古信仰萨满教,还有用人殉葬和给死者宰牲畜的风俗。此时,蒙古族汗王为统治广大部众,也应摒弃原始落后的萨满教,接受更适应其经济基础的藏传佛教,这是接受藏传佛教和蒙藏文化交流的内在原因。

东蒙古最早与藏传佛教接触是在嘉靖三十七年(1558年)。俺答汗出征西海途中,俘获了西藏的一个商队,并释还了若干名

---

① 萨囊彻辰著,道润梯布译校:《蒙古源流》卷六,内蒙古人民出版社1980年版。

喇嘛。十二年后（1566年），俺答汗的侄孙切尽黄台吉进兵西藏地区，并致书当地的首领和喇嘛："汝等若降我，我等共经此教，不然，我即加兵于尔。"①其以不用武力征服和皈依藏传佛教作交换条件，与黄教僧侣建立了良好关系。后又将巴克实喇嘛、阿斯多克赛音班弟、阿斯多克斡齐尔托密桑噶斯巴等三人带到蒙古，积极劝说俺答汗皈依佛教，使其对藏传佛教有了进一步的认识。同时，隆庆五年俺答汗被明廷封为顺义王以后，开始偃武修文，一心向善，意欲皈依佛教。

同年，阿兴喇嘛②作为黄教的使者前往蒙古传教，劝说俺答汗皈依三宝（佛、法、僧），发展黄教，并建议他去西藏恭迎释迦牟尼化身——哲蚌寺法台索南嘉措。俺答汗接受了他的建议。阿兴喇嘛的穿针引线促成了蒙藏封建上层之间的政治结盟，传达了蒙藏人民友好交往的信息。由于他出色地完成了这一使命，后来，三世达赖索南嘉措赠予他"额齐格喇嘛"的称号，意为蒙古地区的"喇嘛教之父"。

二、仰华寺会晤

为了迎请索南嘉措和建立西海蒙古的活动中心，俺答汗子丙兔等请求在青海及嘉峪关建寺，而且采取先下手为强的办法，先在青海湖南岸察布齐雅勒③采木动工，召请汉族能工巧匠，修建大乘法轮寺院。明廷虽拒绝了丙兔在嘉峪关修寺的请求，但鉴于

---

① 萨囊彻辰著，道润梯布译校：《蒙古源流》卷六，内蒙古人民出版社1980年版。

② 阿兴喇嘛出生于安多地方萨木鲁家族，曾在西藏哲蚌寺学经，本名锡喇布。因他是达赖喇嘛的近亲，故称阿兴喇嘛，意为舅父喇嘛。阿兴，又称"佐格阿升"，佐格是藏文使者之意。

③ 即恰卜恰，今共和县恰卜恰镇。又据《明神宗实录》卷六一载："顺义王俺答汗建寺海西岸，以寺额请，赐名仰华。"仰华寺具体地址，有歧见。

第二章 明朝时期

西海之滨已动工修寺,也就因势利导,借黄教"化其悍暴,鼓其恭顺"①,并资助了部分建筑材料。仰华寺于万历二年动工,万历四年竣工(1574~1576年)。后殿中分别塑有三世佛和索南嘉措及俺答汗的塑像。左右厢及前面建有大威德、观音菩萨的神殿,各有十六根柱子。在这些神殿之间又建有菩萨、药王殿和嘛呢堆。寺前左右两边各建有寝宫,名叫俄萨颇章和德钦颇章。所有殿堂、屋檐都按汉地样式建造,并为这座三重围墙围护的寺院举行了盛大的开光仪式和火祭。②寺成,明廷赐额"仰华寺"。仰华寺是由蒙古人主持、汉族工匠参与修建的第一座格鲁派寺院,它是蒙藏汉等各民族智慧的结晶,成为明廷认可的蒙藏政治、宗教活动的中心,也成为蒙藏关系史上的一个重要里程碑。

俺答汗在建寺的过程中,积极与索南嘉措取得联系。万历二年遣使威静宰桑、达云恰等赴西藏邀请索南嘉措,索南嘉措欣然接受,并约定于丁丑年(1577年)相会于察卜齐雅勒。俺答汗又先后派出三批使团迎请索南嘉措,其主要代表有鄂尔多斯部彻辰洪台吉、威静钟图赉;土默特部那木岱彻辰洪台吉、歹雅黄台吉、巴雅古特诺颜、大成那吉等。他们还赠送给索南嘉措大批财物,反映出蒙古贵族所拥有的财富是相当惊人的。

双方经过频繁的使者往来和周密安排,于戊寅年即万历六年(1578年)五月十五日良辰吉日,土默特蒙古汗王俺答汗身穿洁白缎衣,率领妃子、属下万人,与黄教领袖索南嘉措终于在西海之畔的仰华寺会晤。作为相见之礼,俺答汗献上了金银珠宝、绸缎鞍马等上万件贵重物品,举行了盛大的法会,由鄂尔多斯彻辰

---

① 《明神宗万历实录》卷六〇,万历五年三月甲辰。
② 拉毛措:《三世达赖喇嘛索南嘉措与蒙古的关系》,载《中国藏学》1989年第8期。

洪台吉献词，与会的藏、汉、蒙古等族十万人欢腾相庆。

"在宗教狂热的背后，每次都隐藏有实实在在的现世利益。"①蒙古汗王与黄教上层人物在这次盛大的法会上正式结为同盟。会上，双方互上尊号，俺答汗尊索南嘉措为"圣识一切瓦齐尔达喇达赖喇嘛"②，达赖喇嘛的称号由此产生。以后，黄教集团将哲蚌寺前两任法台根敦主巴、根敦坚措分别追认为一世达赖和二世达赖，称索南嘉措为三世达赖。索南嘉措则提出俺答汗是忽必烈的化身，以西藏历史上所载的忽必烈的尊号赠俺答汗为"转千金法轮咱克喇瓦尔第彻辰汗"③。又仿照八思巴与忽必烈故事，授俺答汗以喜金刚灌顶，并尊钟金哈敦（三娘子）为多罗菩萨之化身；对其他蒙古封建主彻辰洪台吉等，也都分别赠给各种称号。由此开了蒙古世俗封建贵族从西藏黄教首领那里接受尊称的先河。会上还举行了隆重的入教仪式，有上千名蒙古人出家为僧。另外，大会还制定了一系列重要法规：

一是依据蒙古封建等级制度，规定了相应的喇嘛职级和特权。

二是制定了关于修建召庙、颁行戒律、修订法令等措施。

三是禁止萨满教，取消殉葬制度。劝戒俺答汗等今后要减轻人民负担，严禁杀生，规定杀人者偿命。

四是废止以往每月初八、十五、三十的杀牛羊小祭和每年一次的大祭，家家火烧了萨满教的守护神"翁衮"，代之以六臂观音像。佛像前只用奶子、酥油、奶酪供奉。

五是禁止汉、藏、蒙古等民族间的争斗、残杀。

---

① 《马克思恩格斯全集》，人民出版社1972年版，第523~524页。
② 意为法海无边、智慧善世的金刚持大师。
③ 法王梵天之意。

第二章 明朝时期

会后由三世达赖致信明廷,取得支持等等。这些措施在保护生产力、保护人民的生命财产、密切蒙藏民族联系等方面起了一定的积极作用。

仰华寺会晤标志着黄教正式弘扬于蒙古民族当中。随着大批蒙古族子弟受戒出家,蒙古地区开始有了大批黄教僧侣,接着,黄教寺院也处处兴起。自明至清,漠南地区有近千座寺庙,达到了旗有旗庙、佐有佐庙,这些寺院成为黄教在蒙古地区传播的据点。蒙藏之间的经济文化交流也进一步密切,藏族的医学、历法、大量佛经传入蒙古,并逐渐被译成蒙古文。蒙古寺庙中出现了许多佛像、壁画等艺术作品。

仰华寺大会还揭开了蒙古人介入青藏高原上各教派政教势力纷争的序幕。

会后,1579年俺答汗东返。索南嘉措派栋科尔呼图克图作为自己的代理人,随同俺答汗前往蒙古传教,常驻于土默特。万历八年(1580年)俺答汗在今呼和浩特兴建"大召",明廷赐额"弘慈寺"。

万历九年(1582年)腊月十九日,一代贤王俺答汗逝世,享年76岁。其子僧格都古楞邀请索南嘉措和蒙古各部首领到丰州川为俺答汗会葬。索南嘉措应邀前往,按佛教礼仪为汗王举行了葬礼。他趁机向蒙古各部首领宣扬黄教,东蒙古乃至西蒙古各部首领在此以后都相继皈依了黄教。三世达赖索南嘉措在为俺答汗超度后不久也圆寂了。为了巩固他以往争取蒙古封建主支持的努力结果,他在临终时留下遗言,说将转世在俺答汗的家族中。后来,俺答汗之孙苏默尔之子被认为是三世达赖喇嘛的转世灵童,即四世达赖喇嘛云丹嘉措(1589~1616年)。1602年云丹嘉措在蒙古军队的护送下,入西藏,1603年抵拉萨哲蚌寺坐床。蒙古封建主以武力扶持黄教势力，此后与掌握西藏政权的噶玛噶举派藏巴汗彭措南杰（1586~1620年）等展开了一系列冲突和斗争。

第四节　明朝经略西海

一、时战时和八十年

甘肃镇是明朝九边最西部的一个边镇，历来为兵家所重。一旦甘肃失事，则宣大告急，进而京畿震动。西海蒙古的活动，东向可兵指河湟，逾秦陇则可以窥关中；西向可远通西域，控扼丝绸之路；南依广袤草原，回旋余地极大；北逼甘凉，往来于河套、松山、西海之间，使甘肃镇压力增大。明朝统治者深恐蒙藏联合，被迫强化对西海地区的防卫和控制。但在如何对待西海蒙古的问题上，朝廷内部始终有主战与主和两种截然相反的意见，时战时和，明蒙关系大致经历了四个阶段。

第一阶段，从正德四年亦不剌出奔西海至隆庆五年俺答汗封贡（1509~1571年）。

就西海蒙古而言，旨在入居求得生存空间或扩展封建领地；就明朝而言，为保西陲安全，力求驱西海蒙古而去之，于是双方展开了一系列冲突。亦不剌等部离开河套后，在河西走廊辗转了四五年，期望明廷恩准驻牧边地，但明边将不是以武力驱之，便是与之币帛，贿其远去。明军与之先后在山丹、甘州、新河、凉州、大河滩、大沙、陆坝、红泉、观音山、讨来川等地多次战斗，亦不剌部辗转进入西海。正德十年（1515年），总制尚书杨一清曾从宁夏调兵，亲自征伐西海蒙古。但西海蒙古避走松潘，明廷耗费巨大，却一无所获。以后王宪、王琼先后任总制，都藉口兵寡饷乏，未能远征。嘉靖年间，俺答汗土默特部与吉囊鄂尔多斯部也在进入西海的过程中与明朝多次发生军事冲突,但明朝始终未能实现"驱河西心腹害"的目的。

第二阶段,从隆庆五年俺答汗封贡到万历九年俺答汗去世(1571~1582年)。

此为明蒙相对和平阶段。此时,张居正为首辅,以俺答汗爱孙把汉那吉投降明朝为契机,化干戈为玉帛,力促通贡成功,主抚派意见在朝中占了上风。

但是,明朝统治集团并没有把通贡互市、和平友好作为调整民族关系的指导原则,而仅仅是将其作为权宜之计,提出"贡市羁縻,乘暇修备,乃中国御夷长计"①。蒙古封建主从明朝赏赐中得到了许多利益,因而也严厉禁约部下,勿轻动扰边,以保障通贡的顺利实现。蒙汉人民更为珍视这一和平环境,蒙汉之间近二十年中未发生大的战事。在此期间,明朝对西海蒙古在军事上持防御态度,主要措施有三:一是加强守备,在蒙古人来往的边关要隘上增兵戍守。二是既承认蒙古驻牧西海的合法性,又限制其西行及进入西海的通道。明廷规定,蒙古西行,不得经由内地,只能从边外川底及嘉峪关外行走,如果去西海,只能从镇羌、永昌、甘州、山丹等处。三是一旦遇有边衅冲突,明廷也尽力敦促蒙古首领从内部解决。在这段和平时期内,"东自海冶,西尽甘州,延袤五千里,无烽火警"②。无论蒙汉统治阶级出于何种动机,这种和平势态符合蒙汉等各族人民的利益,使得民族间亲密友好的关系有所发展。在亦不剌占据西海时,边镇犹视西海蒙古为外寇,而俺答汗封贡以后,随着民族间友好关系的不断

---

① 《明神宗万历实录》卷三八,万历三年五月庚子。
② [明]方孔炤:《全边纪略》卷二《大同略》,国立北平图书馆1930年版。

发展，却视之为"属番"了。

然而，在当时的历史条件下，和平中也潜伏着战争的危机，主要根源在于蒙古游牧生产方式落后、狭隘，必须以与农业民族的经济交流作补充。而明朝动辄以闭关绝市相威胁，这一矛盾常常是导致双方军事冲突的根本原因。另外，西海蒙古势力不断增长，明朝的边备却不断削弱，产生了新的失衡状态。仰华寺建成后，西海蒙古不仅有了宗教活动场所，同时也有了政治军事活动中心。随后，东蒙古许多部落也借互市、熬茶、拜佛等名义来到西海地区。俺答汗、丙兔、真相、切尽、克臭、卜失兔、把尔户、火落赤等都先后在这里活动。他们与当地藏族人民联系日益紧密，声势浩大。俺答汗时对西海红帽番欲征未遂，以后却为火落赤所征服，以致"境内红帽、剌卜尔、姑古只等族，洪水、扁都、镇夷等边外生番悉俛归顺而愿为部落者，不知其几。以故年来永邵卜①原房仅千，今则万有余已；桑石横台吉②原房止有八百，今则已过三千，克臭、纳剌、沙剌、阿邦、歹言等台吉总房不满四千，今则一万有零。其火落赤、阿赤兔、宰僧及不知名房首所收番人，又难数计"③。据此记载，西海蒙古经过二十年来的和平阶段，人口增长了两三倍。当然，这既有蒙古人自身的增殖，也包括融合有其他民族成分的人数。在蒙古势力不断增长的同时，明边备却大为削弱。蒙古部"率取道甘肃，甘肃镇臣以通款弗禁也。"④于是，西海蒙古将河套、松山、西海连成一片，冲

---

① 此处指把尔户。
② 丙兔之次子，真相之弟。
③ ［清］苏铣纂修，王昱、马忠校注：《西宁志》卷七《艺文考·奏议》"设镇海游击疏"，青海人民出版社1993年版，第232页。
④ 《明史》卷二二二《郑洛传》，中华书局1974年版。

第二章 明朝时期

破了明朝恃甘肃重镇北拒蒙古、南捍诸番的防御格局。这些都成为蒙古部酋发动武装进攻的有利条件。

第三阶段，从万历九年底俺答汗病逝到万历十八年河洮事件（1582~1590年）。

这是明蒙关系再度紧张的阶段。俺答汗去世，使西海蒙古失去了一位有远见、有威慑力的领袖，而明廷也失去了一位能够统驭蒙古人的得力助手。俺答汗长子辛爱都隆（黄台吉）于万历十一年（1583年3月9日）正式承袭顺义王号，①并改称乞庆哈（彻辰汗），但继位两三年后便去世了。②六七年后俺答汗四子丙兔也故去。③这一时期内，西海蒙古处于群龙无首的状态。丙兔子真相继承了其父的领地，驻牧西海。早在万历十二年（1584年）他已驻牧在莽剌川（青海贵德以南），至万历十五年八月（1587年）黄台吉子扯力克继承了其父的顺义王位，移牧西海。但扯力克在部落中的威慑力远不及其先辈，史书多有扯力克"势轻不能制诸酋"④的记载。鄂尔多斯吉囊一系父子皆卒，"其孙卜失兔幼弱不能制驭诸部"⑤。由丁俺答汗、吉囊系的这些首领相继去世，"各酋涣散不相统一。或以转堡要赏于延绥；或以借路生事于甘肃；或受赏于东，而窃掠于西；或罚服于此，而狂逞于彼；或驻牧近边，驱之则曰吾不犯内地也；或刁抢番族，问之则曰吾不扰

---

① 《明史》卷三二七《外国传八·鞑靼》，中华书局1974年版。

② 《明神宗万历实录》卷一七〇，万历十四年正月辛酉。

③ 丙兔卒于万历十六年，但《明神宗万历实录》十七年五月已巳方载"兵兔故"。

④ [清] 杨应琚：《西宁府新志》卷二十《武备·青海》，青海人民出版社1988年版，第525~526页。

⑤ [明] 申时行：《申文定公集一·疏》"房情疏"（陕西房情），见[明] 陈子龙等编：《明经世文编》卷三八〇。

汉人也……"①这样，他们既保有着贡市的利益，又保持了行动的自由。西海由此多事，明蒙关系逐渐紧张。

最初是驻大小松山的河套蒙古首发其难。万历十一年（1583年）十月，著力兔纠合永邵卜部八千余骑从沙塘川进攻。万历十四年（1586年）春，庄秃赖曾打着征瓦剌的旗号前往西海。至秋，明廷利用扯力克向明廷请袭顺义王号的机会，令扯力克制止他们。于是，暂时按兵不动。但翌年，庄秃赖连结红帽儿番谙识险隘，与火落赤等共同行动，兵分两支，一支从红嘴儿哨走燕麦川；一支从沙塘川出塞，走哈剌只沟和红崖子沟。明征虏将军鲁光祖（连城土司）及孟孝臣与之战。庄秃赖等不敌，乞降。接着，又发生了一系列战事。万历十六年（1588年），火落赤渡河而南，占据捏工川（循化南部和黄南州一带），丙兔子早已占据了莽拉川。九月，把儿户部属瓦剌它卜囊率五千余骑，由南川进攻西宁，副总兵李魁战殁于王沟尔峡。十七年（1589年）九月，火落赤、满克素②围攻瞿昙寺。十八年（1590年）五月，扯力克向明朝申明，欲往西海镇抚起畔者，收其部落，并护送三世达赖喇嘛的骨灰至青海。兵部尚书郑洛允其假道甘肃至西海。扯力克一至西海，火落赤便怂恿其兴兵，称霸河西、青海，言道：河西"五郡虽近，然边城完厚，尤足固守。若留一套王卜失兔等于海底，以为声援，而潜渡精甲，直捣洮、河，破其临巩，余皆不攻自下，五郡真吾东道主囊中物耳"③。其实，扯力克早有称雄蒙

---

① [明]申时行：《申文定公集一·疏》"虏情疏"（陕西虏情），见[明]陈子龙等编：《明经世文编》卷三八〇。

② 切尽黄台吉之侄。

③ [清]杨应琚：《西宁府新志》卷三十五《艺文志·记》"经略少保郑公西征平夷记"，青海人民出版社1988年版，第932页。

第二章 明朝时期

古之意,并欲以其实力要挟明朝得到更多的经济利益。为此,他曾争夺过其父的部落,又有依俗转房作他妻子的、有权势有威望、明廷倚重的三娘子。明御史孙鏳曾上书说他"控弦之士动以万数,又善用兵,习于计,他日连结东西虏,大为边患者,必此酋矣"。孙鏳之言,不幸而中。

火落赤得到了扯力克的支持,他们与明朝之间战事频繁。当年六月至九月,火落赤纠合真相等部攻入洮州,副总兵李联芳率三千人抵御,全军覆没。接着,大战河州、临洮、渭源,战斗进行得十分残酷。总兵官刘承嗣与游击孟孝臣等败绩,游击李芳战死于朱家山,西陲大震。火落赤之次子及女婿也阵亡。河洮事件使西海蒙古与明朝之间剑拔弩张,一场大规模的明蒙之战一触即发。万历皇帝为此破例早朝,商讨对策。起初同意多数廷臣的意见,认为应当采取强硬态度。但首辅申时行持相反意见,认为蒙古各部不愿放弃与明互市的利益,扯力克也不可能下全面战争的决心。他提出了补救办法,建议派一位得力大臣前去联络调处。皇帝允准申时行的意见,明廷"命兵部尚书郑洛兼都察院右都御史经略陕西四镇及宣大山西等处边务"①,由此揭开了明朝经略西海的序幕。

第四阶段,从万历十八年末至万历二十三年"湟中三捷"(1590~1595年)。

这是明廷平定西海、蒙古失势的阶段。

二、郑洛经略西海

这一时期的明廷首辅是申时行,他沉稳、练达而圆滑。他主张对西海蒙古剿抚并用,倾向于温和地解决,拟定了平定西海蒙

---

① 《明神宗万历实录》卷二二五,万历十八年七月己巳。

古的总方针："不可以一部之作歹,而废各部之羁縻,不可以一边之骚扰,而致九边之决裂。如其背约,则当致讨。如其输服,则不穷追。此今日制驭之大略也。"①

郑洛秉承上述方针,具体化为以下措施:

(一) 断其假道

万历十八年九月初一,郑洛进入陕西,悉心访查,认为火落赤、真相盘据莽拉、捏工二川"皆由甘肃地方借路深入"②的结果。而且,甘镇借路处很多,有庄浪之镇羌堡、黑松之铁柜儿、凉州的泗水堡、永昌的水泉和宁远、甘州的峡口等。自俺答汗通贡后,这些地区一直成为蒙古自由出入的通途,久之成例。郑洛认为:"廓清两川,须先堵截流虏"③,为阻止河套、松山蒙古继续西来,孤立西海蒙古,必须采取"断其假道"的措施。十月,郑洛抵兰州,首下假道之禁,令"自北而来者必力为堵截,自南而归者,须稍放宽一路"④,且规定归者借路仅限当年。

明廷传谕河套蒙古卜失兔、庄秃赖、明爱⑤、炒哭儿、切尽黄台吉遗孀等,不准其西行。然而,卜失兔已动身前往,率众至凉州借道。总兵官张臣奉命勒兵拒之,双方相持月余,卜失兔中

---

① [明] 申时行:《申文定公集一·疏》"虏情疏"(宣大甘肃虏情),[明] 陈子龙等编:《明经世文编》卷三八〇。
② [明] 郑洛:《郑经略奏疏一》"严杜流虏借路深奸以慎边防以安全镇疏",[明] 陈子龙等编:《明经世文编》卷四〇四。
③ [明] 郑洛:《郑经略奏疏一》"威激天恩责成委任直阵边计疏"。[明] 陈子龙等编辑:《明经世文编》卷四〇四。
④ [明] 郑洛:《郑经略奏疏一》"严杜流虏借路深奸以慎边防以安全镇疏",[明] 陈子龙等编辑:《明经世文编》卷四〇四。
⑤ 吉囊第八子阿穆达邻罕诺颜之子,明授指挥同知。

第二章 明朝时期

明军伏击,几乎丧失全部,跟随其后的庄秃赖得此消息,也悄然退回。①

此外,河西走廊、松潘、川蜀等各关隘都加强了防备,将西海蒙古与河套、松山蒙古分割开来,并悬赏擒拿火落赤、真相和瓦剌它卜囊,同时还大造声势,说明军将由河州、洮州、西宁三路出兵。在这强大声势压力下,蒙古各部分化瓦解,各谋退路,火落赤、真相"夜弃两川,(踏冰)渡河北遁",亡入西海。其党可卜列、宗塔儿等五百余人因黄河冰开,被隔在莽拉南山;卜失兔则"认罪受罚,进送马匹";虏王扯力克"请乞归路,送还人口",但仍以各种理由拖延。一是留恋西海的富饶,二是只有到秋高草茂之时,方可赶牲畜上路,并且还存有侥幸心理,企图待大兵撤归,仍可留驻。②

(二)招抚诸番

以往,边境将吏实行"以番唊虏"的错误做法,但事实上,蒙藏民族关系日益改善和加强。如红帽儿、姑古只等族,早在俺答汗时拒绝为党,"逃匿不从",而到火落赤为首时,却甘为其党。史载:"火酋父子,不满千骑,其桀骜枭雄惟恃剌卜番子(属当地红帽儿族)",③久之,"番虏交通,大防已溃"④。

郑洛深刻认识到招抚番族对分化蒙古的重要性,制定了"欲

---

① [清]杨应琚:《西宁府新志》卷三十五《艺文志·记》"经略少保郑公西征平夷记",青海人民出版社1988年版,第932页。
② [明]郑洛:《郑经略奏疏一》"经略西陲解散群虏疏",见[明]陈子龙等辑:《明经世文编》卷四〇四。
③ [明]郑洛:《郑经略奏疏二》"敬陈备御海虏事宜以弭后患疏",见[明]陈子龙等辑:《明经世文编》卷四〇五。
④ [明]郑洛:《郑经略奏疏一》"收复番族(收复西宁番族)",[明]陈子龙等辑:《明经世文编》郑四〇四。

清西海，须鼓诸番"①的策略。采取各种有效措施，使西宁道、庄浪道共招回番族一百六十部，八万多人，②极大地削弱了蒙古的势力。郑洛毕竟是封建社会统治阶级中的善理边务者，其收番的措施虽在一定时间、一定程度上保护了番族群众的利益，避免其受蒙古统治者的压迫，有一定功绩，但也不能誉奖过高。若把他当作番族人民的救世主，那就大错特错了。招抚番族，在当时是明廷孤立和征剿西海蒙古的需要，同时也是明廷分而治之的民族政策的又一表现形式。当时，总督李汶、巡抚田乐，会同题道："今海上之番，归我汉疆者十有六七，尚在多方招致。设计间隙，番即不来，虏必疑番，必我（然）相戕。番虏相戕，而渔人之功可收。"③其用心昭然。

(三) 散其党羽

郑洛虽然造出准备军事讨伐的声势，但不过是以此威慑蒙古诸部，加速其分化瓦解。

娴于边政的郑洛与三娘子曾打过多次交道，他一方面致信三娘子，让他劝扯力克东归；一方面以停其市赏，销其王号，立三娘子亲子不他失礼为王相威胁。扯力克在三娘子的劝说下，也出于个人利益得失的考虑，不得不"遣使认罪，归还所掠"④，与三娘子一起从扁都口移师东返。在回师途中，三娘子还复信郑

---

① [明]郑洛：《郑经略奏疏一》"收复番族（收复西宁番族）"，[明]陈子龙等辑：《明经世文编》郑四〇四。

② [明]郑洛：《郑经略奏疏一》"收复番族（收复西宁番族）"，[明]陈子龙等辑：《明经世文编》郑四〇四。

③ [清]苏铣纂修，王昱、马忠校注：《西宁志》卷七《艺文考·奏议》"为海虏被创远遁、设法招收番族以孤虏势以保藩篱事"，青海人民出版社1993年版，第253页。

④《明神宗万历实录》卷二三三，万历十九年三月癸卯。

第二章 明朝时期

洛,表示"回套之事,我恨不能即速登程",并对"华夷大事,一旦有失",深表歉意。①他们返回土默特后,扯力克与三娘子谨守盟约,直到万历四十年(1612年)三娘子去世,其间再未发生较大的动乱。

松山蒙古阿赤兔、宰僧等言归未归,拖延观变。郑洛放还了俘虏摆言榜实,感动了宰僧。不久,皆与卜失兔相率渡河而归。②

永邵卜把尔户部下瓦剌它卜囊曾戕杀李魁,"负不宥之罪",不敢请随顺义王东归。但把尔户拥兵万余,有数千人的火、真各部倘与之相结,势必难图。郑洛于是"宽把酋之罪,所以离火酋之党"③。此计果然生效,当以后把尔户的叔叔火落赤约他共守仰华寺时,把尔户断然拒绝了。④

顺义王扯力克及河套、松山蒙古相继东返,仅"所遗于西海者火真二酋、把尔户也"⑤。而把尔户又不与火落赤合作,西海蒙古的势力益形孤立了。

(四)焚其寺刹

以上措施就绪后,郑洛于万历十九年(1591年)初冬兵分三路出击西海。河东兵沿黄河以南的两川西进,扼其南奔;甘凉兵

---

① 《玄览堂丛书》续集《三娘子与经略尚书郑洛书》。
② [明]郑洛:《郑经略奏疏一》"经略西陲解散群虏疏" [明]陈子龙等编:《明经世文编》卷四〇四。
③ [明]郑洛:《郑经略奏疏二》"敬陈备御海虏事宜以弭后患疏",[明]陈子龙等编:《明经世文编》卷四〇五。
④ [明]郑洛:《郑经略奏疏二》"敬陈备御海虏事宜以弭后患疏",[明]陈子龙等编:《明经世文编》卷四〇五。
⑤ [清]杨应琚:《西宁府新志》卷三十三《艺文·奏议》,青海人民出版社1988年版,第406页。

自扁都口南下，防其北溃；郑洛统中军万余从西宁出发，走西石硖，进入西海地区。兵不血刃，火落赤、真相已闻风逃入乌斯藏。因荒漠广寂，不宜穷追，万世德、张臣等追过青海湖后，还军回师，途中焚烧了仰华寺，实现了郑洛"焚夷寺以绝其祸本"[①]的战略目标。蒙古人修建的这一座黄教寺院被付之一炬，不能不令后世之人扼腕叹息。

随后，郑洛加强了西宁、贵德的守备，班师而还。西镇事宜着魏学曾督率总镇。对于火落赤遗留在莽拉南山的可卜列余部，又进兵攻剿，消除了两川隐患。

郑洛平定西海，使西海蒙古势力大为削弱，明军又穷追不舍，随后出现了"湟中三捷"，使西海蒙古遭受重创，从此一蹶不振。

三、"湟中三捷"

郑洛还师后，火落赤、把尔户等又返西海，纳剌台吉、沙剌台吉及著力兔等也聚集西海。松山方面，由于未受到打击，实力仍大，头领青把都儿[②]初居昌宁湖[③]，后移甘州甘浚山，与西海瓦剌它卜囊、火落赤等遥相呼应。为消除甘山、西海边患，甘肃巡抚田乐指挥，于万历二十三年（1595年）五月初四围击青把都儿，几乎使青把都儿丧尽全师，青把都儿只身而逃。此为甘山首捷，消除了明军的后顾之忧，得专力于青海。

当明军取得了甘山大捷后，瓦剌它卜囊认为行动的时机已到，说：田乐"适胜于东，必不暇虞我。我可得胜，大可要顺义之爵，次不失报青部之仇。且西宁之番，可以尽收，五郡可图

[①]［明］郑洛：《郑经略奏疏二》"恭极大兵直抵西海徧搜两诉疏"。［明］陈子龙等编：《明经世文编》卷四〇五。

[②] 切尽黄台吉之弟。

[③] 位于凉州永昌卫北一百里处。

第二章 明朝时期

也"①，企图以武力要挟明朝，得到一定的政治、经济利益。

万历二十三年九月，西宁兵备副使刘敏宽等布置了与永邵卜部把尔户、瓦剌它卜囊等的战斗，于西宁南川打了个伏击战，又截击于西川，共斩首六百八十多，原杀害李魁的蒙古头领把都尔恰也阵前毙命，史称"南川大捷"。

虽然把尔户、瓦剌它卜囊受到重挫，但火落赤、真相、纳剌等部势力犹盛。当年十月，他们又出动了一万五千余骑进攻西宁。明军事先得到了西纳番族的密告，迎战于康缠城，获胜。又与红帽番剌卜尔联系截击于小康缠，蒙古军大溃。把尔户、瓦剌它卜囊逃至青海湖以西，火落赤渡河南去。此即"康缠大捷"。

"湟中三捷"是西海蒙古彻底衰败的标志，此后，他们已很难构成对明边防的威胁了。火落赤等虽然以后还与明作战，但规模都不大，且未能取胜，西海蒙古仅处于自保自存的状态。

四、明末清初西海蒙古余部的分布和活动情况

卜儿孩、永邵卜部的后裔主要分布在祁连山南北山麓，包括凉州、甘州、庄浪近边和大通河流域。万历四十五年（1617年）曾进攻永昌，被镇守永昌的参将祁秉忠击走。②卜儿孩幼子达赖黄台吉有众六七千人，万历四十七年（1619年）曾进攻燕麦川（在今大通县境），尔后即活动于日月山一带。③天启元年（1621年）曾进攻西宁，④年八十余，于清康熙时去世。卜儿孩之孙麦

---

① ［清］杨应琚：《西宁府新志》卷三十五《艺文·记》"表中破夷碑记"，青海人民出版社1988年版，第935页。

② 《祁秉忠墓志》，存青海省文物考古所。

③ ［清］梁份著，赵盛世等校注：《秦边纪略》卷六《近疆西夷传》，青海人民出版社1987年版，第404页。

④ ［民国］慕寿祺：《甘宁青史略》卷十六，兰州俊华印书馆1936年版。

力干率部万人驻牧在今门源、大通县北境及黄城滩一带。清初,曾筑宫于大通河上游。其叔达赖黄台吉去世后,他称黄台吉。今大通县的衙门庄(距桥头镇12公里),相传黄台吉曾在此修建衙门一处,故称衙门庄,相沿至今。①清朝顺治五年(1648年)甘州丁国栋、米喇印反清起义失败后,有四百余回民从甘州逃至大通河两岸,依附于麦力干及其从兄怀阿尔顿、刀尔吉等蒙古部酋,"筑堡建房","各仍其俗",②"分地给种",从事农业生产而纳添巴于麦力干。康熙十三年(1674年)吴三桂之乱起,"麦力干乃纠合各部,谋大举。(占据大草滩)。诸父达赖黄台吉闻之,怒曰,"动即杀汝","麦力干即不动"。③于是开白塔儿地于北川口,"中国之亡命、回回叛败者,尽招致而馆谷之。分四民使各衣税食租,察其可用者,分任之,或以自随,其不愿者听。于是归附滋益多,其强胜为青海祁连诸部最"④。卜儿孩后裔得以延续和强大,是吸收了周围各民族的优秀文化和新的血液。麦力干于康熙二十三年(1684年)去世,子南力木嗣,仍称黄台吉。该部蒙古以后有相当人数融合于土族,而土族妇女至今保留着辫发装入辫套垂于胸前,或辫子垂于胸前的蒙古旧俗。

黄河南岸热贡(捏工)地区,由卜儿孩后裔另一部达尔加驻牧。达尔加为达赖黄台吉从子,也称黄台吉。该部经常渡河进入今

---

① 《大通回族土族自治县概况》,青海人民出版社1986年版,第122页。

② [清]梁份著,赵盛世等校注:《秦边纪略》卷一《西宁卫·西宁近边》,青海人民出版社1987年版,第79页。

③ [清]梁份著,赵盛世等校注:《秦边纪略》卷六《近疆西夷传》,青海人民出版社1987年版,第402页。

④ [清]梁份著,赵盛世等校注:《秦边纪略》卷六《近疆西夷传》,青海人民出版社1987年版,第403页。

第二章 明朝时期

化隆县藏族居住区,清康熙十三年吴三桂之乱起后,康熙十四年(1675年)冬,达尔加率数千骑进攻河州城,大掠和政县,配合麦力干向凉州进攻。"达赖(黄台吉)力持不可,使者交驰于南北,乃各罢去"。①达赖黄台吉比其两个侄儿的政治识见高出许多了。

与卜儿孩之孙麦力干相邻驻牧于大通河两岸的怀阿尔顿及其弟滚卜、刀尔吉,系达兰太之子,"视卜儿孩之子孙为最贫"②。清初,移帐于甘州自白崖口外之野马川。"引弓之民,已满三千,乃分为三部。"③顺治五年甘州事件失败后,"刀尔吉诱致三百余人,皆善火器",教习蒙古部落使用技术。④该部蒙古还役属"梨园七族黄番,则收其添巴"⑤。滚卜部落一千人,回回三百,驻巴丝墩川;刀尔吉部落五百人,驻白石崖口外,怀阿尔顿于康熙四年(1665年)被清军王进宝击败,退出大草滩。此外,西海蒙古后裔尚有。阿尔赖,部落四百人,驻牧讨来川;滚卜插罕,麦力干之弟,部落四百人,游牧于摆通河;劳藏部落,麦力干之弟,"善为盗",游牧于拜浪河;⑥祁连山西段尚有完卜一部,有

---

① [清]梁份著,赵盛世等校注:《秦边纪略》卷六《近疆西夷传》,青海人民出版社1987年版,第404页。

② [清]梁份著,赵盛世等校注:《秦边纪略》卷六《近疆西夷传》,青海人民出版社1987年版,第402页。

③ [清]梁份著,赵盛世等校注:《秦边纪略》卷六《近疆西夷传》,青海人民出版社1987年版,第402页。

④ [清]梁份著,赵盛世等校注:《秦边纪略》卷六《近疆西夷传》,青海人民出版社1987年版,第402页。

⑤ [清]梁份著,赵盛世等校注:《秦边纪略》卷六《近疆西夷传》,青海人民出版社1987年版,第402页。

⑥ [清]梁份著,赵盛世等校注:《秦边纪略》卷六《近疆西夷传》,青海人民出版社1987年版,第400页。

甲骑二百等等。

清初西宁西川多巴的贸易市场，由西海蒙古卜儿孩部遗裔派人管理。据《秦边纪略》卷一，"多巴，今之夷厂也。……司市持平，则宰僧也。……宰僧，夷之头目，华言长官也。达赖（黄台吉）所部宰僧一、麦力干所部宰僧一"。①宰僧即宰桑办事长官。

火落赤部、永邵卜部（把尔户、瓦剌它卜囊）的大部分，原在郑洛大军追击下逃往乌斯藏，有的散居在鄂陵湖、扎陵湖地区，明军撤还，他们又返回西海一带。火落赤余部的可卜列部被郑洛大军击败溃散后，流动游牧于黄河以南。真相部被重创后，朝南退往甘南和四川甘孜等地，还在金沙江上游登拉滩（邓柯）建立了蒙古村落。明崇祯五年（1632年）喀尔喀蒙古却图汗入据青海，火落赤余部向果洛和玉树等地移徙，与原先流徙到那里的蒙古人合流。由于在特定的环境中与藏族共处，在语言、习俗等方面逐步藏化了，以至在后来被视作番族。如周希武《玉树调查记》中所列"蒙古尔津"（土默特部）、"熙叶布族"、（永邵卜部）和白力登马族、竹节族等，都属于藏化了的蒙古族。河曲地区的火落赤余部于明末归却图汗统辖，后来又转属和硕特蒙古统辖，雍正初年编旗时，前首旗下即有土默特一千余户（包括元时留驻的达吾尔部），编入博硕切佐领。

综观明朝经略西海的全过程，明朝在某个时期未能处理好民族关系，致使民族矛盾激化。首先表现在没有平等的民族观，视夷人"非我族类"。这就从根本上决定了其民族政策不可能是平等的。其次，"北夷南番"的民族隔离政策，违背了民族历史发

---

① [清] 梁份著，赵盛世等校注：《秦边纪略》卷一《西宁卫·西宁边堡》，青海人民出版社1987年版，第68~69页。

第二章 明朝时期

展的规律,是必然要失败的。因此,无论明朝统治阶级如何费尽心机隔离防范,最终还是"两河东西,无处无虏,无地无市"①。民族间的交流和融合如潮似涌,不可阻挡。第三,一些边关将吏在一些具体问题上处置不当,激化矛盾。如甘肃守臣屡屡回绝亦不刺、卜儿孩等要求驻地、保持通贡互市关系的请求,这在根本上违背了农牧经济要求互补的规律,致使西海蒙古首领率众以抢掠作为其维持经济生活的补充方式。又如河洮事件中,明朝一个被称为"方大醉"的军官,闻报火落赤骑兵进攻,单枪匹马冲到战场,蒙古人准备答话,但他一言不发,举刀就砍,蒙古人在退却时发箭射中了他,使其创发身死。此事激起了明军的复仇情绪,洮岷副总兵李联芳就是在这种情况下追击中伏身亡的。

明朝的上述失策,也使蒙古封建主在西海地区得胜一时。不过自河洮事件后,明朝统治者也已认识到政策的失误,特别是在保护藏族人民利益方面做了许多有益的工作,但其蒙藏分治的意图仍是十分明显的。可见,历史上这种民族间的隔阂是统治阶级造成的。

蒙古封建主对战争也负有重要责任。他们裹胁藏族部落,以武力威胁明廷以获取政治经济利益,也是挑起明蒙战争的主要原因之一。特别是俺答汗故去,西海蒙古缺少一位有政治远见、有威慑力的领袖,各部互不统属,各行其是,骚扰当地群众,从而破坏了俺答汗时期历尽艰辛建立起来的友好民族关系,这是十分令人痛心的。尽管如此,各民族之间亲密友好的关系仍然在曲折中不断发展,经济文化的联系也不断加强。特别是在郑洛经略西

---

① [清]苏铣纂修,王昱、马忠校注:《西宁志》卷二《艺文考·奏议》"巡按御史乔廷栋勘南川功疏",青海人民出版社1993年版,第240页。

海后,西海蒙古或环湖而居,或向西南地区发展,与周围的汉、藏、回、土等各族人民友好交错居处,促进了民族间的相互融合。

第三章 清朝前期中期

自16世纪以后，整个蒙古地区处于分裂状态。以大漠为界，分为漠南（今内蒙古地区）、漠北（即喀尔喀蒙古）和漠西（即西蒙古，以卫拉特蒙古为主体）三大部分，每一部分又有若干各具界守的游牧集团。各个集团与明朝和17世纪初崛起的后金（清）各有不同的关系。漠南地区处在明朝与后金之间，因此双方都尽力拉拢和争夺漠南蒙古。天聪八年（1634年），皇太极以兵力威迫察哈尔部林丹汗西走，降其余众，漠南蒙古悉归后金。1636年（即明崇祯九年，清崇德元年），漠南蒙古十六部四十九个封建主聚会于盛京（沈阳），承认皇太极为蒙古可汗大统的继承者，尊上博克达·彻辰汗尊号。明朝末年以来活动在青海及其毗邻草原上的主要是漠西卫拉特蒙古的和硕特等部。从1644年到1840年的两百年左右，青海蒙古族历史发展有一个起落的转折点，这个转折点就是清世宗雍正元年（1723年）发生的罗卜藏丹津反清事件。这次事件以前是和硕特蒙古等部在青海大地上兴盛繁荣的年代，这次事件以后的社会历史情况发生了诸多变化。

第一节　和硕特部固始汗移据青海及统治土伯特各地

和硕特部是卫拉特蒙古四部之一。卫拉特蒙古是蒙古族古老的一个支系，在中国史籍上，蒙元时称"斡亦剌""外剌"，明代称"瓦剌"或"卫拉特"，清代称"额鲁特"或"厄鲁特"。其牧地在新疆北部，所以也称作"漠西蒙古"或"西蒙古"。约在16世纪时，包括准噶尔（绰罗斯）、杜尔伯特、土尔扈特、和硕特四部。和硕特部游牧于天山以北乌鲁木齐和塔尔巴哈台一带。漠南蒙古附属清朝后，各部蒙古主张用协商方式解决彼此之间的关系问题。1640年9月，准噶尔部巴图尔珲台吉、喀尔喀部素巴第汗、和硕特部固始汗等蒙古族首领和章嘉呼图克图、咱雅班第达一些上层喇嘛共44位首领人物集会，制定了著名的《蒙古·卫拉特法典》，旨在巩固各部封建秩序，规定了共同对敌和各部之间的权利、义务、牧场疆界及民刑事案件处理条款。这次会议以后，各部都与清朝保持着和平往来关系。

一、和硕特部移据青海高原并建立统治（1636~1642年）

（一）固始汗家世和生平

固始汗（1582~1655年）也写作顾实汗，是蒙古族历史上的著名人物、和硕特部的英明领袖，名图鲁拜琥（意"天资聪颖"）。其先祖是成吉思汗之弟哈布图哈萨尔，固始汗是他的十九代孙。固始汗的祖父博贝密尔咱，父亲哈尼诺颜洪果尔，世为卫拉特汗。哈尼诺颜洪果尔有六子，长子哈纳克土谢图，次子拜巴噶斯，三子昆都仑乌巴什，四子即图鲁拜琥，五子色棱哈坦巴图

第三章 清朝前期中期

尔，六子布雅鄂特欢。①

关于图鲁拜琥青少年时的事迹和固始汗号的由来，在松巴·益西班觉②的藏文著作《青海史》中有颇为具体的记述。明万历二十二年（1594年），13岁的图鲁拜琥曾经率领军队击败俄加浩特（即信仰伊斯兰教的白头回军部众）四万之众，因而威名大振。万历三十四年（1606年），图鲁拜琥25岁，生母阿海哈屯去世，

固始汗像

"为作超荐，广济贫乏"③，从而博得广大部众的拥戴。同年，"喀尔喀与厄鲁特不睦，交讧甚烈"，④给双方广大群众带来很大灾难。图鲁拜琥"深生悲悯"，不畏艰险，亲自到"喀尔喀敌人丛中"，通过调解，使战端平息，"重敦友好"。其时，代表藏传

---

① [清] 祁韵士：《皇朝藩部要略》卷九《厄鲁特要略一》。

② 松巴·益西班觉生于1704年，为佑宁寺松巴呼图克图三世，1733年任佑宁寺法台，著作颇丰，1788年去世。

③ 善慧法日著，刘立千译，王沂暖校订：《宗教流派镜史》（铅印本），西北民族学院1980年，第223页。

④ 善慧法日著，刘立千译，王沂暖校订：《宗教流派镜史》（铅印本），西北民族学院1980年，第223页。

佛教格鲁派领导集团与蒙古诸部联系的东科尔法王（即东科尔呼图克图。东科尔寺，在今青海省湟源县）"及喀尔喀上下皆佩服之，遂赠以大国师之美名"①。对于上述几件史实，五世达赖所著《西藏王臣记》中也有类似记述。②从此，图鲁拜琥便以"国师汗"和智勇双全的美名闻名遐迩，后逐渐讹转为"顾实汗"或"固始汗"。

从1606年被赠"国师汗"美名到1636年的三十年时间里，固始汗的重要活动在汉、藏、蒙古文献中记载很少，难以详叙。所幸在俄文档案中收载有一些资料。③俄文资料中称他为"奎沙"（固始的音讹）台吉。17世纪20至30年代，卫拉特社会处在社会重要矛盾之中。当时固始汗率部一度离开塔尔巴哈台牧地，沿伊犁河和叶立密河西迁，奎沙台吉拥有两万军队。又，日本人若松宽曾对此著文写道：1625年，固始汗率部西迁库拉库木河一带游牧。④1632至1636年之间，固始汗等部的牧地转移到额尔齐斯河支流托波尔河流域。在1634年冬，固始汗与准噶尔部巴图尔珲台吉等共同发动了攻打哈萨克的军事行动。这次行动后，固始汗又率部回到了原游牧地域，并且固始汗与巴图尔珲台吉的关系更加密切了起来。为了维护本部的生存和发展，摆脱战乱的环境，寻找牧地，别图出路，是固始汗经常关注的

---

① 善慧法日著，刘立千译，王沂暖校订：《宗教流派镜史》（铅印本），西北民族学院1980年，第223页。

② 第五世达赖喇嘛著，郭和卿译：《西藏王臣记》，民族出版社1983年版，第175~176页。

③ TN斯列萨克尔著，陈弘法译：《关于固始汗的俄文档案材料》，载《西北史地》1987年第4期。

④ ［日］若松宽：《俄国史料中所见顾实汗的事迹》，载《史林》杂志第59卷第6号。

第三章 清朝前期中期

重大问题。适在这时,他接到西藏格鲁派寺院上层的代表邀请其前去护法支援的信件,正好为和硕特部别图出路提供了有利条件。于是,这位少年聪颖、长具雄略的固始汗,在他已逾"知命之年"以后,以格鲁派护法王的姿态,走上统一青藏高原、建立固始汗国的政治舞台。

(二)藏传佛教教派斗争和格鲁派请求援助

17世纪前期,西藏政局风云迭起,纷争不宁。政教合一的西藏政局斗争的特点,以藏传佛教内部教派斗争的形式表现出来。

自15世纪初宗喀巴创立格鲁派(俗称黄教)后,该教派在西藏地区得到迅速传播,特别是甘丹寺(1409年)、哲蚌寺(1416年)、色拉寺(1418年)和扎什伦布寺(1447~1455年)等几大寺院建立以后,已形成一个庞大的寺院集团,其势力已远及阿里、喀木、青海等地。16世纪后半叶,蒙古土默特部俺答汗于1578年在西海仰华寺大弘佛法、皈依黄教之后,黄教在青海和东蒙古地区得到迅速传播,产生了达赖神职并成为影响巨大的政教领袖人物。今青海省境内的黄教寺院,除明宣德年间修建的弘化寺[①]外,嘉靖三十九年(1560年)兴建塔尔寺,万历五年(1577年)后得到扩建并日渐兴盛。17世纪初叶,黄教在漠西蒙古各部中得到传播,[②]如此等等。格鲁派的隆盛,影响了其他教派的利益,遭到一连串的敌视和打击。万历四十六年(1618年)噶玛噶举派辛霞巴家族在后藏建立了第悉藏巴汗政权后,便同格鲁派对抗。历届

---

① 又据[明嘉靖]吴祯著,黄选平审,马志勇校:《河州志校刊》卷二《典礼志》(甘肃文化出版社2004年版,第55页)云,英宗正统六年奉敕建。

② 1610年前后,和硕特拜巴噶斯汗迎请察罕诺们汗二世罗桑嘉措到卫拉特弘扬佛教,1615年送三十二位诺颜的儿子入西藏学经,随同学经的有普通百姓子弟一百人,著名的咱雅班第达以拜巴噶斯的义子身份入藏为僧。

-107-

藏巴汗都对格鲁派采取迫害态度，同时，又串通一度统治青海牧区的喀尔喀部却图汗，共同打击格鲁派。据《宗教流派镜史》和《青海史》，察哈尔部林丹汗"于蒙古六大部中，兴乱之时，一部逃至喀尔喀，以此，内部诸酋长不和，喀尔喀却图汗被逐，窜于青海"①。在斗争中失败了的却图汗大约于崇祯五年（1632年）来到青海，"征服了土默特的火落赤部及其人民"，"收安多等地，供其统治"。火落赤部原住在捏工、莽拉二川，除一部分被迫归附却图汗外，其余逃到今果洛和四川西北部。②却图汗是噶举派信徒，他"杀死大批在青海地区的黄教僧人，或把他们监禁起来"。喀木（康）地区的白利土司顿月多杰，是一位本教信徒，仇视藏传佛教，尤其仇视黄教，他摧毁了"在康区的大部分萨迦、格鲁、宁玛三派的寺院"③。藏巴汗、却图汗、白利土司结成联盟，"立誓要摧毁色拉、哲蚌、甘丹三大寺，消灭格鲁派"④。

在此以前，四世达赖云丹嘉措于1616年圆寂后，藏巴汗就下令不准转世。扎什伦布寺法台罗桑却吉坚赞凭借他个人的崇高学术地位和精深医术，医好了藏巴汗的重病，取得其敬重，经罗桑却吉坚赞从中斡旋和劝说，方才允许达赖喇嘛继续转世。五世达赖灵童虽然被认定了，但格鲁派的艰难处境并没有得到好转，黄教僧侣在藏巴汗等人的联合迫害下，大批被杀或

---

① 善慧法日著，刘立千译，王沂暖校订：《宗教流派镜史》（铅印本），西北民族学院1980年，第224页。
② 四川邓柯县有"邓柯蒙古村"，其居民已演变为藏族。
③ 东嘎·洛桑赤列著，陈庆英译：《论西藏政教合一制度》，载《西藏民族学院学报》1981年第4期。
④ 东嘎·洛桑赤列著，陈庆英译：《论西藏政教合一制度》，载《西藏民族学院学报》1981年第4期。

第三章 清朝前期中期

被监禁。

在上述情况下,格鲁派首领人物罗桑却吉坚赞和五世达赖的强佐索南绕登等人商议决定,派使者赴卫拉特蒙古,请求出兵援助。卫拉特方面得知后欣然接受,同意出兵援助。据《青海史》载:固始汗当时向各位首领明确表示,"我愿去西藏"。又据托忒文史书《和尔勒克历史》载:卫拉特联盟当即召开"丘尔干会议",经过讨论,一致同意派联军前去支援。这支联军以和硕特部为主力,准噶尔部为左翼①,土尔扈特部为右翼,随后有杜尔伯特和辉特部的军队。这一支联军由和硕特部固始汗和准噶尔部巴图尔珲台吉担任正副统帅。

(三)和硕特部应邀移据青海,占据卫藏

1. 阿尔萨兰改皈格鲁派

1635年冬,却图汗应藏巴汗的请求,派其子阿尔萨兰率军一万进藏,以增强反格鲁派的实力。与此同时,卫拉特方面也于1635年冬,固始汗与巴图尔珲台吉一行十人扮作香客前往西藏朝佛,②侦察虚实,了解行军路线。他们入噶斯口南行,翻越大小屈莽山入藏。这条路线是新疆等地朝佛香客和商队经常行走的道路,为固始汗等人乔装入藏提供了掩护,不会引起对方的怀疑。据史载,阿尔萨兰本人的宗教信仰并非笃诚,他虽受命进藏扶持噶举派,打击格鲁派,但他对这两个教派并非十分了解。"当兵抵达金沙江上游时,与固始汗、巴图尔珲台吉等人相遇。同路去

---

① 参见韩官却加:《藏传佛教教派斗争与和硕特蒙古南迁》,载《青海民院学报》1985年第3期。又,准噶尔原名绰罗斯,因这次出征该部为左翼,而蒙古语"左翼"称"准噶尔",因之,准噶尔这一名称得以沿下来。

② 金巴道尔吉著,留金锁校注:《水晶鉴》,第488页。

拉萨。途中，固始汗向阿尔萨兰阐述了不可危害黄教的道理，阿尔萨兰到达拉萨后，又受到黄教寺院之贿"①，于是他改变了初衷，成为格鲁派的信徒，转而支持格鲁派。②他还下令，不许伤害格鲁派。③

固始汗等人在甘丹寺秘密会见了五世达赖和罗桑却吉坚赞，还参加了扎什伦布寺的吉祥法会。固始汗接受了格鲁派宗教上层所赠予的"固始彻辰绰尔济"的尊号，④巴图尔珲台吉被赐"额尔德尼"尊号。双方商议了如何消灭反格鲁派势力的大计，并且商定共同派代表前赴盛京，与清政权结交通好，建立联系。这就是《清太宗实录》卷三九崇德二年（1637年）十月丙午条所载，"厄鲁特部落顾实车臣绰尔济，遣其头目库鲁克，来贡马匹、白狐皮、獭喜兽、绒毡等物"、"因路远，于是岁始至"的原委。"车臣"即"彻辰"，同词异译。1636年初起程，1637年十月方达盛京，也即《皇朝藩部要略》卷九崇德二年条所云"顾实汗遣使通贡，阅岁乃至"。这是固始汗与清朝"通贡之始"。

2. 移据青海，消灭却图汗

阿尔萨兰的反复和皈依格鲁派，使藏巴汗深为气恼。追随藏巴汗的红帽派格西和阿尔萨兰军队中的首领们，共同派使者去青海向却图汗禀报实情。却图汗指示，设法除掉其子阿尔萨兰。为

---

① 见李延恺：《统一青藏高原的固始汗》，载《青海社会科学》1982年第2期。

② 松巴·益西班觉著，谢健、谢伟译：《青海史》，载《青海民族学院学报》1983年第4期。

③ 夏格巴：《西藏政治史》，美国耶鲁大学1967年版，第104页。

④ 萨囊彻辰著，道润梯布译校：《蒙古源流》卷八，内蒙古人民出版社1980年版。固始彻辰绰尔济，意为固始灌顶大王。

了教派利益，却图汗不惜灭亲杀子，结果，阿尔萨兰被部下所杀。[①]阿尔萨兰之死，不能不引起固始汗的高度警觉，于是他决定采取先发制人的策略，立即向青海却图汗发动进攻。

原先，却图汗为壮大自己的势力，联络屡败于后金（清）的察哈尔部林丹汗，劝说他改信噶举派，并要他率军由青海进藏援助藏巴汗，阴图占据卫藏，号召全蒙古，抗击西进的后金政权。林丹汗兵败西行，不幸于1635年出痘病死

固始汗作战时顶盔穿甲，面戴面罩，这是固始汗的面罩（实物现存尖扎县德庆寺）

于西拉他拉大草滩（即黄城滩或皇城滩，位于甘肃永昌和青海门源之间），部众东返。林丹汗之死，使却图汗失去了一位反格鲁派的盟友。

1636年初冬，固始汗和巴图尔珲台吉统率精锐的卫拉特联军，利用冰封地冻时节向青海进军，进入青海西部布隆吉尔地方

---

① 松巴·益西班觉著，谢健、谢伟译：《青海史》，载《青海民族学院学报》1983年第4期。

休整人马。全军依靠这里的野羊等为生，度过了严冬。次年，1637年（丁丑年）正月，固始汗挥军进入青海上部地区，以一万余精兵与却图汗三万军队进行了一场恶战，以少胜多，大破却图汗军。[①]据说鲜血染遍了两山之间，以后这两山便以大小乌兰和硕（蒙古语，意为红色军营或红色山谷）而闻名。[②]这就是著名的血山之战。固始汗长子达延台吉率军追杀却图汗的残兵，赶到了哈尔盖的冰滩上将其全歼，并在今沙柳河地方的一个旱獭洞里将却图汗捕获，不久之后即杀之。[③]

固始汗胜利地消灭却图汗后，按照既定计划，其部众陆续移牧于青海草原上（第一批有和硕特约5 000户、一部分辉特人和土尔扈特人），在这里建立了和硕特等部的牧业基地。为了酬谢这次胜利进军的同盟者，固始汗赠予巴图尔珲台吉许多礼物，并将自己的幼女阿敏达兰嫁与他。[④]也有的说："固始汗把自己的幼女阿敏达兰嫁给了巴图尔珲台吉的儿子"[⑤]。厚予妆奁，然后送巴图尔珲台吉及其军队返归准噶尔。尔后，两三年内，固始汗属部以及准噶尔的一部分也迁来青海。"固始汗兄弟惟昆都仑乌巴什、布雅鄂特欢留旧牧，拜巴噶斯袭据西套，余皆随固始汗徙青

---

① 关于血山之战双方兵力，各书记载不一。松巴·益西班觉《青海史》说以一万对却图汗三万兵力；刘立千译《续藏史鉴》说，却图汗兵力为四万。

② 松巴·益西班觉著，谢健、谢伟译：《青海史》，《青海民族学院学报》1983年第4期。又《西藏王臣记》云，丁丑年正月，在措客地方，把却图汗四万大军残灭无余。

③ 松巴·益西班觉著，谢健、谢伟译：《青海史》，载《青海民族学院学报》1983年第4期。

④ 杨和缙译：《青海史》，第37页。

⑤ 东嘎·洛桑赤列著，陈庆英译：《论西藏政教合一制度》，载《青海民族学院学报》1981年第4期。

第三章 清朝前期中期

海"。"是时，和硕特固始汗最强，为四卫拉特之首。"①

3. 消灭白利土司，占据康区

1638年（明崇祯十一年，清崇德三年），固始汗再度扮香客朝佛入藏。五世达赖在大昭寺为之举行吉祥法会，赐予他"丹增却杰丹波"（持教法王）名号。②固始汗在这次与黄教首领人物的会晤中，对全国错综复杂的政治形势做了分析。朱明王朝大厦将倾，不足为虑，清国崛起东北，垂涎中原，不可忽视。于是共同议定再次派出使节前赴盛京，取得今后更强大的施主和支持者。又决定，先消灭康区本教（俗称黑教）首领白利土司，然后进兵西藏，消灭藏巴汗及其势力。③以后事实表明，固始汗统一青藏高原的历史进程正是按照上述计划进行的。

却图汗被消灭，引起白利土司对格鲁派的更大仇恨。1639年（明崇祯十二年，清崇德四年）白利土司致信藏巴汗，约定次年共同举兵扑灭格鲁派。不巧，这封信件半路上被格鲁派僧人截获并送交固始汗。早有准备的固始汗，立即决定提前出兵，先发制人。当年五月，固始汗率军到达康区，先后占领甘孜、邓柯、白玉、石渠、德格等地。崇祯十三年庚辰（1640年）冬十一月二十四日，擒获白利土司顿月多杰，④将他投入监牢，不久，处死。释放被白利土司监禁的各派僧人。固始汗得到各教派僧侣的崇

---

① ［清］祁韵士：《皇朝藩部要略》卷九《厄鲁特要略一》。
② 松巴·益西班觉著，谢健、谢伟译：《青海史》，载《青海民族学院学报》1983年第4期。又，郭云川：《固始汗获持教法王称号年代考述》，载《西藏研究》1987年第4期。
③ 牙含章：《达赖喇嘛传》，人民出版社1984年版，第30~31页。
④ 黄颢译：《青海史》，载《西北民族文丛》第三辑，1983年。又，固始汗征服康区费时一年以上，打击的是整个反黄教势力，并非白利土司一人。

敬，狂欢之声遍布康区。《西藏王臣记》说："他于己卯年（1639年）五月发动大军到达白利，当即收服了那里的民众。在庚辰年（1640年）十一月二十五日，所有白利顽强的官吏头人等……都被捕回，全数置于法庭。……将所有受害的萨迦、格鲁、住巴噶举、达隆噶举等各派的僧官们从牢狱中解救出来。"①从此，包括青藏高原东南缘的绛域王（绛域，今云南纳西一带地区的古名，是明朝沐英的封地）所辖土地人民，均置于固始汗统治之下。

4. 消灭藏巴汗，登上西藏王位

1641年（崇祯十四年，辛巳）固始汗佯为从康区马尔康撤兵返青海，有意麻痹藏巴汗的警觉性。然后，出其不意，挥军入藏，毫无戒备的藏巴汗的军队不堪一击，"就像老鹰捕捉鸟雀一样"②，把藏巴汗的军队全部击溃，后藏首府日喀则被攻占，藏巴汗噶玛丹迥旺波本人也被生擒。对于这位辛霞巴家族的第悉藏巴汗，据说被装入牛皮口袋投入日喀则附近的雅鲁藏布江中。③也有人说他被官长索南琼培处死。④总之，藏巴汗在1641年底被消灭了。次年水马年，正月八日，固始汗悉取拉堆等十三宗。《西藏王臣记》说："在壬午年（1642年）二月二十五日，所有西藏木门人家王臣全体都降低了骄横的气焰，俯首礼拜，而恭敬

---

① 第五世达赖喇嘛著，郭和卿译：《西藏王臣记》，民族出版社1983年版，第177~178页。

② 杨和缙译：《青海史》，第39页。

③ 东嘎·洛桑赤列著，陈庆英译：《论西藏政教合一制度》，载《西藏民族学院学报》1981年第4期。

④ 松巴·益西班觉著，谢健、谢伟译：《青海史》，载《青海民族学院学报》1983年第4期。

第三章 清朝前期中期

归顺。"藏巴汗的败亡，标志着西藏格鲁派寺院集团在固始汗的支援下，取得了巨大胜利，彻底解除了反格鲁派势力的威胁，从而开创了黄教历史新纪元。与此同时，对涉藏地区各部的统治权，随着固始汗统一青藏高原而转移到和硕特汗王手中。

1642年（明崇祯十五年，清崇德七年）三月十五日，固始汗登上了西藏的最高王位，①建立了以他为首的政教联合政权。他本人及两个儿子长期坐镇西藏。这年，固始汗61岁。《西藏王臣记》对此不无欣喜地说："三月望日完成统一西藏事业，成为全藏三区之王。"②固始汗宣布"自己是全藏和蒙古的最高统治者，并践位于拉萨布达拉宫的狮子宝座之上"。对此，《安多政教史》有更为详细的记载："水马年（公元1642年，崇祯十五年，壬午），三月初，持教法王把西藏的所有木扉人户都纳入其统治之下。十一日，由汗王礼请，五世达赖喇嘛亲莅后藏地区，汗王迎于妥加谷口之德钦，献上据传为八思巴的曼朵法铃、子母绿宝石碗等珍物及西藏左右两翼的十三万户。难以数计的蒙藏人们聚集在桑主孜的大厅中。当大众就座时，按忽必烈大帝向巴思八大师奉献三次大布施之例，献上阿阇世王的所依圣物——世尊释迦牟尼的舍利子，垂罗的小铙，仁邦·那旺久扎亲制的持明帐幔，并特别把全部西藏十三万户献上。"③和硕特汗廷管辖西藏、喀木和青海，青藏地区不但在宗教上，而且在政治和行政方面又一次被联结在一起了。青藏高原各地自吐蕃王朝崩溃后，经过长

---

① 杨和缙译：《青海史》，第39页。
② 第五世达赖喇嘛著，郭和卿译：《西藏王臣记》，民族出版社1983年版，第178页。
③ 智观巴·贡却乎丹巴绕吉著，吴均、毛继祖、马世林译：《安多政教史》，甘肃人民出版社1989年版，第41页。

期的分裂和动乱,在元朝完成过祖国的大统一,明代又呈现出分裂、割据和动乱局势。在和硕特固始汗的努力下,再次完成了高原地区的统一。这个地区性的统一,为后来清朝的再次大统一奠定了基础。蒙古族、藏族僧俗贵族的联盟,则是实现青藏高原统一的保证。

二、固始汗的统治措施及与清朝的关系（1642~1655年）

1642年固始汗进据卫藏,建立了和硕特汗廷后,采取了一系列具有深远历史影响的政治和宗教措施,以维护和加强以固始汗为首的和硕特汗国的统治。主要如:

命长子达延台吉率军驻守拉萨。以后形成达延鄂齐尔汗一系的子孙世袭汗位,前后约70年。

在拉萨以北的达木地区驻扎重兵,以起镇慑作用。

令其余诸子驻牧青海。"征收康区赋税,以养青海之众。"[①]青海战略位置重要,是汗廷的根基之地。

尊崇黄教领袖,建立政教联合统治,使和硕特汗王的统治披上一层宗教灵光。下令"将前后藏的赋税献给五世达赖作为黄教寺院宗教活动费用。"[②]不久之后,又封赠班禅神职系统,使与达赖分辖前藏、后藏地区,正式扶植起一个神情脉脉的格鲁派政权。在基层扶植各地以寺院为中心的政教合一统治。

一切政令文告,均由固始汗盖印发布,第巴盖印副署。该第巴索南绕登是藏族官员中一位重要人物,原是邀请固始汗进藏护持黄教的策划者之一。

---

① [清] 魏源:《圣武记》卷五。又"令子孙游牧青海,而喀木纳其赋,惟以藏卫部给达赖、班禅"。见《圣武记》卷三《外藩·雍正两征厄鲁特记》(上),中华书局1984年版,第139页。

② 王森:《关于西藏佛教史的十篇资料》(初稿),第237页。

第三章 清朝前期中期

新设噶伦、代本等职，健全了西藏地方政府的机构。一切官员都由固始汗亲自任免。固始汗统率全部武装力量。"留了八个旗的蒙古军经常驻扎在前藏（当时叫当雄八旗）。"[①]镇压了藏巴汗的支持者和噶玛噶举派的暴乱。[②]

命索南绕登对原藏巴汗时的法律加以修订，"制定了十三法律，并加了不同的解释说明"[③]。如此等等。

（一）尊崇班禅称号，达赖、班禅分辖前藏后藏

"达赖喇嘛"尊号是东蒙古汗王俺答汗于明万历六年（1578年）在西海仰华寺大会上所立，前已述及。经过西蒙古固始汗武装护持黄教，1642年以后黄教在卫藏各地和蒙古诸部居于独尊地位了，固始汗已被五世达赖等先后赠予"彻辰绰尔济""持教法王"等尊号。在这个"华丽的喇嘛教王国"中，作为实际统治者的固始汗，为牢牢掌握住得来不易的统治权，不能不考虑对宗教首领人物分而治之的策略。况且扎什伦布寺法台罗桑却吉坚赞本人的实际地位和影响以及他在固始汗进据西藏过程中的重要作用，也不能不作相应的尊崇和扶持。于是清顺治二年（1645年）固始汗向他崇上"班禅博克多"尊号。（班禅，藏语，意为大学者；博克多，蒙古语，意为圣人）黄教中又一个神王称号被西蒙古汗王尊立起来了。扎什伦布寺仿效从前哲蚌寺的做法，向前追认已故的法台：克主杰为一世班禅（1385~1438年），索南却朗为二世班禅（1439~1504年），罗桑顿主为三世班禅（1505~1566年），

[①] 王森：《关于西藏佛教史的十篇资料》（初稿），第234页。
[②] ［意］杜齐著，李有义、邓锐龄译：《西藏中世纪史》，中央民族研究所1980年版铅印本，第122~123页。
[③] 东嘎·洛桑赤列著，陈庆英译：《论西藏政教合一制度》，载《西藏民族学院学报》1981年第4期。又有人认为"十六条"。

而罗桑却吉坚赞为四世班禅（1567~1662年）。①固始汗请五世达赖罗桑嘉措（1617~1682年）坐床布达拉宫，管辖前藏；请四世班禅坐床扎什伦布寺，管辖后藏，前藏后藏分治，两个神王并立，而在军政大事上都听命于固始汗。②这桩事情，是蒙藏关系史上和藏传佛教史上的一件影响深远的历史事件。从此，西藏王统绝，由黄教神王分治卫藏各地，"格鲁派政权"（相对于元代的萨迦政权，明代的帕竹政权而言）建立。达赖和班禅不仅是宗教领袖，且握有政权，成为政教首领，声名远播四方。

（二）朝清、封汗和"庶邦君长"

固始汗是位具有政治远见和谋略的人物。在当时中国大地风云变幻中，将局势处理得是否得当和合乎机宜，关乎本民族的盛衰成败。1636年时他已认识到能主宰沉浮的不是行将倾覆的朱明王朝，而是崛起关外并使漠南蒙古臣属的清政权，当即派遣使臣前去联系。清崇德七年（1642年）固始汗登上西藏最高王位后，又派出其侄孙伊拉古克三呼图克图（留驻新疆的鄂齐尔图的第三子，拜巴噶斯之孙）和戴青绰尔济为首的使团赴盛京。当年十月到达，受到皇太极的隆重接待。"上亲率诸王贝勒大臣，出怀远门迎之。"③他们在盛京期间受到各种优遇，"赐大宴于崇政殿，仍命八旗诸王、贝勒各具宴，每五日一宴之，凡八阅月"④。次年，即1643年五月，使团从盛京动身返回之时，皇太极"致书于顾实汗：朕闻有违道悖法而行者，尔已惩创之矣。朕思自古圣王

---

① 妙舟法师编：《蒙藏佛教史》，上海佛学书局1935年版。

② 参见芈一之：《达赖、班禅与蒙古汗王的关系》，载《青海民族学院学报》1982年第2期。

③《清太宗实录》卷六四，崇德八年五月丁酉。

④《清太宗实录》卷六四，崇德八年五月丁酉。

第三章 清朝前期中期

致治，佛法未尝断绝。今欲图白忒（即土伯特——引者）部落敦礼高僧，故遣使与伊拉古克三胡土克图偕行，不分服色红黄，随处咨访，以宏佛教，以护国祚，尔其知之"①。并回赠固始汗全副甲胄。这是清朝第一次派使回报固始汗，并郑重声明尊崇藏传佛教，对固始汗消灭"违道悖法"的藏巴汗表示理解和支持。清国使者是察罕格隆、巴喇衮噶尔格鲁等人，随同伊拉古克三等同来卫藏，敦请高僧，弘扬佛法。接着，1644年正月甲申，清国遣使"往迎达赖喇嘛，仍以书谕厄鲁特部落顾实汗知之"②。和硕特汗廷与清朝正式建立了友好关系，并以藏传佛教为纽带，共同弘扬佛法。

1644年（清顺治元年，明崇祯十七年）三月十八日，李自成农民起义军攻占北京，崇祯帝吊死煤山，明朝覆亡（以后南明政权抗清二十余年）。当年五月初清军入关，定鼎北京，李自成率军南撤。漠南和漠北蒙古各部首领在顺治初年曾纷纷向清廷提出，邀请五世达赖到北京弘法。顺治二年（1645年）底，固始汗派其"佐理藏事"③的第六子多尔济达赖巴图尔抵达北京"贡马"，对清朝定鼎北京表示祝贺，并奏称："天使"（指察罕格隆等——引者）同伊拉古克三呼图克图，"与我国汗议和好礼，彼处议定，则臣等无不奉命"④。多尔济是以"汗国使者"身份出现于清帝国朝廷的，故云"与我国汗议和好礼"云云。顺治三年三月多尔济离京返回。接着，双方通使，络绎于途。如：

顺治三年八月，固始汗和五世达赖派遣的班第达喇嘛、达尔

---

① 《清太宗实录》卷六四，崇德八年五月丁酉。
② 《清世祖实录》卷三，顺治元年正月己亥。
③ ［清］祁韵士：《皇朝藩部要略》卷九《厄鲁特要略一》。
④ 《清世祖实录》卷二二，顺治二年十二月壬辰。

-119-

罕喇嘛，随同清朝前派使者察罕格隆喇嘛等，一同抵京，上表，进贡。①

顺治四年九月，固始汗使卫征噶布楚到京。②

顺治五年三月，固始汗和五世达赖的贡使到京。③

同年五月，固始汗贡方物之使到京。④

顺治五年甘州米喇印等反清，固始汗次子鄂木布车臣岱青率军协助清军征剿，"复招降西宁城功"，"诏赐鄂木布土谢图巴图尔岱青号"。⑤

顺治六年三月，固始汗第三子达赖乌巴什到京朝贡。⑥

顺治六年十一月，固始汗派墨尔根和硕齐等到京朝贡。⑦

顺治八年正月，固始汗使到京，上表。⑧同年三月，固始汗贡使到京。⑨

顺治初年，广大江南地区抗清斗争烽火正旺，西部的准噶尔蒙古处于对立状态，漠北蒙古尚未完全归服清朝，固始汗的友好通使，尤其黄教首领五世达赖的贡使不绝，对于清廷稳定广大蒙古地区的政治形势、释去西顾北顾之忧而得专力对付南中国的抗清斗争，无疑是非常重要的，对于双方也都是有利的。清廷已经

---

① 《清世祖实录》卷二七，顺治三年八月戊戌。
② 《清世祖实录》卷三四，顺治四年九月庚子。
③ 《清世祖实录》卷三七，顺治五年三月乙巳。
④ 《清世祖实录》卷三八，顺治五年五月辛巳。
⑤ [清]祁韵士：《皇朝藩部要略》卷九《厄鲁特要略一》和《清世祖实录》卷四六，顺治六年九月壬辰。
⑥ 《清世祖实录》卷四三，顺治六年三月已巳。
⑦ 《清世祖实录》卷四六，顺治六年十一月辛巳。
⑧ 《清世祖实录》卷五二，顺治八年正月乙丑。
⑨ 《清世祖实录》卷五五，顺治八年三月乙未。

第三章 清朝前期中期

承认固始汗对青藏高原广大地区的合法统治权。顺治八年(1651年)甘肃总兵官张勇又在洪水(张掖东南,大草滩附近)开市,与蒙古贸易。①上述双方友好通贡关系,导致出现历史上的一页辉煌篇章,即固始汗劝导五世达赖朝清并得到朝廷对达赖喇嘛的正式册封和对固始汗本人的正式册封,而载入史册。

顺治九年(1652年)正月癸酉朔,固始汗"以劝导达赖喇嘛来朝,奉表奏闻"②,在正旦日清廷得到上述表奏,对其即将实现成为达赖喇嘛的根本檀越,以贯彻"兴黄教,即所以安众蒙古"③的基本国策。当年初,五世达赖从拉萨起程,经过青海,同年十一月抵达北京。同时到达的还有固始汗和四世班禅的代表。清廷特在北京安定门外修建一所"西黄寺",作为五世达赖在北京期间的行宫,给予了旷世特殊礼遇,顺治十年正月世祖宾之"于太和殿"④。固始汗考虑到五世达赖从高原到北京,可能水土不服,顺治九年十一月"顾实汗表贡方物,兼请达赖喇嘛还国"⑤,顺治十年(1653年)二月,达赖告归。"乃行,饯之南苑德寿寺","命和硕亲工硕塞以八旗兵送之"。⑥四月,顺治帝特派礼部尚书、理藩院侍郎二人携带金册金印到代噶地方(今内蒙古凉城县,当地有一湖名"岱海"),追上返途中的五世达赖,册封他为"西天大善自在佛所领天下释教普通瓦赤喇怛喇达赖喇

---

① [民国]慕寿祺:《甘宁青史略》卷十七。兰州俊华印书馆1936年版。
② 《清世祖实录》卷六二,顺治九年正月癸酉。
③ 《卫藏通志》卷一《御制诗文·高宗纯御制喇嘛说》,西藏人民出版社1982年版,第149页。
④ 《清世祖实录》卷七一,顺治十年正月癸未。
⑤ 《清世祖实录》卷七〇,顺治九年十一月壬戌。
⑥ [清]魏源:《圣武记》卷三《外藩·国朝抚绥西藏记上》(上),中华书局1984年版,第202页。

嘛"①。同时,又派专使进藏,以金册金印(册文用满、汉、蒙古三种文字)封固始汗为"遵行文义敏慧顾实汗"。册文为:

> 帝王经纶大业,务安劝庶邦,使德教加于四海。庶邦君长能度时审势,归诚向化,朝廷必加旌异,以示怀柔。尔厄鲁特部落顾实汗尊德乐善,秉义行仁,惠泽克敷,被于一境。殚乃精诚,倾心恭顺,朕甚嘉焉。兹以金册金印封为"遵行文义敏慧顾实汗"。尔尚益矢忠诚,广宣声教,作朕屏辅,辑乃封圻。如此,则带砺山河,永膺嘉祉,钦哉。②

《清实录》中有关史料

这个金册正式宣告了以下四点:一是固始汗接受了清朝皇帝所封的"遵行文义敏慧顾实汗"。以前的汗号是宗教领袖赠予的美号,与这次汗国的汗号是大不相同的。二是清廷承认和硕特汗是有"封圻"的汗国的"君长",让他安定其封圻内的社会秩序。三是这个汗王是祖国大地上的得到清朝正式承认的"庶邦"的"君长",要他作清廷的"屏辅"。四是固始汗与清廷的关系是地方汗国与中央王朝的关系,虽然不能算是明确的臣属关系,但也

---

① 《清世祖实录》卷七四,顺治十年四月丁巳。
② 《清世祖实录》卷七四,顺治十年四月丁巳。

第三章 清朝前期中期

属于藩属关系。这是固始汗奋斗了几十年以后达到的光辉业绩的顶峰。

一年半以后,藏历木马年(1654年)十二月初七日午夜,一代英豪、和硕特蒙古的政治家、军事家和藏传佛教格鲁派的伟大护法人固始汗逝世于拉萨(逝世于红宫,即岗坚康萨宫),终年73岁。查该年十二月与公历对照是跨年度月份,应为1655年初。①

(三)固始汗十子领牧青海

固始汗深知青海地处中西要道,四通八达,地旷宜牧,留部众于此,作为根基之地。1637年征服却图汗后,1638年和1639年又将游牧在天山以北的和硕特部众大批迁居青海,由"其子十人领之",世称十台吉。张穆《蒙古游牧记》卷十二有如下记载:

(顾实汗既据有青海),分部众为左右两翼,子十人领之。左境:东自西宁边外栋科尔庙,西至嘉峪关边外洮赉河界八百余里(实际距离约八百公里——编者);南自西宁边外博罗充克克北岸,北至凉州边外西喇塔拉界四百余里;东南自西宁边外拉喇山,西北至甘州边外额济纳河四百余里;东北自永昌边外,西南至嘉峪关边外布隆吉尔河岸二千余里。右境:东自栋科尔庙,西至噶斯池界二千五百余里;南至松潘边外漳腊岭,北至博罗充克克河南岸千五百余里;东南自洮州边外达尔济岭;西北至嘉峪关边外塞尔腾西尔噶拉金界二千余里;东北自西宁边外克腾库特尔,西南至穆鲁乌苏河千五百余里。

---

① 关于固始汗的生卒年,各书所载颇有歧异。其生年应为壬午年,即1582年。其卒年,蔡志纯著,《固始汗生卒年小考》,载《民族研究》1984年第2期,考定为甲午年十二月初七日,公历应为1655年初。又,固始汗去世后,五世达赖曾亲往红宫超度。见芈一之:《青海民族史入门》,青海人民出版社1987年版,第174页。

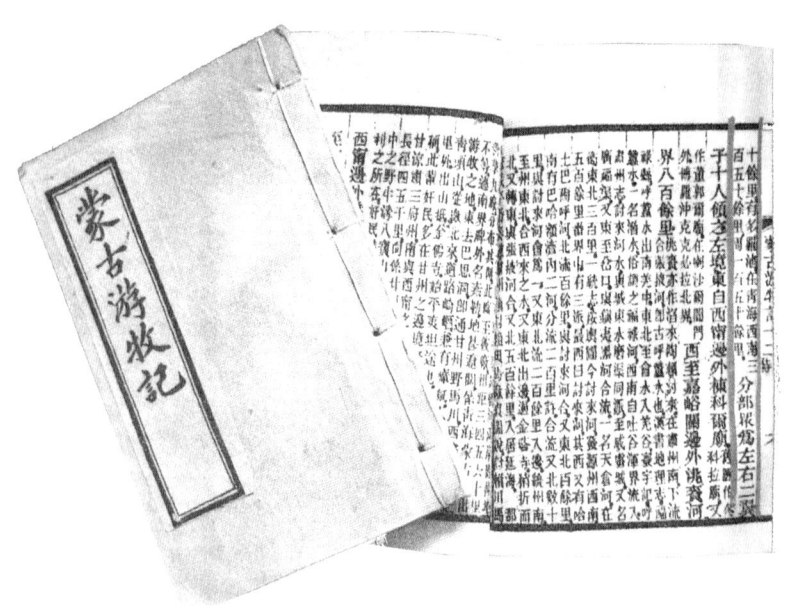

《蒙古游牧记》中有关史料

上述内容,《大清一统志》《清史稿》卷五二二《藩部五》和《甘宁青史略》卷十七等,所记略同。总之,是从今湟源县境内东科尔寺作为东部支点,向西经过博罗充克克河(湟水上源)到噶斯口,划一条直线,其北是左翼,包括凉州大草滩和河西走廊西端的洮赉河等地。其南是右翼,包括甘南草原等地。紧邻洮州边外、西宁边外、凉州边外。也就是说,固始汗把上述广大草原作为他的私产,分封给他的儿子们。从此,"部落散处其间,谓之西海诸台吉"①。西海诸台吉以固始汗的三个妻子所生的十

---

① [明]王圻:《续文献通考》卷二四七《四裔考·西域》"西番诸卫",明万历三十年刻本。

第三章 清朝前期中期

个儿子及其子孙为主,在青海游牧地上重新构建了封建秩序,形成了大大小小的世袭封地和世袭封建领主。

第二节　清朝前期青海蒙古族社会政治概况

一、固始汗去世后青海蒙古族社会经济概况（1655~1723年）

自固始汗去世后到雍正初年的约七十年时间里,和硕特汗国并没有因为其开创者"遵行文义敏慧顾实汗"的逝世而衰落,和硕特汗廷和"青海八台吉"仍然对这块广大的"封圻"行使着统治权。

（一）裔分为三

固始汗去世,使青海蒙古族历史进入了一个下弧线发展状态。清廷遣官向汗王致祭,表示哀悼。顺治帝在给理藩院的谕旨中称:固始汗"归顺我国,克尽忠诚,常来贡献,深为可嘉,宜予祭典,以酬其忠"①。固始汗的子孙及他们所率部众居住在何地呢?简言之,"裔分为三",居住在三块地方,即西藏、青海和西套(阿拉善)。《圣武记》卷三说,"固始汗卒,其裔分为二支,在藏者为拉藏汗,在青海及河套者为鄂齐图汗,为阿拉山王",②是把青海和西套混而言之,且鄂齐图汗乃拜巴噶斯之子,非固始汗之子。固始汗第四子巴延阿布该驻牧西套。所以应该说,裔分为三。

1. 固始汗长子系统治的西藏

顺治十五年（1658年）,即固始汗去世后第四年,其长子达

---

① 《清世祖实录》卷九七,顺治十三年正月癸未。
② [清] 魏源：《圣武记》卷三《外藩·雍正两征厄鲁特记》（上）,中华书局1984年版,第139页。

延鄂齐尔汗在拉萨继承和硕特汗位。他于康熙九年（1670年）去世。达延汗之子衮楚克达赖汗继位，他于康熙三十六年（1697年）去世。达赖汗之子拉藏汗继位，康熙四十四年（1705年）清廷为了稳定西藏社会秩序，防止与清朝处于对立状态的准噶尔部对西藏的袭扰，承认拉藏汗诛杀第巴之成功，"诏封拉藏汗翊法恭顺汗"①。康熙五十二年（1713年）清廷以金册金印封五世班禅罗桑意希为"班禅额尔德尼"，从此这个班禅尊号全称一直沿用至今。这标志着黄教两位神王的"护法人"完全转变为清朝皇帝了，同时清廷把达赖和班禅的尊号的授予权、坐床大典的批准权，牢牢掌握在自己手中。这也是清朝中央政府对西藏行使统治权的体现。康熙五十六年（1717年）七月，准噶尔部策旺阿拉布坦派大策零敦布多领兵六千，突袭西藏，攻破拉萨，执杀拉藏汗。这时青海诸台吉实力已衰，对拉藏汗之被杀只作口头声援而无实际行动。故清廷得以乘机入藏，而和硕特汗位绝。达延鄂齐尔汗的后裔仍在西藏繁衍生息。如阿沛·阿旺晋美，即属于蒙古后裔。他于1911年诞生在拉萨以东一百余里的甲玛沟霍康世家，原名霍康·阿旺晋美。长大后，入赘于阿沛世家，为才旦卓嘎夫婿，改为现名。②

2. "八台吉"驻牧的青海

由固始汗第六子多尔济（号达赖巴图尔）和次子鄂木布（号车臣岱青）担任首领。"八子居青海"，称"青海八台吉"。他们是固始汗的二子鄂木布、三子达兰泰、五子伊勒都齐、六子多尔

---

① [清] 魏源：《圣武记》卷五《外藩·国朝抚绥西藏记》（上），中华书局1984年版，第204页。

② 嘉仁：《阿沛·阿旺晋美和他的儿女们》，载《新华文摘》1991年第7期，第140~142页。

第三章　清朝前期中期

济、七子瑚鲁木什（号额尔德尼岱青）、八子桑噶尔札（号伊勒登）、九子滚布察珲（死而无嗣，该支系绝）和幼子札什巴图尔。以后，衮布察珲去世后，四子巴颜阿布该及其子札布、阿南达等四个儿子迁来青海，①仍称"青海八台吉"。此外，驻牧青海的，尚有准噶尔、土尔扈特、辉特和喀尔喀等部众，"俱系流居"，共有五种。其"后支派渐分，总名十八家"②，即五部十八家。青海牧区的藏族各部落，自明末以来，"遂役于厄鲁特，纳租错牧，但知有蒙古，不知有中国"③，即是说蒙古族和藏族在青海草原上"错牧"共处。

3. 西套的阿拉善

该地区的东、南、西三面俱邻甘肃，在银川河套以西。原先，固始汗第四子巴延阿布该被固始汗二兄拜巴噶斯初无子时养育为己子，后来，拜巴噶斯自生二子，长子鄂齐尔图，号彻辰汗，继承父位为汗；次子阿巴赖诺颜，游牧于西套阿拉善，称西套厄鲁特。巴延阿布该号达赖乌巴什，生子十六人。其中居西套者十二人，有和罗理、墨尔根等人；居青海者四人，即札布、阿南达、伊特格勒、巴特巴。鄂齐尔图有子三人，其三子即伊拉古克三呼图克图，"后皆绝嗣"④。至于阿巴赖诺颜，"阿巴赖裔为准噶尔所掠，故不著"⑤，其后裔无考。从顺治四年（1647年）

---

① [清] 祁韵士：《皇朝藩部要略》卷九《厄鲁特要略一》。
② [清] 杨应琚：《西宁府新志》卷二十《武备·青海》，青海人民出版社1988年版，第528页。
③ [清] 魏源：《圣武记》卷三《外藩·雍正两征厄鲁特记》（上），中华书局1984年版，第141~142页。
④ 《清史稿》卷五二〇《藩部三》，中华书局1977年版。
⑤ 《清史稿》卷五二〇《藩部三》，中华书局1977年版。

起鄂齐尔图向清廷贡使不绝。康熙十六年（1677年）噶尔丹娶鄂齐尔图孙女（《圣武记》卷三称，娶鄂齐尔图之女），旋"以兵袭西套，戕鄂齐尔图，破其部"①。西套溃散，或被虏归伊犁，或逃迁西藏。和罗理率族属避居大草滩，有庐帐万余。经五世达赖代为请之于清廷，康熙二十五年（1686年）诏许游牧于甘州东北之龙首山，蒙古谓之阿拉山，即古贺兰山阴面，"自是和罗理属始定牧阿拉善"②。康熙三十六年（1697年）清朝在该部设旗编佐领，封和罗理为多罗贝勒，"是为阿拉善旗之祖"③。康熙四十六年（1707年）和罗理卒，其子阿宝袭职。阿宝幼居北京，为御前侍卫，康熙四十三年（1704年）娶和硕格格为妻，授和硕额驸，雍正元年（1723年）晋封多罗郡王。阿宝之孙罗卜藏多尔济时，晋封和硕亲王。

对于上述诸情况，《圣武记》卷三总括性地说："国初厄鲁特种类繁盛，分牧套西者谓之套夷，驻牧青海者谓之西海诸台吉，其驻牧天山北路者谓之北厄鲁特，各有部长。当青海盛时，并属于固始汗。"④当固始汗在位时，号令所及达于西套和天山北路，也即《皇朝藩部要略》卷九所说的"是时和硕特顾实汗最强，为四卫拉特之首"。尔后，北厄鲁特"自取侮亡"⑤。固始汗十子及其后裔，分驻西藏、青海、套西，连同青海境内绰罗斯、土尔扈特、杜尔伯特、辉特等部，共约有众二十万人以上。

---

① 《清史稿》卷五二〇《藩部三》，中华书局1977年版。
② 《清史稿》卷五二〇《藩部三》，中华书局1977年版。
③ 《清史稿》卷五二〇《藩部三》，中华书局1977年版。
④ ［清］魏源：《圣武记》卷三《外藩·国朝抚绥西藏记三》（上），中华书局1984年版，第112页。
⑤ 《清史稿》卷五二〇《藩部三》，中华书局1977年版。

第三章　清朝前期中期

（二）青海和硕特部游牧封地和社会组织

游牧在青海草原上的"西海诸台吉"，以固始汗的诸子诸孙为主，建立起各自的世袭领地。世袭领地是明清时期厄鲁特社会中的一种所有制形式。当时厄鲁特各部属于以地缘为主的社会，每个部落由一定的牧地和一定的部众组成，这些牧地和部众受各部大封建主的支配。成为封建主的世代相沿的属民——阿勒巴图（其人身隶属于领主，不许逃亡），每块牧地连同牧地上的阿勒巴图是同属于某一个贵族的。这些台吉贵族们不仅终生占有他们，还可将其作为私产（斡木齐）分封给子孙或者赠与别人，或者以妆奁形式陪嫁。这些世袭贵族被称为"拥有封地的大诺颜"。大诺颜们对自己的世袭封地拥有绝对支配权。从牧民这个生产者组成的社会经济组织看，所有牧民都必须加入一定地区内的"鄂托克"。鄂托克是15世纪以后形成发展起来的（类似千户），受领主贵族的役使和保护，并承担赋役。每一鄂托克的社会基层由若干"爱玛克"组成。爱玛克以有血统关系的若干"阿寅勒"组成。阿寅勒为小家庭构成的放牧圈子。阿寅勒的管理组织，并非氏族制度，但保留着氏族制度遗习，公推一位年长者担任首领。同族阿寅勒集团，称爱玛克，它属于近亲家族的组合。每一鄂托克所领爱玛克数目是不平衡的，有时一鄂托克包括数个爱玛克，有时则只有一个或两个。若干个鄂托克组成一个大的部落集团，称"兀鲁思"（类似万户）。

和硕特汗或大诺颜台吉的游牧封地叫兀鲁思，一般台吉的游牧封地叫鄂托克。

青海和硕特台吉们的封地是逐步形成的，当明末清初和硕特蒙古征服青海之初，他们游牧在托里地区，托里即青海湖南侧，黄河沿岸的托里达巴罕、托里布拉克以及洮河发源处邻近西倾山

-129-

一带。《大清一统志》卷三五"托里岭"条载，"在洮州卫边外，洮河发源处，即西倾山之脊"。对此，《安多政教史》载：固始汗子孙当初一直在黄河沿岸的托里地区定居，被称为卫拉特的巴伦噶尔（右翼）。清代蒙古文史籍《成吉思汗之青史》也有相同记载："固始汗长子（孙）达赖汗及其子拉藏汗为图白忒汗，其他儿子驻牧在黄河岸的托里地方……以巴伦噶尔厄鲁特蒙古著称。"①以后逐步占有青海湖四周牧地。

初时，托里地区在名义上属固始汗第六子多尔济达赖巴图尔管理，他具有达赖珲台吉头衔，是位总管王。其他诸台吉尚未立即形成世袭领地，这是属于初期创业时的情况。据《噶旺书》记载，固始汗长子达延虽被任命为西藏之大诺颜，但没有分给斡木齐，而是把斡木齐全交给了多尔济管理，多尔济又分给了其他应该分得斡木齐的人，这就是说，多尔济以分斡木齐的形式分配了原来的阿勒巴图和新得到的牧地，才正式成了和硕特固始汗诸子的世袭领地。

固始汗诸子游牧封地的具体位置和范围，目前尚不很清楚。日人佐藤长虽然对此曾经进行过专门考证，②但他所利用的资料都是雍正、乾隆时和硕特诸旗的历史材料，所以其结论是不大可靠的。《蒙古游牧记》卷十二所载分作左右两翼，也仅是粗略状况。总之，和硕特台吉们在青海湖四周牧地上形成一些兀鲁思，并随着他们子孙世袭分成了许多块世袭领地的情况，到雍正初年方才基本固定下来。雍正三年划编蒙旗时就是基本上依据当时各自驻牧地区划编成和硕特部二十一旗和其他部八旗的。

① 《成吉思汗之青史》，内蒙古图书馆蒙古文抄本。
② [日]佐藤长：《近世青海诸部落的起源》（上、下），《东洋史研究》32~1，33~3。

第三章 清朝前期中期

从顺治末年到康熙时期，和硕特台吉们的牧地并非一成不变，而是处于缓慢变动之中。逐优良水草而居，本是游牧经济的特征之一。依现有材料得知下述情况：固始汗第五子伊勒都齐一支，原游牧于今青海湖以北地区，顺治年间，由于部众增多，牛羊孳生，牧场不敷使用。从顺治九年（1652年）开始，在伊勒都齐之子博硕克图济农（察罕丹津之父）的率领下，逐步向东南迁移，经过恰卜恰，渡黄河，入河曲，经今贵德、同德、到达同仁、泽库，历二十三年，约于康熙十四年（1675年）到达今河南县一带，①成为河曲地区蒙古诸部首领，管辖卓尼、迭部等地，并管辖土默特火落赤部遗裔。后来在雍正三年编为前首旗时，该火落赤部遗裔约1 000户编为博硕切佐领。又，固始汗幼子札什巴图尔一支，在康熙三十年前曾驻牧于康区打箭炉地方，以后北移，游牧于今海南州兴海县、共和县一带。又，固始汗长子达延一支，游牧于今海晏县一带。第六子多尔济一支游牧于青海湖南柴集河一带。第二子鄂木布一支游牧于柴达木盆地东部，等等。因为海北一带水草较丰，紧依祁连山，邻近大草滩，密迩甘凉，不少部落在此游牧，以致康熙一朝在这里与清朝将吏多次发生冲突。

在上述世袭封地上有自成体系的一套社会组织和制度，台吉贵族们凭借这套组织和制度维持着对封地的管理。兀鲁思的统治者们分成大诺颜（汗或洪台吉）、诺颜（具有岱青、墨尔根等名号）、小诺颜（小台吉）、塔卜囊、执政四大臣，得木齐以及恰卜等。大诺颜是兀鲁思之长，除对汗王履行封建义务外，对下属鄂

---

① 参见曲又新：《蒙古和硕特部青海黄河南前首旗亲王世系述略》，载《青海民族学院学报》1984年第1期。

-131-

托克进行较独立的统治。执政四大臣、得木齐等是辅佐大诺颜统治兀鲁思的。据《皇舆西域图志》卷二六，图什墨勒"参决政事之臣，枢管机务之要职，凡各鄂托克之政事经宰桑办理，以告图什墨尔，详悉定议上告台吉，然后施行，其员缺有四"。四员图什默勒即"执政四大臣"，通过宰桑①们管理鄂托克。得木齐"内则佐台吉办理家务，外则抽收牧厂税务、差派"，其职务类似管家，总之是管理庶务的。另有苏朗噶，收征赋税。鄂托克的长官是宰桑、和硕齐等执政官员，在他们下面还有四十户长、收楞格和二十户长、十户长和阿寅勒之长。"恰"是护卫，他们是汗、大诺颜的护卫军。青海和硕特游牧封地上的统治制度与厄鲁特其他部的情形大体一致。封地上的大小封建领主依据封建法典《卫拉特法典》②，对广大阿勒巴图属民进行严密统治。诸如：

阿勒巴图们必须固定在一定的鄂托克中，不得擅自离开其主人，否则以"逃人"处治。《卫拉特法典》（以下简称《法典》）第六条规定："如有逃人来投，没收其财产的一半，然后送往原处。"第九十条规定："如杀来投的逃人，罚五九；如送回，给箭囊和马匹；如执送逃人，给他逃人财产的一半。"

应向兀鲁思和鄂托克的统治者尽军事义务。《法典》第十一条："如发生骚动，必须到诺颜处聚合。"第十条："如谁发现

---

① 宰桑，明代蒙古官号，源自汉语"宰相"，绝大多数出身于非成吉思汗家族的封建领主，属"赛特"之列。达延汗时防止赛特专权，巩固汗位，一度废止太师、宰桑等官职及其领地，将其降为大汗和诸王台吉之僚属，只有在厄鲁特，仍保留其封建领主地位。

② 《卫拉特法典》，亦称《1640年蒙古卫拉特法典》《厄鲁特法典》，音译作"察津毕其格"。1640年以札萨克图汗及巴图尔珲台吉和固始汗为首的喀尔喀和卫拉特封建主四十四人在会盟时制定的法典。

第三章 清朝前期中期

敌人而不上报,则要处死他;如发现强盗而不上报,则没收他畜群的一半。"

必须向诺颜、台吉交纳贡赋,包括汤羊和其他必需品。《法典》第二十五条:"如断送大诺颜的汤羊,则罚九九;断送执政诺颜、塔布囊的汤羊,则罚一九;断送小诺颜的汤羊,则罚马匹。"第四十一条:"每四十户每年要制作胸甲二件,不制作者罚马匹、骆驼各一。"

阿勒巴图们必须提供差役(乌尔顿),承担徭役。违犯者罚牲畜九九。

如此等等。

蒙古人家庭实行父系家长制,父亲为一家之长,对生产和生活资料拥有绝对支配权。儿子成人,另立门户,分些财产与之。女儿有陪嫁品,无继承权。习惯上父母或寡母与幼子同住。婚姻上实行氏族外婚和部落内婚,以男系血统计算,女系有血统关系者不计辈分,姑和侄女可同嫁一人。丈夫死后,弟可纳嫂,子也可纳庶母,翁也可收儿媳,旨在使家庭财产不分散于他人之手。阿勒巴图在处理家庭事务或者结婚或者析居分产等,都应得到领主同意,等等。

(三)青海和硕特蒙古的政治管理体系

青海和硕特蒙古的游牧封地是封建小公国,是封建领主制度。和硕特汗廷和"八台吉"在青海的行政管理体系主要为会盟(丘尔干)制度和总管王(珲台吉)。

1. 会盟(丘尔干)制度

原在16世纪和17世纪初,厄鲁特各部都是比较独立的游牧封建部落,尚未形成凌驾于各部之上的王权。在这种情况下,会盟(丘尔干)制度便是各部封建主定期会商军国事务的机构。和硕特南迁以后，虽然已产生了汗廷，但在世袭封地制度的基础上不容有高度的集权，所以仍沿袭厄鲁特会盟制度。以秋天的"祭海"（祭祀青海湖神）时间为会盟日期。有事则通知举行会盟，诸台吉都有义务参加。对此，《清实录》提供了这方面的重要材料，如：

康熙三十五年八月甲申朔，"先是，上命员外二郎保赍敕往谕青海诸台吉。"至是，二郎保奏言："臣至青海之察罕托罗海地方，以部发印文示达赖喇嘛所遣管理青海事善巴陵堪布，又告以击败噶尔丹之事。堪布言：'此事大，我不得独主其议。俟青海诸台吉同来会盟，定议再复'。七月初八日，札什巴图尔等三十一台吉俱到盟所，以檄文授之。"①

会盟是封建主会议。固定盟所是察罕托罗海（白头山），在西宁边外一百三十里，②位于青海湖之东。会盟的参与者主要是和硕特八台吉，八台吉中以"珲台吉"（也称洪台吉，即总管王）为首领，总理一切军政事务。他对上拥戴和硕特汗，对下管辖左右两翼台吉们的封地。

和硕特八台吉的成员，指除固始汗长子和四子以外的其他八子，即《钦定蒙古回部王公表传》卷八一所说的"余八子皆居青海，故其裔称和硕特八台吉"。这就是说，固始汗的八个儿子父子相袭，组成了青海封建领主会议。关于八台吉是青海会盟的组成成员，在当时是青藏高原各部尽人皆知的。例如，据《清圣祖实录》，康熙三十六年二月西藏第巴桑结嘉措奏言，"青海八台吉俱达赖喇嘛弟子，但愿为皇上效力，并无二心"③。这个八台

---

① 《清圣祖实录》卷一七五，康熙三十五年八月甲申。
② 《大清一统志》卷三五〇《青海厄鲁特》。
③ 《清圣祖实录》卷一八〇，康熙三十六年二月己丑。

第三章　清朝前期中期

吉制度是与和硕特对青海的统治相始终的。如康熙三十七年（1698年）正月清廷封札什巴图尔为亲王时，对他"兄弟八人，咸赐爵禄"①，一荣俱荣，不能有偏，这是考虑到他们的八台吉制度的。至雍正二年（1724年）罗卜藏丹津失败后，八台吉制度终止。

2. 总管王（珲台吉）

珲台吉是青海八台吉的首领，也称总管王。青海是和硕特汗的根据地，所以八台吉的首领珲台吉在汗廷中具有副王的地位。担任过这一职务的先后有三人，他们是多尔济达赖巴图尔、札什巴图尔和罗卜藏丹津。据《中甸县志资料汇编》（五）载，康熙三十年、康熙三十二年一月二十四日，从拉萨发往中甸的公文就是盖巴图尔洪台吉蒙文红印的。又载，康熙四十七年发给中甸土司松杰的执照，载明公文发自青海湖边。说明总管王也向远在中甸等属地发布公文。②

固始汗在世时，六子多尔济即达赖巴图尔曾以汗廷代表身份与清朝打交道。如：顺治二年"顾实汗子多尔济达赖巴图鲁台吉来请安"③，顺治三年三月"多尔济达赖巴图鲁……来贡驼马"④等。又《蒙古游牧记》所载，固始汗"遣长子辖其众，以达赖巴图佐之"，即指由多尔济统领青海，辅佐汗廷之事。五世达赖曾赐给多尔济"达赖洪台吉"名号，也即是由他担任总管王以统领

---

① ［清］杨应琚：《西宁府新志》卷三十二《艺文·御制平定青海告成太学碑》，青海人民出版社1988年版，第841页。

② 瑟格·苏郎甲楚等辑录译注：《中甸县志资料汇编》（五），中甸县志编委会办公室1991年10月，第12~13页。

③《清世祖实录》卷二二，顺治二年十二月壬辰。

④《清世祖实录》卷二五，顺治三年三月己卯。

-135-

青海部众。当时协助多尔济统领青海左右两翼的是固始汗次子鄂木布。他具有车臣岱青名号。据《清实录》载，顺治六年时，和硕特贵族协助清军剿平甘州丁国栋、米喇印反清力量后，当年九月，"赐厄鲁特部落鄂木布车臣戴青，为土谢图巴图鲁戴青"①。可见，鄂木布在顺治六年以前已经具有"岱青"名号。再如，固始汗逝世后，青海部落与清军发生过多次冲突，清廷即诏谕多尔济和鄂木布二人处理，令其约束部落。如《清实录》载，顺治十三年八月壬辰上谕二人，"分疆别界，各有定制"，要求约束部落，"照旧分定耕牧，毋得越境混扰"，详加察核贸易隘口。清廷明确承认和硕特台吉们对当地"番夷"各族的"管辖权限"②。康熙十四年四月乙卯，"遣使往谕达赖台吉约束部落，毋为边患"③。康熙十三年后吴三桂掀起叛乱，亟欲联络青海，也"馈遗达赖台吉等，交相连接"④。蒙文古籍《咱雅传》谈到青海台吉时用如下说法，"以达赖为首的大小诺颜"。多尔济达赖洪台吉后裔的西前旗（始封人为多尔济之子策旺喇布坦），俗称"青海王"旗，凡此种种都说明多尔济达赖洪台吉是总管王。当时他对内约束诸部落，对外代表八台吉同各方交涉。康熙十六年（1677年）鄂木布车臣岱青去世，康熙二十九年（1690年）多尔济达赖洪台吉去世。

康熙二十九年多尔济去世时，固始汗诸子中在世的只有幼子札什巴图尔一人了，无疑在资格地位等方面他都居诸台吉之首，继达赖洪台吉总管青海的非他莫属。历史事实也正是如此。据

---

① 《清世祖实录》卷四六，顺治六年九月壬辰。
② 《清世祖实录》卷一〇三，顺治十三年八月壬辰。
③ 《清圣祖实录》卷五四，康熙十四年四月乙卯。
④ 《清圣祖实录》卷七三，康熙十七年四月乙未。

第三章 清朝前期中期

说,他与五世班禅关系密切,康熙十三年(1674年)、康熙十九年(1680年)、康熙二十九年(1690年)他曾几次亲自朝拜扎什伦布寺,①他又从五世达赖处得到"总管王"称号。②

可见,他曾得到过达赖、班禅的眷顾。《清实录》中从康熙三十五年(1696年)开始对扎什巴图尔的记述比较详细,前文所引的康熙三十五年二郎保奏言七月初八日青海会盟便是其例之一。当时扎什巴图尔在察罕托罗亥招集三十一家台吉会盟,商讨如何对待清廷诏谕问题。康熙三十七年(1699年)正月清廷封扎什巴图尔为亲王,当时议政大臣等题呈:"厄鲁特扎什巴图尔台吉,乃青海台吉之统领。"③这是封授他"亲王"爵位的原因,也是对其原"总管王"地位的再肯定。

扎什巴图尔于康熙五十三年(1714年)去世。两年后,康熙五十五年(1716年)其子罗卜藏丹津被清廷封授亲王。在康熙帝给理藩院谕旨中,封他为亲王的理由是"伊(扎什巴图尔)子罗卜藏丹津人材亦优,著封为亲王"④。他是继承扎什巴图尔统领青海诸部的总管王。正因如此,在雍正元年(1723年)五月罗卜藏丹津召集会盟时,才会"勒令众等呼他达赖珲台吉"。

通过对三位总管王及其主要活动的叙述可见,总管王的主要职权并非专制裁决各种事务,而是召集和主持诸台吉会盟,处理部内重大事务,对外代表八家台吉进行交涉,如建立军事政治联

---

① [意] 伯戴克:《十八世纪西藏历史注释》,见 [日] 佐藤长《近世青海诸部落的起源》,《东洋史研究》32~1、32~3。

② 智观巴·贡却乎丹巴绕吉著,吴均、毛继祖、马世林译:《安多政教史》,甘肃人民出版社1989年版。

③ 《清圣祖实录》卷一八七,康熙三十七年正月辛巳。

④ 《清圣祖实录》卷二七〇,康熙五十五年十二月己卯。

盟和划分疆界等等。

（四）左右两翼的划分

青海蒙古诸台吉的牧地，在管理体系上划分为左右两翼。左右翼的划分界线前已述之，以东科尔寺为支点，向西北延伸，经过日月山，青海湖东北岸、北岸，到布隆吉尔河为一直线，线以北为左翼，线以南为右翼。

1. 划分二翼时间

据《蒙古游牧记》卷十二，划分二翼似乎是固始汗在世时所为，没有载明具体年份。据《大清一统志》，划分二翼是在顺治十年固始汗接受清廷封汗以后。该书卷三五〇说："诏封遵文行义敏慧顾实汗，后自分其为左右二境。部落散处其间，谓之西海诸台吉。"再查藏文史料，"自分其地"不是指固始汗本人，而是更在其后。《安多政教史》说，固始汗去世后，达赖喇嘛"为顾实汗做超度法事，与达延汗兄弟亲戚等建立情谊……并嘱咐他们严守汉蒙分界"。当他们兄弟争扰牧地时，"达赖喇嘛派哲蚌寺郭莽札仓的成勒伦珠来青海，在达讷寺附近的祖达克乡的徐夏巴东河口召集诸台吉会议，划分牧地，分为左右二翼，使地方安宁"。松巴·益西班觉的《青海史》中也有类似记载。因之可以断定，青海分成左右二翼应该是在固始汗去世之后，汉文史籍中说的"自分其地"，显然是指没有经过清朝允准而该部自行处置的意思。

划分左右二翼的具体时间大约在康熙初年。上引《安多政教史》，达赖喇嘛嘱咐青海台吉们"严守汉蒙分界"和防止台吉们纷争，是派成勒伦珠活佛前来青海划分疆界的主要原因。又查《清实录》的记载，固始汗去世后不久，青海蒙古多次阑入河州、临洮、凉州边内，以至顺治十三年（1656年）八月清廷指责他们

第三章　清朝前期中期

"频犯内地，劫夺马牛，拒敌官兵"，应该"照旧分定耕牧，毋得越境混扰"①。顺治十五年（1658年）十二月清廷再次指责他们"侵犯内地，掠夺牛马，抗拒官军，迫胁番人"。派遣兵部侍郎石图等前来，勘明双方分境线和贸易市口以及对番人的取贡权，"著从西宁地方镇海堡，北川②二口、洪水③一口出入。不得任意往来，取道他处"④。又据《皇朝藩部要略》卷九，到康熙四年（1665年）原蒙古"海部"遗裔和青海蒙古"复相继徙近边"，入据大草滩，游击王进宝击之，即世传"定羌庙之捷"。经达赖喇嘛传谕诸台吉勿扰内地，"蒙古悉徙去"。再查《清实录》，康熙六年（1667年）冬十月，总兵官孙思克报称："上年差往西藏之喇嘛回称，达赖喇嘛遵旨传谕各台吉，申饬不许生事。各台吉俱遵奉朝廷敕谕，真心向化"。⑤等等。据此可知，达赖喇嘛派成勒伦珠来青海划分各台吉牧地和划分二翼，不应在顺治年间，而应在康熙四年至五年，即1665年至1666年。

2. 左右翼长

左翼右翼各有翼长，左翼长开始由达延汗子孙担任。据《皇朝藩部要略》卷十，康熙五十年封噶尔丹达什为辅国公，他是"鄂齐尔图汗裔，鄂齐尔图为顾实汗长嗣，世领青海左翼及唐古特众"。达延鄂齐尔汗一直居住西藏，"世领青海左翼"的不应是他本人，而是他的子孙。康熙五十年时噶尔丹达什担任左翼长，他是垂库尔之子、多尔济（达延汗次子）之孙、达延汗之曾

---

① 《清世祖实录》卷一〇三，顺治十三年八月壬辰。
② 北川，指西宁以北八十里之新城堡。
③ 洪水，即洪水堡，在大草滩之口，在甘州东南一百五十里。
④ 《清世祖实录》卷一二二，顺治十五年十二月乙丑。
⑤ 《清圣祖实录》卷二四，康熙六年十月丙申。

孙。也许前代左翼长是多尔济父子。到康熙五十五年（1716年）时，清朝任命固始汗第四子达兰泰之孙额尔德尼厄尔克托克托鼐"管理（青海）左翼事务"①，他是康熙末、雍正初和硕特蒙古中的实力人物之一。

右翼长一直由固始汗第六子多尔济及其子孙担任。《蒙古游牧记》卷十二载："郡王策旺拉布坦从子达颜，祖多尔济，父萨楚墨尔根台吉，相继为青海右翼长。"《皇朝藩部要略》卷十也载，康熙四十二年"诏封和硕特台吉策旺拉布坦为多罗郡王，……策旺拉布坦者，达赖巴图尔子，萨楚墨尔根台吉弟也。时为右翼长"。康熙五十五年时，清朝任命"罗卜藏丹津、察罕丹津、达颜管理右翼事务"②后，方有所改变。罗卜藏丹津和察罕丹津均是当时和硕特蒙古中的实力人物。此后为时不久，到雍正初年青海就设置蒙旗了。

3. 翼长的职责

从翼长产生的背景和"八台吉"制度的存在来分析，翼长只是管理境内诸部的牧场和其他日常事务以及解决有关纠纷等事宜，如有重大事情，须经会盟处理。

此外，达赖喇嘛也派一名官员会同八台吉管理青海。例如：达延汗在位时，达赖喇嘛派成勒伦珠来青海，协助诸台吉划分牧场；康熙年间札什巴图尔时期，有过一位"所遣管理青海"的善巴陵堪布等等。关于他们的具体活动和作用，依目前所掌握的史料，尚不能说得更加清楚。

质言之，青海和硕特蒙古的管理体系可示意如后：

---

① 《清圣祖实录》卷二六八，康熙五十五年闰三月己卯。
② 《清圣祖实录》卷二六八，康熙五十五年闰三月己卯。

第三章 清朝前期中期

和硕特汗廷——总管王(珲台吉)——八台吉——左右二翼长——各部台吉。

(五)对"番夷"各族的管辖和"取贡"

这里说的带引号的"番夷",主要指藏族和其他一些少数民族,如"黄番"等。在和硕特汗国的"封圻"内,除蒙古人以外,还有藏族等其他民族的部落。这些部落受和硕特贵族的管辖,也按照牧业区经济、政治的传统,交纳贡税。从和硕特台吉这一方面说,具有"取贡权"。顺治十三年八月谕达赖巴图尔等,"倘番夷在故明时原属蒙古纳贡者,即归蒙古管辖"。① 《皇朝藩部要略》卷九也有相同记载,"番众等旧纳贡蒙古者,听尔辖"。"其白塔、贵德、郭密、拉科及玉树纳克书远近各番,俱属青海分辖,岁纳添巴,居杂诸羌,密迩甘凉"② 等等。

这种"纳贡"的番众,除在青海牧区居住的部落以外,也包括庄浪卫属的和凉州卫属的以及今甘南的不少地方与喀木地方。如,康熙四十七年达赖洪台吉(多尔济第三子)签发给朵康六岗僧俗官员之公文,重申对各大寺之善事财物及僧众茶薪等布施办法。康熙四十八年和硕特右翼首领签发给建塘(中甸)宗本之公文,应松氏土司要求,决定免派宗官,并指明今后贡纳办法。康熙四十九年和硕特亲王札什巴图尔签发给建塘土司松杰之公文,规定新开垦田,免征赋税③等。这都可说明,和硕特蒙古台吉对喀木(包括中甸等地)行使着统治权和取贡权。又如庄浪卫属地

---

① 《清世祖实录》卷一〇三,顺治十三年八月壬辰。
② [清]杨应琚:《西宁府新志》卷二十《武备·青海》,青海人民出版社1988年版,第528页。
③ 上引公文均用藏文书写,盖蒙文红印。见瑟格·苏郎甲楚等辑录译注:《中甸县志资料汇编》(五),中甸县志编委会办公室1991年10月,第13页。

方，包括今甘肃天祝等地。正因为天祝等地邻近大草滩，而大草滩是清朝派兵驻守的地方，才发生了多次清朝官兵与和硕特台吉的冲突事件，才有了上文所引述的顺治十五年所定的：和硕特台吉入边贸易或向属番取贡，"著从……镇海堡、北川二口、洪水一口出入"。又如，喀木地方，《清世宗实录》卷二〇有如下记载，固始汗"以青海地面宽大，可以牧养牲畜，喀木地方，人众粮多，遂将伊子孙分居此二处，伊则在青海游牧居住。喀木地方，为伊等纳贡"。[①]《圣武记》卷五说："以青海地广，令子孙游牧，而喀木输其赋。"在其他史籍中，类似记载可举多种，不赘。一个政权，对其属部属民"取贡"，本属历史上的正常现象，也是政治统治权存在的体现。反之，如果说一个政权对属部属民不"取贡"、不征税，则倒是不符合历史真实了。

当时左右翼蒙古台吉取贡的地理范围，大要说来如下：居住在青海湖东、北及西部的诸台吉，主要是左翼诸部，取贡于今青海北部和沿祁连山一带的藏族等部落。如顺治十五年十二月清廷谕鄂木布车臣岱青等，"今后边内番人，原系纳贡于尔（青海诸台吉）者，仍听尔属。尔等向属番取贡，当酌定人数，路由正口，先委头目，禀明守口各官，方行入边取贡。毋得不委头目、不由正口、零星阑入。"[②]所云"正口"，即规定的出入路线。右翼蒙古，居住在青海湖南、东南和河曲等地，他们向喀木地区和玉树及今甘南等地取贡。如"玉树纳书克远近各番，俱属青海分辖，岁纳添巴"[③]。至于郭密、贵德诸番部，也纳贡于右翼蒙古。

---

① 《清世宗实录》卷二〇，雍正二年五月戊辰。
② 《清世祖实录》卷一二二，顺治十五年十二月乙丑。
③ [清] 杨应琚：《西宁府新志》卷二十《武备·青海》，青海人民出版社1988年版，第528页。

右翼中有一些有权势的实力人物,指定某地为自己的辖地,向那里属部取贡。如《卫藏通志》卷十五说:"里塘……曾隶青海岱庆(岱青)和硕气(和硕齐)部属。"岱青和硕齐即察罕丹津,里塘曾经为他的属地,等等。

当时所纳"贡赋",史书上也称作"添巴"。《清世宗实录》说,番部"终为青海所逼,私馈皮币曰手信,岁时加馈曰添巴"[①]。"交纳租税,惟知有蒙古,而不知有(清朝的)厅、卫、营、伍官员"[②]。添巴,是岁时交纳的,也可称作"什一之税"。"添巴"与"香粮"不同,在史籍中对此二者的记载是有区别的。"香粮"指对寺院的捐纳布施,"添巴"则属于"贡赋"。虽然寺院所属部落对寺院既交纳"添巴",又捐纳"香粮",但两者的性质是有区别的。如《西宁府新志》谈到塔尔寺等藏传佛教寺院时说:"宁属喇嘛咸有印敕,以本家弟子为徒,公然世袭,役使诸番,供其衣食。奢华靡丽,称为官府。连结青海(蒙古),欺凌贫民"。"而番族外属青海蒙古,内隶各寺喇嘛,岁纳添巴与香粮"。[③]把添巴和香粮分别叙述。总之,前者属"贡赋"性质,后者有布施意味,虽然也属于不捐纳是不行的。

和硕特蒙古贵族与格鲁派宗教集团上层建立了政治和宗教的双重密切关系,共同组成统治网,以政教联合的形式维持着和硕特汗国的统治。上文所引的"番族外属青海蒙古,内隶各寺喇嘛",就是对这种状况的最好说明。

据藏文《青海史》记载,固始汗第六子多尔济以武力征服了

---

① 《清世宗实录》卷二〇,雍正二年五月戊辰。
② 《清世宗实录》卷二〇,雍正二年五月戊辰。
③ [清]杨应琚:《西宁府新志》卷三十一《纲领》(下),青海人民出版社1988年版,第816~817页。

安多藏族聚居地区以后，曾将一大批属民拨给郭隆寺（后名佑宁寺）。在此之前，明崇祯时固始汗消灭却图汗以后，向二世察罕诺们汗罗哲嘉措敬献了一大批礼物，并把捏工（热贡）一带地方献给他作福田，①这是以后白佛旗属民中有不少藏族的历史渊源。再如，拉卜楞寺是察罕丹津作为根本施主而修建的，该寺于康熙五十年（1711年）基本落成以后，察罕丹津向该寺奉献了泽雄、巴雄、然木多等部落共500户作为寺院属民。②在和硕特河南亲王的支持下，拉卜楞寺的势力范围，从大夏河流域逐步扩大及甘、青、川等地，以至后来属寺达108座，有"卫藏尼哇"之称，③等等。藏传佛教寺院得到大量土地和属民，进一步巩固了寺院的政教合一统治体制。

藏族各部落向和硕特台吉们缴纳"添巴"和向宗教寺院既缴纳添巴又缴纳香粮，其负担数额和占牧民收入的比例，缺乏具体的数量统计。不过《西宁府新志》卷十六《田赋》给留下一条概括性材料，可资参考。该志说："该番族从前交纳钱粮，虽与苦苦脑儿人（指青海蒙古——引者）等纳差，因并无定数，任其增减，索取无休，以致众心不服。"④谨笔之于此，以待进一步研究。

(六) 管理多巴市场

蒙古族群众基本生业是牧业生产，牧业经济有赖于同农业区的物资交流或互市贸易，方能满足其物质生活需要。清朝初期除

---

① ［日］若松宽：《察罕诺们汗的密迹》，《人文》杂志32，1979年。
② 《河南蒙古族自治县概况》，青海人民出版社1985年版，第42页。
③ 《拉卜楞寺概况》，载《甘南文史资料选辑》第一辑，1982年。
④ ［清］杨应琚：《西宁府新志》卷十六《田赋·塞外番贡》，青海人民出版社1988年版，第406页。

第三章 清朝前期中期

在"洪水开市"（康熙八年总兵官张勇为筹皮马之利，开市洪水。洪水在甘州东南150里）以外，青海的蒙古部众主要通过多巴和白塔儿两处市场进行物资交流活动。

1. 多巴

在西宁卫城西五十里镇海堡西北五里。"镇海营，茶马互市之通衢也。……盖青海西川、大通有夷驻牧，以是为西宁门户焉。款于斯，战于斯，所有来矣。"①西川水峡和大通等地，有蒙古驻牧。明时镇海为茶马互市之地，清初将互市地点移在多巴。"多巴，今之夷厂也，在湟河之西，其地名不著于昔，盖新创也。居然大市。土屋比连，其廛居逐末，则黑番也。出而贸易，则西宁习番语之人也。驮载往来，则极西之回与夷也。居货为贾，则大通河、西海之部落也。司市持平则宰僧也，至于那颜独无之。多巴岂非内地，而顾为夷之垄断哉！"②夷，此处指蒙古。宰僧即宰桑，管理市场者即"司市持平"。驮载往来者有蒙古人，居货为贾者有蒙古人，从事着商业活动。而"司市持平"，当然要征税。"达赖所部宰僧一，麦力干之所部宰僧一，皆居多巴。"③麦力干系卜儿孩之孙，原驻牧大通河流域。

2. 白塔儿

在西宁卫城西北九十华里、北川营之口外，该地有塔，白灰垩之，故名白塔儿。"山环地衍，其土沃润，其道西夷错杂。厥

---

① ［清］梁份著，赵盛世等校注：《秦边纪略》卷一《西宁卫·西宁边堡》，青海人民出版社1987年版，第67页。
② ［清］梁份著，赵盛世等校注：《秦边纪略》卷一《西宁卫·西宁边堡》，青海人民出版社1987年版，第68~69页。
③ ［清］梁份著，赵盛世等校注：《秦边纪略》卷一《西宁卫·西宁边堡》，青海人民出版社1987年版，第68~69页。

革：貂鼠、白狼、艾叶豹、猞猁狲、元狐、沙狐、牛皮、鹿、麋、羊羔。厥货：镔铁、金刚钻、球琳、琅玕、琐幅、五花毯、撒黑剌、阿魏、哈剌、苦术、绿葡萄、琐琐葡萄。厥牧：马、骆驼、犏牛、牦牛、羱羊、羱羊。厥居：土屋、平房、木几榻。厥人：则汉、回错杂，各为村落。弓矢佩刀，未尝去身。厥贡：则输之于夷，夷亦菠以宰僧，麦、粟、力役之征，如民牧焉。四方之夷，往来如织。以旧市于北川，今近于多巴。惟白塔儿为道主也。"①从上述可见，白塔儿市场上货物纷呈，有各种珍贵动物皮革，有各种金属玉器药材，有各种毛毯、绒毯，有各种牲畜，等等。熙熙攘攘，往来如织，蒙古宰桑管理市场，征收粮食和力役之征。总之，青海的蒙古部众通过市场经营商业，以有易无，互补不足。

二、由外藩而内属

青海蒙古与清朝的关系，是伴随着整个中国大地上的政治形势，尤其是诸部蒙古的政治形势而有所变化的，并不是孤立的行动。当清崇德元年（1636年）漠南蒙古臣属于清②的同年，漠北喀尔喀蒙古及和硕特固始汗与盛京通贡使，不绝于途。当顺治十年（1653年）漠北蒙古土谢图汗部的本塔尔及其弟等人率千余户投附清朝，受封亲王的同年，固始汗接受清廷封汗，成为外藩的"庶邦君长"。尔后，康熙二十七年（1688年）准噶尔部噶尔丹攻击喀尔喀，喀尔喀三汗被迫南奔，投靠清朝。康熙三十年（1691年）对喀尔喀蒙古编审旗分，使成为"清朝的组成部分"③。康

---

① ［清］梁份著，赵盛世等校注：《秦边纪略》卷一《西宁卫·西宁边疆》，青海人民出版社1987年版，第78页。
② 编写组：《蒙古族简史》，内蒙古人民出版社1985年版，第210页。
③ 编写组：《蒙古族简史》，内蒙古人民出版社1985年版，第212页。

第三章　清朝前期中期

熙三十五年(1696年)清军击溃噶尔丹汗军队，喀尔喀蒙古返回原牧地。次年，噶尔丹败亡，清廷宣谕青海。这时札什巴图尔等人入朝京师，受封亲王等爵，"自后青海始为近藩"①，青海蒙古由原来外藩变为近藩。由此可见，青海蒙古对清廷越靠越紧，清廷对其管理也越来越严，由羁縻之而臣属之。这是整个政治形势驱使的，并不是以哪些个人的意志为转移的。

(一) 羁縻关系，游移不定

清初，固始汗与清廷的关系，已如前文所述。从清廷来说，旨在扩展版图，统一全国，对各地各族进行有效统治。在战略部署上依据形势有轻重缓急。入关定鼎之初，忙于在南中国镇压抗清斗争和稳定西陲，对青海蒙古唯事羁縻，"尚仅羁縻也"②。《圣武记》卷三说："本朝开国初，首抚固始汗，以通西藏，兼捍甘、凉、湟、洮诸边。故虽以准夷之猖獗，终不敢越西陲而犯青海"，③即道出了其中道理。

固始汗在世时，与清朝的关系颇为和睦，贡使聘遣不绝，沿边相安无事，各部台吉惟固始汗之命是听。固始汗去世后，在甘凉沿边多次发生不愉快之事，如顺治十三年八月指责青海蒙古"频犯内地"，"地方督抚巡按奏报二十余次"④。顺治十五年十二月，也有类似记载。⑤到康熙初年，在大草滩一带形势有些紧张。"康熙五

---

① [清]魏源：《圣武记》卷三《外藩·国朝绥服蒙古记三》(上)，中华书局1984年版，第111页。

② [清]魏源：《圣武记》卷三《外藩·国朝绥服蒙古记三》(上)，中华书局1984年版，第114页。

③ [清]魏源：《圣武记》卷三《外藩·国朝绥服蒙古记三》(上)，中华书局1984年版，第114页。

④ 《清世祖实录》卷一○三，顺治十三年八月壬辰。

⑤ 《清世祖实录》卷一二二，顺治十五年十二月乙丑。

-147-

年，青海各部峰屯祁连山，纵牧内地大草滩，声言将入寇河州、临洮、巩昌、西宁、凉州诸地。提督张勇请自扁都口、西水关至嘉峪关筑边墙以限内外。"①到了康熙十三年（1674年）夏吴三桂反清事起（三藩之乱），是年冬王辅臣在平凉响应，并攻陷巩昌、临洮等地，西北震动。准噶尔部噶尔丹雄峙西疆，与清廷对抗。漠南蒙古中察哈尔部（林丹汗死于大草滩后，余众数万被清朝安置于义州，其子额哲以传国玺降清，封亲王，位冠四十九旗贝勒之上）传至布尔尼，康熙十四年征其兵不至，且煽动奈曼等部同"叛"，清军镇压，凡六阅月平。②当其他地区一些蒙古部落对清朝的关系是顺从或反抗，是协助清廷镇压"三藩之乱"还是趁机别有所图的时候，青海蒙古中也出现了类似情况，如：康熙十四年四月，"拆毁关隘"，攻洪崖堡（在大草滩边），"袭执官吏"，"永固城副将陈达战没"。③康熙十四年，蒙古"围河州卫城，围攻一月乃去"。④

当清廷对吴三桂等用兵之时，准噶尔部噶尔丹崛起，从北路反清。到康熙十五年秋，清军已戡平陕甘各地，王辅臣投降，形势有了重大变化。康熙十六年发生了噶尔丹袭杀西套鄂齐图汗之事，西套部众散亡，阿宝率众避居大草滩。这时和硕特蒙古感到准噶尔部噶尔丹乃是其大患，需要依附清朝得到保护，"渐为内附之始"⑤，转变了对清朝的游移态度，逐步恢复先前的外藩蒙

---

① [清] 魏源：《圣武记》卷三《外藩·国朝绥服蒙古记三》（上），中华书局1984年版，第111页。

② [清] 魏源：《圣武记》卷三《外藩·国朝绥服蒙古记三》（上），中华书局1984年版，第111页。

③《清圣祖实录》卷五四，康熙十四年四月乙卯。

④ [民国] 慕寿祺：《甘宁青史略》卷十七。兰州俊华印书馆1936年版。

⑤ [清] 魏源：《圣武记》卷三《外藩·国朝绥服蒙古记三》（上），中华书局1984年版，第111页。

第三章 清朝前期中期

古应有的友好贡使关系。

"三藩之乱"于康熙二十年（1681年）冬平息。以后清廷即着力对付准噶尔部，对青海蒙古采取"羁縻""扶植"策略，不使其站到噶尔丹一边。《圣武记》说的"是时，惟准噶尔桀横，而和硕特驯扰，故朝廷惟捍准夷，以扶植和硕特"①，即是对各时段政治形势的概括。

康熙十八年八月，噶尔丹致书驻扎甘州的清朝靖逆将军张勇，寻找借口，想吞并青海，称："西北一带地方皆得之矣（指已兼并新疆境内厄鲁特各部和回部诸城——引者），惟西海向系我祖与伊祖同夺取者，今伊等独据之，欲往索取。"②但鉴于清军有备，且颇强大，噶尔丹一直未敢轻举妄动。清军置戍备兵情况，除在甘州驻扎重兵外，康熙三十三年春修缮黄城尔旧城，同年修缮西宁镇属之西石峡、镇海、拉课等地边墙；同年八月，在西宁镇添火器兵五百名，对镇属北川营、镇海堡、北大通、老鸦堡等营，添设兵丁，等等。其意在一箭双雕。既旨在捍卫青海以防准噶尔，也使青海蒙古有所威慑，不敢妄动。当康熙二十七年（1688年）噶尔丹率劲骑三万攻击喀尔喀蒙古，并欲并吞其之时，双方都遣使青海，请求助兵。多尔济达赖珲台吉将此事呈报达赖喇嘛，达赖劝青海台吉不要偏助，不令出兵，并通知札什巴图尔领兵驻防打箭炉地方作为西藏防御之用。三年后无事，札什巴图尔撤回原牧。③

在此之前，噶尔丹欲吞并青海，又虑清朝驻河西走廊大军断其

---

① ［清］魏源：《圣武记》卷三《外藩·雍正两征厄鲁特记》（上），中华书局1984年版，第139页。
② 《清圣祖实录》卷八三，康熙十八年八月己丑。
③ 《清圣祖实录》卷一五三，康熙三十年九月丁卯。

后，曾"遣密使与（青海）诸台吉议婚，欲使贰中国而归己"①，在青海蒙古与清朝的关系中插上一枚楔子，离间两者关系。博硕克图济农（伊勒都齐之子）的幼子根特尔娶了噶尔丹之女布木为妻，两家信使往还不绝。这桩婚事，决定了日后清廷对根特尔一家的冷遇。

到康熙二十九年时，国内政治形势与以前有了较大改观，"三藩之乱"已平，台湾业已收复，与俄国已签订尼布楚条约，"是时朝廷已平三藩，定陇蜀，收台湾，和鄂罗斯，天下无事。"②当年六月，康熙帝下诏亲征噶尔丹，集中力量解决北路反清势力。当年八月，大败噶尔丹于乌兰布通。又经过康熙三十四年昭莫多之战，及康熙三十六年二月康熙帝进驻宁夏，指挥两路兵出击，噶尔丹彻底失败。当年闰三月十三日噶尔丹在阿察阿穆塔台地方服毒自杀。③清廷在这次军事行动中，"获青海通噶尔丹使"及"与噶尔丹通问"情状。④噶尔丹与青海台吉联姻及通使，如果在承平之时，本属正常事情。而在清朝与噶尔丹敌对打仗之时，这件事情就难免不引起清廷的疑心，并成为康熙帝向和硕特诸台吉问罪的理由。

（二）札什巴图尔等朝觐、封爵

青海和硕特台吉们到北京朝觐，接受封爵，成为"近藩"是在噶尔丹抗清彻底败亡并且经清廷招抚以后实现的。

---

① ［清］魏源：《圣武记》卷三《外藩·国朝绥服蒙古记三》（上），中华书局1984年版，第116页。

② ［清］魏源：《圣武记》卷三《外藩·康熙亲征准噶尔记》（上），中华书局1984年版，第111页。

③ 编写组：《蒙古族简史》，内蒙古人民出版社1985年版，第214页。

④《清史稿》卷五二二《藩部五》，中华书局1977年版。

第三章 清朝前期中期

康熙三十五年（1696年），康熙帝"亲征噶尔丹，败之，获青海通噶尔丹使"①，即命员外二郎保宣谕青海诸台吉，至察罕托罗亥地方，以部发印文示达赖派遣的管理青海事务的善巴陵堪布，并告以击败噶尔丹等事。"七月初八日，扎什巴图尔等三十一台吉俱到盟所，以檄文授之。"札什巴图尔表示，"我等俱达赖喇嘛之徒，俟启闻达赖喇嘛，视其言如何，遵依而行，非可任我等之意"。②将诸事推诿于达赖喇嘛。当时担任总管王的札什巴图尔是固始汗诸子中仅存之幼子，他的上述态度，除表明他们共同尊奉达赖喇嘛的意旨以外，也表明他们对这一类重大政治行动，尚无肯定性态度。

到康熙三十五年十一月上旬，青海博硕克图济农通问噶尔丹的使者阿尔达尔宰桑，在索尔河边被清军拘获。③尤其是康熙三十六年春噶尔丹败亡，在清廷"平定朔漠，威灵所加"之下，以及达赖喇嘛派尼麻唐呼图克图等传达了应归顺清朝的意见④以后，和硕特台吉们的政治态度方才有了重大转变。康熙三十六年二月，康熙帝从宁夏钦派的喇嘛商南多尔济、额附阿拉布坦、台吉德木楚克等到青海并催促，札仆巴图尔等于康熙三十六年（1697年）闰三月表示，"咸愿服从圣化，请于四月来朝。"⑤清廷允准"九、十月间，朝于京师"。并行文商南多尔济等"率之俱来"⑥。此外，据藏文史料记载，佑宁寺章嘉呼图克图二世俄旺曲丹口衔

---

① 获伊勒都齐之了达尔吉派往噶尔丹军中的使者阿尔达尔宰桑。
② 《清圣祖实录》卷一七五，康熙三十五年八月甲申。
③ 《清圣祖实录》卷一七八，康熙三十五年十一月庚午。
④ 《清圣祖实录》卷一七八，康熙三十五年十一月戊午。
⑤ 《清圣祖实录》卷一八二，康熙三十六年闰三月乙巳。
⑥ 《清圣祖实录》卷一八二，康熙三十六年闰三月戊戌。

康熙皇帝之命,前来劝说札什巴图尔等归附清朝、晋见皇帝,说"我保证你去了有好处"。以后事实,果如其言。

康熙三十六年秋,以札什巴图尔为首的和硕特台吉朝觐团到了北京,十一月癸卯日(1698年1月8日)在保和殿行朝见礼。康熙帝对札什巴图尔说:"尔父顾实汗,自太宗文皇帝至今,进贡请安,输诚已久。今至尔身,往来不绝。朕至宁夏时遣大臣等至尔处,尔等即欲来陛见,朕又恐天暑,尔等未便,故云俟秋凉时来朝。尔已年高,远涉至此,殊可嘉尚。"又说:"朕并非威慑尔等前来,不过欲令天下生灵各得其所。朕之尊,不在尔等之来否。所望尔等各遂安全,克副朕好生之至意耳。"①并赏赐各人袍褂、数珠、鞍马等物。这是康熙帝怀之以德的手法,并借追叙固始汗的业迹使之沿着这条路子走下去。接着震之以威,令他们了解强大的清军威力。十二月庚午日(1698年2月4日)让札什巴图尔等参加玉泉山阅兵,红夷大炮、火器、马步鸟枪军士,分翼排列,队伍严整,旌旗显耀,枪炮齐发,"来朝之青海台吉扎什巴图尔等皆相顾战栗,惊叹曰:天朝军威,精严坚锐如是,可畏也。我辈生长沙漠穷荒,不惟目未经见,即耳亦未曾闻。军威如此,所向又何敌弗克乎"。②上述材料虽然出自清朝官府文献而非蒙古台吉所记,但揆之情理,大致是相符的。

经过上述软硬兼施之后,康熙三十七年正月辛巳(1698年2月15日),清廷封札什巴图尔为和硕亲王;土谢图岱青纳木札勒(鄂木布之孙)、额尔德尼台吉(达兰太之孙)、彭楚克台吉(达

---

① 《清圣祖实录》卷一八六,康熙三十六年十一月癸卯。
② 《清圣祖实录》卷一八六,康熙三十六年十二月庚午。《清史稿》卷五二〇《藩部五》中也有类似的记载。

第三章 清朝前期中期

赖汗之弟）为贝勒、贝子等，①其余封授有差。清初规定蒙古近藩、内藩封爵六级，分别是：亲王、郡王、贝勒、贝子、镇国公、辅国公等（与宗室觉罗爵号相同）。当时博硕克图济农正在病中，命其幼子根特尔代行，大概由于根特尔娶噶尔丹之女（布木）之故，只封了一个辅国公。他们的"岁支俸银，赴京支领。"②从此，青海蒙古诸台吉正式接受清朝封爵，由以前的外藩蒙古，"自后青海始为近藩"③，"青海蒙古全部投附清朝"④。康熙三十七年二月，札什巴图尔等人跟随康熙帝"随驾巡幸"，到五台山礼佛，然后由五台山返回青海。

青海台吉由外藩变为"近藩"⑤，与以前相比其区别主要表现在与清朝的关系上，对于蒙古内部事务的管理和往昔一样仍然是处于高度"自治"状态。

一是政治身份的改变。此后接受亲王、郡王、贝勒、贝子、镇国公、辅国公等封爵，这些封爵与漠南蒙古和满洲宗室觉罗的封爵称号相同。这意味着青海蒙古台吉与清朝"皇帝"是上下关系、君臣关系，与过去的单纯的贡使关系不同。

---

① 《清圣祖实录》卷一八七，康熙三十七年（1698年）正月辛巳。又，康熙三十七年正月封爵情况：札什巴图尔和硕亲王；达赖岱青（多尔济子）多罗郡王；纳木札勒、阿奇滚布（达兰太子）多罗贝勒；额林沁达什（车臣岱青之孙）固山贝子。

② 《东华录》康熙六十一。

③ [清]魏源：《圣武记》卷三《外藩·国朝绥服蒙古记三》（上），中华书局1984年版，第111页。

④ 编写组：《蒙古族简史》，内蒙古人民出版社1985年版，第213页。

⑤ 有的研究者认为，青海蒙古在清代均属外藩，无"近藩"之称。我们认为"近藩"的称呼是有的，见魏源《圣武记》卷三《外藩·国朝绥服蒙古记三》（上），中华书局1984年版，第111页。

二是岁支俸银。过去不支俸银。上述爵位六级，各有岁俸，有俸银和禄米，"赴京支领"意味着"食君之禄"。

三是听从征调。如有军事活动，听从皇帝征调兵马。如康熙末年征调和硕特各部兵丁随清军进藏等等。

四是定期朝觐。如康熙四十二年札什巴图尔等到西安朝见当时巡视在彼处的康熙帝等。

五是死亡给祭典，袭爵奉朝命。封爵的贵族去世后，清廷遣官致祭，一则给以荣典，生荣死哀；二是朝廷派员按视，了解情况。爵位承袭，须奉朝命。

六是清朝在西宁派驻官员，办理蒙古事务。这些官员先后有商南多尔济、二郎保、马尔汉、常寿等。

在上述关系到和硕特台吉们政治去向和兴衰荣替的康熙三十七年初封授爵位中，伊勒都齐一支似乎是被冷落了。同年不久，博硕克图济农去世，其第三子察罕丹津嗣统其部落，号岱青和硕齐。他在政治上颇具眼光和才干，康熙四十年（1701年）正月赴北京朝觐，皇帝喜悦，受封为贝勒，以后又晋封为多罗郡王。①其次，他深知清朝对藏传佛教的基本政策，"兴黄教即所以安众蒙古"，为博得清廷信赖，挽回对其父的看法，同时也出自对黄教的信仰和培植自己力量的需要，于康熙四十年派人入藏，寻访高僧，准备建寺。后访得嘉木样大师。康熙四十八年（1709年）嘉木样大师抵达今青海河南县，定该年为建寺开始之年。第二年，在大夏河边浪庆湾札西曲滩动工修建拉卜楞寺，于康熙五十年（1711年）竣工。察罕丹津拨五百户为寺院属民。在修建拉卜楞寺的同时，又在寺旁修建规模宏大的府邸。1927年时拉卜楞寺

---

① [民国] 慕寿祺：《甘宁青史略》卷十七，兰州俊华印书馆1936年版。

第三章 清朝前期中期

由甘肃省政府设立的拉卜楞设治局管辖。次年该设治局升格为夏河县,属甘肃省。

康熙四十二年(1703年)十一月,康熙帝巡幸陕西西安府,和硕特蒙古亲王札什巴图尔、郡王达赖岱青、贝勒纳木札勒等人,赴西安朝见。十一月己未日(1703年12月15日)在西安城外校场,随同康熙帝检阅西安驻防满兵、汉军和绿营官兵。"青海和硕特亲王扎什巴图尔……随圣驾后,窥见官兵整齐、队伍森严,甲胄鲜明,无不相互叹异。奏曰:臣等但知禁兵精练,天下无敌,未知外省之兵亦皆如此。自当亿万年永享承平之庆。"[①]当天,康熙帝又赐蒙古诸王贝勒、台吉缎匹等物,并将达赖汗之弟盆苏克由贝子晋封贝勒。次日,在行宫赐宴。

大概因为这一年赴西安朝见并参观阅兵等盛举为世人所盛传,又由于从这一年开始,在西宁派驻官员办理蒙古事务,"以剌麻商南多尔智住[西]宁抚理夷情,后郎中二郎保、员外郎马尔汉、侍郎常寿相继办理"[②],以致《西宁府新志》卷三一《纲领(下)》和《甘宁青史略》卷十七,均记载"康熙四十二年青海蒙古内附",而对康熙三十七年正月在北京朝见封爵等事,却略而未载,这就给后世研究历史者造成了某些误解。

总之,从康熙三十六年青海蒙古台吉们决定归附清朝起,直到雍正元年的二十六年中,王公台吉们均以获得清廷封爵、赏赐、俸银为荣,朝贡不绝。这一时期,社会也比较安宁,牧业生产也稳定发展。

---

① 《清圣祖实录》卷二一四,康熙四十二年十一月己未。
② [清]杨应琚:《西宁府新志》卷二十《武备·青海》,青海人民出版社1988年版,第528页。

第三节　罗卜藏丹津反清事件

青海蒙古的社会历史发展，到雍正元年（1723年）发生了罗卜藏丹津反清事件而出现重大转变。这次事件，无论在蒙古历史上还是青海历史上或西北历史上，都产生了巨大而深远的影响。同时，从整个历史发展趋势看，发生这次事件，似乎带有必然性。

一、罗卜藏丹津反清前的政治形势

罗卜藏丹津系札什巴图尔之子，固始汗之孙。他生于康熙三十一年（1692年）。当其父被清廷封为亲王时，他处于童年。康熙五十三年（1714年）札什巴图尔病故，[①]两年以后，康熙五十五年十二月乙卯（1717年2月10日）清廷封他为亲王。[②]此时罗卜藏丹津24岁，年富力强、"人材亦优"，自然地继承了其父的青海台吉中的总管王之位。

（一）拉藏汗诛杀第巴桑结嘉措

青海的政治形势同西藏密切关联，两地同属于和硕特蒙古的"封圻"，同样听从达赖喇嘛的宗教管理，同样关系到固始汗后裔的盛衰，所以须从五世达赖圆寂叙起。

康熙二十一年（1682年）五世达赖圆寂，第巴桑结嘉措匿丧不宣，"欲专国事，秘不发丧，伪言达赖入定，居高阁，不见人"[③]，由他假借达赖名义发号施令。第巴对内仇视拉藏汗，与

[①]《清圣祖实录》卷二六〇，康熙五十四年四月辛未。

[②]《清圣祖实录》卷二七〇，康熙五十五年十二月乙卯。

[③]［清］魏源：《圣武记》卷五《外藩·国朝抚绥西藏记上》（上），中华书局1984年版，第202页。

第三章 清朝前期中期

之争权夺利；对外袒护准噶尔，欲以联盟自重。"凡西北拢攘数十年，皆第巴一人所致。"①到三十三年（1694年），他伪托达赖名义遣使上奏，"言己年迈，国事决第巴，乞锡之封爵。诏封第巴桑结土伯特国王"。②西藏原有一位汗王，即拉藏汗，如今平添了一位土伯特王，怎么能不导致内争呢？这种斗争既有宗教的原因，又有民族的原因，也交错着藏族头面人物排蒙的因素。总之，基本上是上层人物间争夺权利的斗争。到康熙三十六年噶尔丹死，第巴桑结嘉措隐匿五世达赖丧事才被清廷发觉。因议立新达赖事，第巴与拉藏汗交恶，矛盾尖锐化，以至康熙四十四年（1705年）公开发生火并，"第巴谋毒杀拉藏汗不遂，欲以兵逐之，拉藏汗集众讨诛第巴"③。清廷支持拉藏汗，诏封拉藏汗为"翊法恭顺汗"④，从封号可知清廷认可了拉藏汗是"翊法"义举。康熙四十五年（1706年），拉藏汗奏准废罢第巴所立的六世达赖仓央嘉措，"诏执献京师，行至青海病死"⑤。拉藏汗在西藏恢复了汗权。接着便发生了西藏与青海争立新达赖灵童的纠纷。

---

① ［清］魏源：《圣武记》卷五《外藩·国朝抚绥西藏记上》（上），中华书局1984年版，第202页。

② ［清］魏源：《圣武记》卷五《外藩·国朝抚绥西藏记上》（上），中华书局1984年版，第203页。

③ ［清］魏源：《圣武记》卷五《外藩·国朝抚绥西藏记上》（上），中华书局1984年，版第204页。

④ ［清］魏源：《圣武记》卷五《外藩·国朝抚绥西藏记上》（上），中华书局1984年版，第204页。

⑤ ［清］魏源：《圣武记》卷五《外藩·国朝抚绥西藏记上》（上），中华书局1984年版，第204页。又据《清圣祖实录》卷二二七，康熙四十五年十二月庚戌，理藩院题报：仓央嘉措行至西宁口外病故。另外，民间传说认为仓央嘉措没死，匿于某寺。

(二) 达赖灵童之争

拉藏汗所立博克达山的意西嘉措为达赖喇嘛的转世灵童，青海诸台吉不信。察罕丹津等别奉理塘之格桑嘉措为达赖喇嘛的转世灵童，并迎来青海红山寺坐床。双方都请求清廷赐予册印。真假灵童之争，是蒙藏各派政治势力斗争的产物，双方都想把这一宗教偶像掌握在自己手里。为防止双方构衅起兵，康熙五十五年（1716年）在清廷的命令下，于三月十五日将格桑嘉措移至塔尔寺居住。同时，派侍卫阿奇图召集青海诸台吉会盟，议定管理蒙古左右翼的官员，以罗卜藏丹津、察罕丹津管理右翼，以额尔德尼厄尔克托克托鼐（衮布之子，达兰太之孙）、阿拉布坦鄂木布（盆素克之子）管理左翼事务。①罗卜藏丹津游牧于青海湖南，东边以黄河为界。察罕丹津游牧于河曲地区，邻近松潘，西边以黄河为界。正值西藏和青海双方因新达赖灵童之争未了之时，准噶尔部策旺阿拉布坦袭扰西藏之事发生了。

(三) 准噶尔扰藏，拉藏汗被杀

准噶尔部噶尔丹死后，由其侄策旺阿拉布坦继立为汗。策旺阿拉布坦之妻是拉藏汗之姐，拉藏汗长子丹衷之妻博托克洛克，是策旺阿拉布坦之女。策旺阿拉布坦让丹衷到伊犁完婚，并留居三年，不令返藏。康熙帝曾经告诫过拉藏汗要防范准噶尔，勿"恃亲疏防"。但拉藏汗"耄而酣饮，不以为意"，不做防备。康熙五十五年冬，策旺阿拉布坦发兵袭攻西藏，派台吉大策零敦多布领精兵六千，"绕戈壁，逾和田南大雪山，涉险冒瘴，昼伏夜行，次年七月始达藏界"。②以送丹衷夫妇返藏为名，进行突然袭击，打败西藏守兵，围

---

① 《清圣祖实录》卷二六八，康熙五十五年闰三月己卯。
② [清] 魏源：《圣武记》卷五《外藩·国朝抚绥西藏记上》（上），中华书局1984年版，第205页。

第三章 清朝前期中期

攻布达拉宫。康熙五十六年(1717年)十一月初一日,"诱其众内应开门,执杀拉藏汗,虏其妻子,搜各庙重器送伊犁,禁新达赖喇嘛于扎克布里庙"①。策旺阿拉布坦占据了拉萨,拉藏汗的汗权被绝灭了。拉藏汗次子苏尔札之妻从兵火中逃至青海告变。

(四)清军进藏平乱,青海台吉随行

康熙末年,清朝外无忧患,内无战乱,生产发展,国力强盛,正欲次第统一中国西部。准噶尔部进占西藏,青海蒙古台吉软弱无力,清廷决计派军平乱,"驱准保藏"。一则借以控制青藏高原,二则断准噶尔部右臂,为日后对伊犁用兵做好准备。康熙五十七年(1718年)四月,命西安将军额伦特、郎中常寿率军数千,于博罗充克克处待命;命侍卫色楞宣谕青海蒙古备兵;命将军噶尔弼出四川,将军延信出青海,两路进藏;将军傅尔丹、富宁安分兵出巴里坤、阿尔台以猎其北。命皇十四子允禵②为抚远大将军,屯木鲁乌苏(通天河)治兵饷。并在柴达木驻兵,防备噶斯一路。当年底,允禵到达西宁。

当此青藏纷扰、战云密布之际,头脑机敏的贝勒察罕丹津于康熙五十七年九月亲到北京朝贡请安,表示忠悃。康熙帝于九月己丑谕理藩院:"当人心疑惧之际,委身效顺,甚属可嘉。著封为多罗郡王,"③五十八年三月庚子,"封青海贝勒察罕丹津为多罗郡王。"④这一行动奠定了察罕丹津一家日后政治上的荣盛。

当康熙五十八年(1719年)秋清军准备进藏之时,虽然青海

---

① [清]魏源:《圣武记》卷五《外藩·国朝抚绥西藏记上》(上),中华书局1984年版,第205页。
② 原名胤禛,雍正帝即位后,改名允禵。
③《清圣祖实录》卷二八一,康熙五十七年九月己丑。
④《清圣祖实录》卷二八三,康熙五十八年三月庚子。

台吉"自索诺木至柴达木路设站五,站置青海兵十(马十五匹),别令左右翼兵各三百屯近军地,防准噶尔贼"①,而"青海蒙古皆惮进藏,奏言达赖喇嘛可随地安详,免王师远涉之劳"②。康熙帝宣谕,"西藏屏蔽青海、滇、蜀,苟准夷盗据,将边无宁日。且贼能冲雪缒险而至,何况我军?"③决计进军。

真假达赖灵童之争,由于拉藏汗已死,青海诸台吉所奉立者被确定为真。"于是蒙古汗王、贝勒、台吉各自率所部兵,或数千,或数百,于五十九年春随大军扈从达赖喇嘛入藏。"④阿拉善蒙古和罗理(康熙四十六年去世)之子额驸阿宝也率兵随大军进藏。和硕特各部台吉在驱逐准噶尔、维护西藏秩序,并企图恢复和硕特汗权的努力中,都贡献出了自己的一份力量。策零敦多布亲自率军抵拒青海一路,分遣其宰桑率兵三千六百抵拒四川一路。

康熙五十九年(1720年)正月,允禵由西宁移驻通天河,调西安将军宗查布驻防西宁。二月,清廷诏封格桑嘉措为"弘法觉众第六世达赖喇嘛"⑤(史称七世达赖)。四月,由塔尔寺起程进藏。⑥

南路清军噶尔弼由成都西进,招抚巴塘、理塘,进至昌都。采用岳钟琪计,集皮船渡河,直趋拉萨,降番兵七千。青海一路

---

① [清] 魏源:《圣武记》卷五《外藩·国朝抚绥西藏记上》(上),中华书局1984年版,第204页。
② [清] 魏源:《圣武记》卷五《外藩·国朝抚绥西藏记上》(上),中华书局1984年版,第205页。
③ [清] 魏源:《圣武记》卷五《外藩·国朝抚绥西藏记上》(上),中华书局1984年版,第205~206页。
④ [清] 魏源:《圣武记》卷五《外藩·国朝抚绥西藏记上》(上),中华书局1984年版,第206页。
⑤ 《清圣祖实录》卷二八七,康熙五十九年二月癸丑。
⑥ 《西藏志》卷一《事迹》,西藏人民出版社1982年版,第243页。

也大败敌兵,斩俘千计。准噶尔部兵见战事不利,由旧路北逃,得返伊犁者不及半数。九月,清军两路会师拉萨,西藏底定。九月十五日①达赖喇嘛格桑嘉措在布达拉宫坐床。"取拉藏所立博克达喇嘛归京师"②,废除其达赖称号,并尽诛喇嘛之助准部者,康熙帝撰《平定西藏碑文》,勒石大昭寺,以志其事。

(五)封赏青海台吉,清廷统治西藏

西藏之乱平定后,清廷和青海台吉们的考虑是各不相同的,并由此埋下了罗卜藏丹津反清的隐患。清廷为进一步加强对西藏的控制,改变了西藏先前的政治格局,不但没有恢复和硕特汗权,反而重用抗击准部有功的藏族官员。"封康济鼐、阿尔布隆(为)固山贝子;隆布鼐辅国公,理前藏务;颇罗鼐札萨克一等台吉,理后藏务。各授噶卜伦"③,组成西藏地方政府。军事方面,留三千满汉官兵驻守拉萨。对青海台吉,到雍正元年(1723年)二月各加封赏:郡王察罕丹津晋升为亲王;贝勒额尔得尼厄尔克托克托鼐晋升为郡王;贝子巴勒珠尔阿拉布坦和拉查卜二人,晋升为贝勒;辅国公噶尔丹达什和敦多布达什二人,晋升为镇国公;台吉车凌敦多布晋升为贝勒,辅国公丹衷晋升为贝子。并追封已故的根特尔之子贝子丹忠为郡王,遣官致祭。对亲王罗卜藏丹津加俸银二百两,赏缎五匹。④不久,察罕丹津受命管辖其侄丹忠所留下的部众和牧地。⑤清廷的上述措施,其目的在于:

---

① 《西藏志》卷一《事迹》,西藏人民出版社1982年版,第243页。
② [清]魏源:《圣武记》卷五《外藩·国朝抚绥西藏记上》(上),中华书局1984年版,第206页。
③ [清]祁韵士:《皇朝藩部要略》卷十七《西藏部要略一》。
④ 《清世宗实录》卷四,雍正元年二月乙亥。
⑤ 《清世宗实录》卷八,雍正元年六月戊辰。

同时封有两个亲王、一个郡王，改变了原先"青海八台吉"中有一名总管王的政治格局，也终止了西藏的和硕特汗位，以便推行其分而治之的策略。青海和硕特台吉，特别是罗卜藏丹津等人，本认为驱逐准部后应该恢复和硕特汗权，凡固始汗子孙（尤其罗卜藏丹津本人是固始汗之孙）皆有资格登上西藏汗位。不料清廷的举措大出所料，事与愿违，而且已有权益受到进一步削弱。如此下去，势将步步受制于清朝，他们担心英雄的固始汗的基业也将从此休矣。于是，罗卜藏丹津等人愤怨填胸，大为不满。

二、罗卜藏丹津反清和清军的镇压

康熙六十一年（1722年）十一月康熙帝去世，皇四子胤禛即位，改元雍正。允禵奔丧返京。在朝廷出现重大变故的雍正元年（1723年）五月，以罗卜藏丹津为首的青海台吉多人举起反清旗帜。罗卜藏丹津以"恢复先人霸业"为口号，自称"达赖珲台吉"，强令众台吉"呼旧日名号"，不许再用清朝封爵称号。

（一）罗卜藏丹津反清原因和性质

罗卜藏丹津起兵反清的原因和这次事件的性质，在研究者中意见分歧较大。[1]我们认为：该事件是构成蒙古族反清斗争的组

---

[1] 关于罗卜藏丹津反清事件的性质，意见分歧。国内外史学界不少人从国家统一角度着眼，认为是叛乱。有人从民族斗争角度着眼，认为是抗清。在蒙古族民间许多人认为罗卜藏丹津是英雄，虽然失败了，也是英雄。也有人认为他为维护"先人霸业"而起兵，清政府为完成统一而镇压，冒然起兵是很不明智的，从此青海蒙古一蹶不振，他是悲剧性人物等等。《蒙古族简史》（内蒙古人民出版社1985年版）用不足300字的文字对该事件做了高度概括。其中第213页说：罗卜藏丹津"举兵反清"，"虽然得到某些王公和宗教上层分子的支持，但也遭到许多蒙古王公贵族的反对，拒绝参加反清"。"清政府得悉罗卜藏丹津反叛，派使者前往制止，无效。遂派年羹尧、岳钟琪率兵入青海平定。1724年，罗卜藏丹津兵败，逃奔准噶尔。"本书是从"民族斗争"的角度予以论述。

第三章 清朝前期中期

成部分,虽然斗争的结局是失败,而且给青海蒙古带来的后果是灾难性的。但是把它置于整个蒙古族和满洲贵族统治集团的斗争的大范围中去考察,仍然可以清楚地看到它是属于反清斗争的组成部分。

自元朝灭亡以后,明朝虽然多次北伐,但始终没有征服蒙古,两者长期处于对峙状态。后金崛起于东北地区以后,势力逐步扩展,1634年皇太极击败林丹汗,征服察哈尔部,这是清朝征服蒙古诸部的第一步。1636年皇太极从察哈尔部得到元朝皇帝所保有的历代传国玉玺。同年漠南蒙古各部归附清朝,皇太极被尊上"博克达·彻辰汗"(宽温仁圣皇帝之意)的崇号,奉为共主,改国号为"清",改元"崇德"。从此,清朝完全征服和控制了辽东和漠南地区,改变了明清两个政权之间的力量对比,在战略上取得优势。从蒙古的角度,漠南蒙古甘心奉戴皇太极为蒙古可汗大统的合法继承人,也属史无前例。1644年夏,清军入关,定都北京,逐步统一中国大地,但是西部和北部蒙古各部并未立即归附清朝,而是经过了上百年的曲曲折折的斗争,比之汉族的武装抗清斗争的时间更长。到1691年康熙帝完全征服和控制了漠北蒙古,此时,在蒙古几大部中留下准噶尔部和青海蒙古尚未归附。这两部蒙古因为所处地理位置原因,清朝不可能在短时间内予以征服,而必须软硬兼施,各个击破。1691年准部噶尔丹汗在与清朝经过长期较量后兵败身亡。当此大军震威难以抗拒的情况下,青海蒙古台吉札什巴图尔等人在清廷招抚下,接受封爵,归附清朝。此后,准部的策旺阿拉布坦及其继承人噶尔丹策零等,继续与清朝对峙。青海蒙古中则出现投靠清廷和"反对清廷"两种政治主张。从清朝来说,其关于民族和疆域的总方针是不断进取、不断扩大领土、增进全国统一、加强对边疆民族的有效管辖，征服蒙藏地区和蒙古诸部以完成其大统一的战略宏图，是其既定国策，不会半途而废。何况当时国力强盛，所向无敌。康熙末年西藏乱起，准部据藏，拉藏汗被杀，达赖灵童真假之争，这一系列政治事件的发生，给清朝提供了用兵西藏和加强中央统治的良好进攻机会。当西藏之乱平定以后，清朝当然不愿意恢复原先那种政治格局，而是要削弱和限制青海蒙古诸台吉的权力，从而达到逐步征服和控制青海蒙古以及统治青藏高原的目的。

在这关键时刻，罗卜藏丹津举兵反清，想"恢复先人霸业"，在客观上成为整个蒙古民族反对清朝征服的斗争的一部分，也成为三十年后即1755年清朝平定伊犁、征服准部以前的一组斗争波澜。在此事关民族命运的重大斗争面前，罗卜藏丹津得到不少蒙古王公和宗教上层分子的支持，共同组成反清力量。同时也遭到不少王公贵族的反对，拒绝参加。由于当时罗卜藏丹津同清朝力量对比十分悬殊，反清斗争不免归于失败。事后反清力量遭到残酷镇压，反清首领人物的下场不妙，而亲附清朝的部分人物在清廷支持下成为政治上的得利者。

从民族斗争历史的广阔视野观照，罗卜藏丹津虽然失败了，但他在本民族群众中仍然得到世代怀念，是完全合乎历史逻辑的。同样，由于拒绝反清人物的存在和努力使得和硕特蒙古在以后历史的发展中仍然占据应有的地位，当时反对罗卜藏丹津的王公贵族也得到本民族群众的世代怀念，也是完全合乎历史逻辑的。

(二) 会盟反清，内部开仗，清朝备战

雍正元年（1723年）五月，罗卜藏丹津在察罕托罗亥召集诸台吉会盟，决定起兵反清，"令各仍故号，不得复称王、贝勒、

第三章 清朝前期中期

公等爵,而自号达赖浑台吉以统之……奉己如鄂齐尔汗,"①以"复先人霸业"②相号召。拉拢克诺木齐、阿尔布坦温布、藏巴札布等王公贵族及一些宗教上层分子支持这一行动。也有的王公贵族拒绝参加会盟,不赞成这一行动,如亲王察罕丹津和郡王额尔德尼厄尔克托克托鼐等。罗卜藏丹津自己有兵一万余人,在诸台吉中势力最强,对拒绝参加反清者以武力攻打,企图迫使服从于己,于是和硕特蒙古内部首先发生了武装冲突。

罗卜藏丹津令原贝勒盆苏克、汪札尔率兵四千攻打驻牧在青海湖以北的郡王额尔德尼厄尔克托克托鼐。交战六七天,郡王"属下人多阵亡"③,牲畜也被抢夺,势力不支,与其子阿拉布济、索诺木达什率部属一千余口北逃,到甘州(今张掖)苏油口向驻防甘州的清朝将军延信报惊求援。④郡王之侄噶尔丹达什也被阿尔布坦温布战败,逃到甘州。清廷闻报,派郎中通智对额尔德尼厄尔克托克托鼐等进行安抚赈济,暂时使其留居甘州。罗卜藏丹津率兵与游牧在河曲地区的察罕丹津开战,激战数日,察罕丹津不支。八月初,察罕丹津"率妻子属人一百四十余名,来至河州老鸦关外"⑤,向驻防清军求援,清廷命他们"进关居住,其余人众,令伊寨桑管束,边外(指老鸦关外——引者)防守要隘"⑥。十一月,令察罕丹津等人移驻兰州。

---

① [清]魏源:《圣武记》卷三《外藩·雍正两征厄鲁特记》(上),中华书局1984年版,第139页。
② [清]魏源:《圣武记》卷三《外藩·雍正两征厄鲁特记》(上),中华书局1984年版,第139页。
③《清世宗实录》卷八,雍正元年六月壬戌。
④《清世宗实录》卷八,雍正元年六月甲子。
⑤《清世宗实录》卷十,雍正元年八月甲戌。
⑥《清世宗实录》卷十,雍正元年八月甲戌。

1. 清廷派使制止无效

清廷得悉甘州等官吏报惊后,指派驻在西宁办理民族事务的理藩院侍郎常寿前往罗卜藏丹津处调查,以设法制止起兵。之所以这样做,一则朝廷内部雍正帝胤禛即位不久,巩固皇位、清除异己工作尚未完成,二则情况尚不完全明朗,依据地方官吏奏报可能属于"自相侵害",也有"往彼和解"①的可能性存在。常寿于七月二十二日在沙拉图地方见到罗卜藏丹津,劝他罢兵言和,无效。常寿在当年八月庚午的奏报中奏明所了解到的各种情况。②主要如:罗卜藏丹津得到一些王公贵族和宗教上层分子(住持塔尔寺的大喇嘛、堪布诺们汗等)的支持,属起兵反清,而非自相侵害等等。九月九日常寿再次与罗卜藏丹津在巴颜布拉克地方会晤,仍无结果。九月十七日薄暮时,常寿等人行到和尔地方(今倒淌河一带),被罗卜藏丹津派兵连同辎重等一起扣留,笔帖式多尔济自刎,随从千总马超群逃回上报,常寿被禁闭在堪布庙中。③清廷使者被拘禁,意味着形同宣战,青海局势非诉之于兵戈不可了。也有人认为,清廷偏听偏信,侍郎常寿只听信察罕丹津等人所言,向年羹尧做了汇报。而年羹尧与兼管理藩院的大臣隆科多是同党,又是雍正皇帝的心腹,皇帝依据这二位大臣的报告,便准备出兵进剿罗卜藏丹津,才使这场斗争非诉之于战争不可了。④

当时,罗卜藏丹津已控制了右翼左翼各地,外有策旺阿拉布

---

① 《清世宗实录》卷九,雍正元年秋七月乙丑。
② 《清世宗实录》卷十,雍正元年八月庚午。
③ 《清世宗实录》卷十三,雍正元年十一月癸未。
④ 内蒙古社会科学院历史所:《蒙古族通史》(中),民族出版社2001年版,第293~294页。

第三章 清朝前期中期

坦之约援,内有大喇嘛之"从己","远近风靡,游牧番子喇嘛等二十余万同时骚动"①。参加罗卜藏丹津反清事件的有蒙古、藏族和僧人等共约20万人。

2. 清朝备战遣将调兵

九月初,清廷已着手遣将调兵,准备武力镇压。谕令川陕总督年羹尧②"军务宜预先筹度,尔宜将西宁、松潘、甘州等处军兵整备,务期剿灭"③。其时年羹尧在甘州巡视,他于九月二十日自甘州起程,十月初到西宁,受命为抚远大将军,④主持军务。对防守甘州的延信,清廷颁给平逆将军印信。⑤任命四川提督岳钟琪参赞军务,一等侍卫达鼐为大将军参议。年羹尧的战略是:稳定西宁,四面包围,重点攻灭,务求全歼。他于十月初发出檄令,征调川陕各路军兵一万九千名,作进击之用,命靖逆将军富宁安、副将潘之善、参将孙继宗防守哈密、安西、布隆吉尔一线;令驻守吐鲁番的副将阿拉衲率兵二千,向噶斯一路截击;命昌都总兵周瑛、副将张成龙在巴塘、理塘截断入藏之路;调云南提督郝玉麟领兵二千驻扎昌都。松潘一路,令副将张英、副都统

---

① [清]魏源:《圣武记》卷三《外藩·雍正两征厄鲁特记》(上),中华书局1984年版,第140页。

② 年羹尧(?~1726),字亮功,号双峰,汉军镶黄旗人。父遐龄,曾任湖北巡抚。年于康熙三十九年中进士,四十八年出任四川巡抚,五十七年晋升四川总督,六十年授四川陕西总督。以平青海功,封公爵。年原为雍亲王门下,曾参与雍正夺取帝位的阴谋活动,为雍正帝所猜忌。不久,罗织罪状,于雍正三年下狱,责令自杀。

③ 《清世宗实录》卷十一,雍正元年九月己丑。

④ 允禵回京后,抚远大将军印信暂由延信护理。延信奉命将该印信由甘州送至西宁,交年羹尧执掌。见《清世宗实录》卷十一。

⑤ 《清世宗实录》卷十二,雍正元年冬十月戊申。

黑色加派军兵堵守黄胜关,并檄调今青海东部地区各家土司防守隘口,东祁土司祁在璇守大峡口,西祁土司祁大熊随征阿尔计昂索。命四川提督岳钟琪①率四川绿营、杂谷土屯兵六千,由松潘北进,"专征青海"。并贮备军粮,已在西安预买六千石。部署既定,雍正帝于雍正元年十月戊申(1723年10月30日)颁布讨伐令,②正式宣布军事镇压。同时,派都统鄂齐等入藏,协同颇罗鼐等"安定人心",并迅速征服了隶属罗卜藏丹津的青海纳克素、玉树、霍尔四部等地。③

(三) 战斗概况

1. 西宁攻防战

战斗从十月上旬开始,罗卜藏丹津率军分路向西宁南川申中堡、西川镇海堡和北川新城堡进攻,每处有二三千人,意欲攻占西宁。据藏文史籍《塔尔寺志》,"青海丹津珲台吉……于岁次癸卯(1723年),蒙古军兵来到西宁等汉族城市中大肆烧杀、劫夺、捣毁"④。这里说的不太确切,战火一起,难免

---

① 岳钟琪(1686~1754年),字东美,号容斋,原籍临洮,移籍成都。父昇龙,官至四川提督。钟琪由捐纳同知改武职,康熙末率军入西藏平乱,升提督。雍正初,从年羹尧征青海,授奋威将军,事平封三等公,兼甘肃提督,甘肃巡抚。不久,代年为川陕总督。后西征,授宁远大将军。清初以后,以汉人而握重兵,为清代咸丰以前所仅见。曾静遣其徒张熙劝其反清,被岳告发。雍正末免官,乾隆时再起,参与大小金川之战。钟琪叔超龙,曾官河州副将、天津总兵、湖广提督。超龙子钟璜,官至四川提督。

② 《清世宗实录》卷十二,雍正元年冬十月戊申。

③ 多卡夏仲等著,汤池安译:《颇罗鼐传》,西藏人民出版社1988年版,第206~210页。

④ 色多·罗桑崔臣嘉措著,郭和卿译:《塔尔寺志》,青海人民出版社1986年版,第61页。

玉石俱焚，人员伤亡，财产被毁。但据各种史料核查，罗卜藏丹津并未攻入西宁城中，而是在西宁周围进行攻防战斗。罗卜藏丹津的指挥中心设在距西宁不到50公里的湟源城东三里外高岗上，修筑有遥遥相对的南北二城，他本人坐镇北城，其妹阿宝坐镇南城。两城之间有铁索连通，人行其上。该城地势险要，东扼西石峡，西控日月山及通西海道路。①当时，年羹尧檄调之各路清军尚未到位，"西宁现在满兵无几"，西安满营的鸟枪骁骑四百名，前锋一百名未到西宁。清军打仗的只是西宁镇绿营兵和自西藏撤回拣留的四百名察哈尔兵，故只能坚守西宁而已。二十五日，参将宋可进援镇海堡，解其围。多巴昂索阿旺丹津被清军擒杀。接着，宋可进和游击元继尹率军援申中堡，也解其围。②北川新城堡被蒙古兵二千人占据，清军游击马成辅往攻。十一月初，副将王嵩、参将宋可进率兵三千往援，蒙古兵败走。北川上下白塔二地，命回族军官千总马忠孝前去招抚回众，捕杀"头目阿布多、吴园厄尔等"。西川、南川和北川战事平息。

从西安、固原、榆林、大同檄调之兵约19 000人，于十一月、十二月先后到达西宁，从十二月中旬开始，清军转入主动进攻，分别攻打西宁外围各据点。

2. 攻打塔尔寺

十二月二十五日黎明，清军许容等率军围攻塔尔寺（位于今湟中县鲁沙尔镇，距西宁25公里）。堪布诺们汗等投降，唤出喇嘛等一千一百余名。据年羹尧奏，以其"势穷来降，情难

---

① 李华：《南北古城与罗卜藏丹津》，《青海日报》，1985年7月4日。
② 《清世宗实录》卷十三，雍正元年十一月戊寅。

姑恕"，将他们六人"数其罪，斩之"①。另据许容奏折，"随与苏丹（前锋统领）等相商，止将蒙古喇嘛六人正法，其余除仍做喇嘛三百余名外，俱令回家还俗，臣等即撤兵回营"②。据调查得知，过去塔尔寺于每年正月十五日元宵灯节时跳"法王舞"，有"箭射年羹尧"的节目，即系对年羹尧的不满情绪而代代相传下来的。《甘宁青史略》卷十八对此评论说："怨毒之于人甚矣哉，自雍正迄今二百余年矣。……所谓魔鬼者即大将军年羹尧也，番僧以其杀活佛也，而恨入骨髓，吁，可畏哉。"

到雍正元年年末，罗卜藏丹津在西宁周围节节败退，在战场上由主动进攻变为被动退守。他自知形势发展渐渐不利于自己，于十二月十三日"归常寿"③，将囚禁的侍郎常寿放还。经过几次战斗，反清队伍中已有十余万众投降。"十二月，各蒙古贝勒、贝子、公、台吉……来归，降其胁从部落十余万"④，"屡破其众……戈铤所指，应时摧败，招降数十万众。又降其贝勒、贝子、公、台吉等二十余人"⑤。他们中有：台吉索诺木达什自布隆吉尔脱身降清；厄尔克札尔、固齐阿木塔尔、和硕齐拉布木率1 000余人降清；准噶尔部贝勒色布腾札尔带领台吉把尔珠尔等及妻子和属下2 000余人降清；察罕丹津之婿拉卜坦、宰桑巴图尔

---

① 《清史稿》卷二九五《年羹尧传》，中华书局1977年版。
② 台北《故宫文献》特刊下册，1971年版。转引自王钟翰：《年羹尧西征问题》，《青海社会科学》1990年第4期。
③ [清] 魏源：《圣武记》卷三《外藩·雍正两征厄鲁特记》（上），中华书局1984年版，第140页。
④ [清] 魏源：《圣武记》卷三《外藩·雍正两征厄鲁特记》（上），中华书局1984年版，第140页。
⑤ [清] 杨应琚：《西宁府新志》卷二十《武备·青海》，青海人民出版社1988年版，第529页。

第三章 清朝前期中期

等1 400余户和原来丹忠属下700余户降清，察军拉卜坦（墨尔根台吉之子）、旺苏克拉卜坦二人率属下降清①，察罕诺们汗属下也降清②。如此等等。

3. 川兵会师西宁

岳钟琪率兵于十一月十三日由松潘北进，一路无阻，于雍正元年腊月十三日进抵贵德。一路上破堡寨三十七，斩首数千，"抚定上寺东策卜、下寺东策卜诸番部"，进攻郭密九部，尽平之。③腊月二十六日，会师西宁。

4. 进攻郭隆寺

郭隆寺位于今互助县红崖子沟内，距西宁约65公里。该寺是章嘉呼图克图住持的寺院。二世章嘉俄旺曲丹是著名高僧，康熙四十四年（1705年）封为"灌顶普善广慈大国师"，赐金册玉印，为清代唯一得此荣称的高僧。康熙五十三年（1714年）圆寂。他曾著书七部，附刊于北京版《甘珠尔》之后广为流传。三世章嘉乳毕多杰，康熙五十六年（1717年）诞生于西宁北乡。当时该寺喇嘛"素与罗卜藏丹津、阿尔布坦温布等和好"，④"聚兵操演"，并"传令东山一带番人……齐集拒战"，⑤加入了反清斗争。清雍正帝虑及三世章嘉连累受害，"谕令延请至京。岳钟琪、年羹尧遵命，派人护送北行"，居住于多伦汇宗寺。⑥

攻打郭隆寺的战斗，由岳钟琪指挥，三路合击。许容和前

---

① 见王先谦：《东华录》雍正三。
② 《清世宗实录》卷十四，雍正元年十二月戊午。
③ 《清史稿》卷二九六《岳钟琪传》，中华书局1977年版。
④ 《清世宗实录》卷十五，雍正二年春正月甲午。
⑤ 《清世宗实录》卷十五，雍正二年春正月甲午。
⑥ 编写组：《土族简史》（修订本），青海人民出版社2009年版，第108页。

锋统领苏丹、副都统伊礼布带领满汉兵,正月初十日从西宁出发,由威远堡一路前进;总兵黄喜林、吴正安率兵由胜番沟(今乐都区引胜沟——著者)一路前进;岳钟琪率副将宋可进等由哈拉直沟一路前进。"约定十二日会兵。"①从十二日开始战斗,清军斩首"数千,据其三岭,毁其十寨","沿途毁其七寨,焚其房屋七十余所"②。据许容一路奏报,"十二日辰时到地名华里地方,见对面山上约有八九千人排列呐喊"。"山下沟内俱系租寺院田地之番子、土民堡寨,……随分兵一半攻寨,一半攻山。""自辰至申,铳砲之声不绝,连夺三山,攻破五寨。""是日下晚,各路追杀之兵皆回,拿获喇嘛数名。""次日十五清晨,传令各兵放火烧寺。"③"聚薪纵火","毁寺,诛其渠",计杀六千余人。④杀大喇嘛达克玛呼图克图及其他活佛凡七人,⑤逾墙滚沟而逃者,栖住于仙米寺。十六日回兵,十七日返西宁。此役,据《岳钟琪行状》,"以兵三千,破贼万余,穷二日之力,歼灭无遗,师旋"⑥。总之,战争是残酷的,"因寺中喇嘛支持蒙古贵族罗卜藏丹津反清,……被清军焚毁,法台却藏活佛洛桑日白坚赞、丹麻活佛及喇嘛多人被杀"⑦,"遂

---

① 台北《故宫文献》特刊下期,1971年版,转引自王钟翰:《年羹尧西征问题》,《青海社会科学》1990年第4期。
②《清世宗实录》卷十五,雍正二年春正月甲午。
③ 台北《故宫文献》特刊下册,1971年版,转引自王钟翰:《年羹尧西征问题》,《青海社会科学》1990年第4期。
④《清史稿》卷二九五《岳钟琪传》,中华书局1977年版。
⑤ 又见"活佛死者凡七人,其墓皆在塔尔寺"。[民国]慕寿祺:《甘宁青史略》卷十八,兰州俊华印书馆1936年版。
⑥ [清]吴廷琛:《岳钟琪行状》(嘉庆十七年),甘肃图书馆藏件。
⑦ 编写组:《土族简史》(修订本),民族出版社2009年版,第106页。

第三章 清朝前期中期

致僧伽恐惧,尽易俗服"①。

在清军平定塔尔寺和郭隆寺之时,贝勒罗卜藏察罕及其母、贝子济克济札布、台吉滚布色布腾、纳罕伊席和贝勒策零敦多布之姐,各率属下到西宁降清,"令往口外驻扎"②。

此时,罗卜藏丹津等退到青海湖以西,集结于今海西州境内继续战斗。

5. 决战于柴达木盆地

西宁周围的战斗结束了,罗卜藏丹津节节败退,最后的决战是在柴达木盆地进行的。"年羹尧奏调兵二万余,由西宁、松潘、甘州、布隆吉尔河四面进攻"③,作"合围聚歼"之计,需要调来补充军马4 000匹、骆驼3 500峰,及18 000斤火药和相应火器等。④岳钟琪认为,青海(牧区)辽阔,番众尚不下十万,清军深入,贼若散而诱之,击此失彼,四面受敌,此危道也;不若乘春草未生,以精兵五千,马倍之,兼程捣其不备。"世宗壮之,诏专任钟琪"⑤,批准其作战方案,授奋威将军,由岳钟琪指挥这次决战。⑥前锋统领苏丹留西宁军营办事。

雍正二年二月初八日,"祃牙徂征",清军出口,乘雪进军,兵分三路。总兵吴正安率军由北路西进;总兵黄喜林、副将宋可

---

① 《青海佑宁寺及其名僧》,《边政公论》第三卷第1~3期。

② 《清世宗实录》卷十六,雍正二年二月壬子。

③ [清] 魏源:《圣武记》卷三《外藩·雍正两征厄鲁特记》(上),中华书局1984年版,第140页。

④ 《清世宗实录》卷十三,雍正元年十一月丁丑。

⑤ [清] 魏源:《圣武记》卷三《外藩·雍正两征厄鲁特记》(上),中华书局1984年版,第140页。

⑥ 这次决战清军兵力,此处言精兵五千,一人二骑。《清世宗实录》卷十六和《甘宁青史略》卷十八说,领兵六千名。

进率军由中路西进；岳钟琪、达鼐率军由南路西进，副将王嵩、纪成斌等各率兵随后搜山。①初十日至伊克哈尔吉，在搜山中阿尔布坦温布及其妻长马儿，青黄台吉兄弟和台吉札布等二百余人，被清军俘获。②黄喜林等人俘获巴尔珠尔阿拉布坦及其叔伊克拉布坦，罗卜藏丹津西逃。在今都兰县一山洞中发现有残缺佛经和骆驼残骸，据传，罗卜藏丹津曾将十一峰骆驼及其所驮佛经藏于该洞，故有此遗迹。说明罗卜藏丹津西逃时曾路过今都兰县。又据说：罗卜藏丹津路过今诺木洪时，有一位蒙古老人名诺木洪，将他的千里驹一匹送与罗卜藏丹津乘骑。以后，该地用这位老人名字命名为"诺木洪"。清军分兵一千往北路截击，岳钟琪率大队从南路（今青藏公路一线）西追，二月十四日在席尔哈色地方，派兵往天城罕哈达追吹拉克诺木齐。当夜，吹拉克诺木齐率领300余人向噶斯口方向西逃，清军分兵500名尾追。二十日至哈达河，贝勒彭措、贝子噶尔丹岱青、台吉吹因等率所部千余人降清，并告知罗卜藏丹津驻乌兰穆和尔，有众数万。清军夜追，追至乌兰穆和尔，"生擒罗巴札布等六台吉，并获罗卜藏丹津母阿尔太哈屯，与其妹阿宝"③。罗卜藏丹津携其妻妾，骑白驼西逃。二十二日，清军在乌兰白克地方俘获吹拉克诺木齐、札锡敦多布等。④岳钟琪率兵西追罗卜藏丹津，"穷自驰逐，日三百里，至一地，红柳蔽日，不能望远，夷人曰此桑驼海也，路穷

---

① 《清世宗实录》卷十六，雍正二年二月壬子。
② [清] 吴廷琛：《岳钟琪行状》（嘉庆十七年），甘肃图书馆藏件。
③ [清] 吴廷琛：《岳钟琪行状》（嘉庆十七年），甘肃图书馆藏件。又依《清世宗实录》卷十七，"获罗卜藏丹津之母阿尔太哈屯，及其妹夫克拉克济农，藏巴吉札等"。两者所载互异。
④ 《清世宗实录》卷十七，雍正二年三月癸未。

第三章 清朝前期中期

矣，公乃班师"①。"红柳蔽天，目望不及，路尽而返。桑驼海者，青海、西藏交界……斥囚不毛……（罗卜藏丹津）已于噶尔逊河横越戈壁北投准噶尔矣。"②三十一年以后，乾隆二十年（1755年）清军荡平伊犁，征服准噶尔部，"获……罗卜藏丹津，献俘京师。上御午门楼受之，皆赦其死"③，既往不咎，令居住北京，不许擅出。罗卜藏丹津的两个儿子被编入蒙古正黄旗籍，授蓝翎侍卫，在司辔上行走。④

这次决战从二月初八日出师开始，到二十二日战斗结束，"仅旬有五日"。"三月之朔"，清军"奏凯旋旅"。⑤三月初三日，达鼐和纪成斌等搜山，派兵往西藏一路邀截，在棱罗木地方，将夹木灿堪布喇嘛和垂札木素二人擒斩。⑥四月十二日，将"吹拉克诺木齐、阿尔布坦温布、藏巴札巴三人……解送至京"⑦。雍正帝为吹嘘此次战功，树立《御制平定青海告太庙碑》。

（四）清军镇压不服管束的藏族等部

雍正以前，以桌子山为中心的大通河东西两岸的藏族部落和今迭部藏族及贵德所管辖的藏族各部落，前者游离于青海台吉和清政府之间，后者原属青海台吉管辖，他们都成为罗卜藏丹津反清的同盟军或同情者。罗卜藏丹津起事时，联络驻牧于大通河畔

---

① ［清］吴廷琛：《岳钟琪行状》（嘉庆十七年），甘肃图书馆藏件。
② ［清］魏源：《圣武记》卷三《外藩·雍正两征厄鲁特记》（上），中华书局1984年版，第140~141页。
③ ［清］魏源：《圣武记》卷四《外藩·乾隆荡平准部记》（上），中华书局1984年版，第152页。
④《清高宗实录》卷四九一，乾隆二十年六月壬戌。
⑤《清世宗实录》卷十七，雍正二年三月甲申。
⑥《清世宗实录》卷十七，雍正二年三月癸卯。
⑦《清世宗实录》卷十九，雍正二年闰四月癸未。

之原西海蒙古遗裔，攻西宁和大通新城，"意在占据凉州"①。清朝任命蒋洞（颖）任凉庄道，团练乡勇，任命庄廷伟为甘山巡道，练民兵，登陴守城，②以保证河西走廊的稳固。从雍正二年三月开始，清军趁得胜之势派兵镇压上述各地不服管束的各部落。

1. 攻打桌子山、棋子山

桌子山和棋子山在大通河东，属庄浪卫境。桌子山南有大通堡。该山四面峭壁，惟羊肠一径可通。其东没毛山，周四百里。庄浪卫西北有仙密寺（明天启时初建，在今天祝县赛尼沟，重建时移今门源县东讨拉沟），"寺极宏壮"③，寺僧数百，寺属有上下仙密二族。该地南通金城，北据古浪，东连松山，西通青海，明代隆庆、万历时是土默特蒙古出入西海的通道。谢尔苏番部六族占领桌子山一带，不服从清朝。从郭隆寺、郭莽寺逃出之僧人，煽动纳朱公寺（即珠固寺，今属门源县）、加尔多寺所属藏族部落，与桌子山联络，拒不降清，并"劫饷戕官"④。年羹尧、达鼐、岳钟琪等议定，四月十五日由西宁出发，兵分多路，进攻桌子山等地。纳朱公寺投降。副将纪成斌、张玉、总兵黄喜林等分兵四路攻加尔多寺，杀数百人，寺亦被焚。然后以兵二万，四面进攻桌子山。"分兵二路，以其半据西山之隘，声期进捣，以万人袭东山"并"急勒兵回攻西山"。⑤游击马忠孝、王大勋等于和石沟攻杀；游击王世吉、范世雄于石门口攻杀；凉庄道蒋洞从

---

① ［民国］慕寿祺：《甘宁青史略》卷十八，兰州俊华印书馆1936年版。
② ［民国］慕寿祺：《甘宁青史略》卷十八，兰州俊华印书馆1936年版。
③ ［清］梁份著，赵盛世等校注：《秦边纪略》卷一《庄浪卫·庄浪近疆》，青海人民出版社1987年版，第107页。
④ ［民国］慕寿祺：《甘宁青史略》卷十八，兰州俊华印书馆1936年版。
⑤ ［民国］慕寿祺：《甘宁青史略》卷十八，兰州俊华印书馆1936年版。

第三章 清朝前期中期

东边进攻,战斗于喜逢堡,岳钟琪全面指挥。当前锋统领苏丹率兵到劳柏拉夏口时,番兵伏匿山沟不出,以逸待劳。蒋泂"破敌于巴洞沟",连城土司鲁华龄"破敌于天王沟"。谢尔苏部首领阿旺策零,被仙密寺喇嘛拿获解送于清军。①岳钟琪又领兵到镇羌,派兵攻木茂山(没毛山),平之。令仙密寺"喇嘛番众俱移于加尔多寺之外居住",把仙密寺焚毁。②大通堡等番众投降,战事结束。用兵五十余日,官方文献自夸为"永靖边塞"③。这次军事行动,撒拉族土司韩炳等也率土兵从征。④

2. 迭部、贵德等藏族部落归附清朝

雍正二年四月,与攻打桌子山同时,年羹尧檄令河州协副将岳超龙(岳钟琪之叔)率兵攻打河州口外的原属青海蒙古管辖的迭布等地(今属甘南藏族自治州),计"攻取四十一寨,剿服三十七寨"⑤。同年秋八月,归德(贵德)所等处藏族部落,"向归青海蒙古管辖。至是,请求内附",⑥改由清朝地方政府管辖。

此外,乘川军回本汛之便,将贵德至松潘口外一带藏族部落,"或剿或抚","悉无梗化",全部征服,"蜀陇交通,从此恢复,行旅称便"。⑦

至此,由罗卜藏丹津起兵反清而引起的军事冲突,全部结束。战争虽结束了,但留给人们许多值得思索的问题。主要表现

---

① 《清世宗实录》卷二,雍正二年五月庚申。
② 《清世宗实录》卷二〇,雍正二年五月庚申。
③ 《清世宗实录》卷二〇,雍正二年五月庚申。
④ [清]龚景瀚:《循化志》卷五《土司》,青海人民出版社1981年版。
⑤ [民国]慕寿祺:《甘宁青史略》卷十八,兰州俊华印书馆1936年版。
⑥ [民国]慕寿祺:《甘宁青史略》卷十八,兰州俊华印书馆1936年版。
⑦ [民国]慕寿祺:《甘宁青史略》卷十八,兰州俊华印书馆1936年版。

在：青海蒙古人口的大量死亡和损耗。仅官方文献记载："降王三，擒王十有五，斩首八万余人，俘获男女数万口。"①财产损失无法统计。英勇的、人口数以百万计的蒙古民族，自明代末期以后，在不断的民族内部战争中，死亡相继，动辄以千万计。尤其在民族之间的战争中，如皇太极征服察哈尔部，康熙帝与噶尔丹的乌兰布通之战、昭莫多之战和沙漠之战，雍正初年罗卜藏丹津反清事件以及乾隆时伊犁之战等等，战争规模大，死亡人数多，蒙古民族怎能不日益衰微呢？在封建时代，骄兵悍将、贪官污吏，往往借战争之机大肆掳掠，作恶多端，使劳动人民备受其害。如在私人笔记资料中所记，年羹尧征青海有云："临阵斩获者无算，有掳其全部者，除贼首三人解京正罪，余五十以下十五以上者，皆斩之，所杀十数万人。""女子皆以赏军士。各省协剿官兵归伍者，咸拥夷女而去。西安府驻防八旗兵回镇将士除自获者，年大将军复赏以夷女五百人……五月十三日记。"②如此等等。战争，尤其不义的战争，给人们带来的只能是灾难！由此观之，在决定民族存亡兴衰的重大行动时，不可不鉴古知今，慎之又慎！

第四节　清朝的"善后"措施及进入封建领主制衰落阶段

罗卜藏丹津反清事件，在很短的时间内就结束了。但这次事件"善后"措施的结果，却给青海各民族各地区的政治体制带来

---

① 《西宁府新志》卷二十和［清］吴廷琛：《岳钟琪行状》（嘉庆十七年），甘肃图书馆藏。

② ［清］汪景祺：《读书堂西征随笔》"记台吉女自缢事"，上海书店1984年版。

第三章 清朝前期中期

巨大变动,给青海蒙古族的社会历史发展带来划时代性的变化,和硕特蒙古的称雄盛世在此划上了句号。甚至可以说:"青海和硕特的历史活动,以罗卜藏丹津的活动而完全中止了。"①

康熙五十九年(1720年)清廷改变西藏的政治体制,已经开始了对青藏高原加强中央集权统治的进程,结束了这一地区的安危治乱系于蒙古台吉之手的政治局面。次年,即康熙六十年(1721年),罗卜藏丹津反清事件爆发之前两年,清廷已决定对青海蒙古部落悉照内札萨克蒙古办法实行划界编旗分编佐领的政策。如,康熙六十年八月十五日年羹尧《请以杨尽信升重庆镇周瑛升化林镇折》中有云:"……前在热河陛见时,亲承训旨,欲将西海(青海)蒙古部落,悉照北边(指内蒙古札萨克)分编佐领。……盖此事所关甚大,既将集事,先在得人"。康熙帝朱批:"照例具题。"②据此可知,从康熙末年起即定下了对青海蒙古"分编佐领"、"不相统属"、分而治之,使之成为清朝直接统治下的一部分的基本政策,雍正时踵而行之而已。年羹尧正是依据上述既定方针,于雍正二年五月十一日拟奏了《青海善后事宜十三条》和《禁约青海十二事》,③很快地得到雍正帝的批准,几乎没有重大改动就付诸实施了。这两个文件成为清朝在青海行政立法的基本准则,其中心思想是削弱青海蒙古的潜在力量和强化中央集权统治。所云"善后",是借用历史文献上官方用语。对清

---

① [日]佐藤长:《论罗卜藏丹津的叛乱》,载《史林》第55卷第6号(1974年)。

② 台北《故宫文献》特刊下册,1971年版,转引自王钟翰文:《年羹尧西征问题》,载《青海社会科学》1990年第4期。

③ 两个文件全文见《清世宗实录》卷二〇,雍正二年五月戊辰;《东华录》雍正四。

朝来说，是强化其统治，对蒙古族人民来说，并没有得到什么较为良好的改善其生存的社会环境。上述"十三条"和"十二事"，就其基本内容说包括六个方面，其中直接针对青海蒙古的有三个方面。兹概要地论述于此。

一、调整地方建制，整顿宗教寺院

（一）调整地方建制

原属青海和硕特台吉管辖的中甸、喀木地方，交云南、四川官员管理，①中甸交云南省，喀木交四川省。重要的调整是西宁府的设置和西宁办事大臣的设立。雍正三年（1725年）"改西宁卫为西宁府，领县二卫一"。"附郭为西宁县，（改）碾伯所为碾伯县"，西宁府辖西宁、碾伯二县和一个大通卫。西宁县境包括今西宁市、湟中县、湟源县、互助县、平安县和大通县桥头以南的地方。碾伯县境包括今乐都县、化隆县、民和县的地方。大通卫于雍正三年新设。大通（包括北大通）原属蒙古游牧地方，路达甘州、凉州甚捷，且逼进西宁北川营，形胜险要。雍正三年"筑大通、永安、白塔三城，设官兵分守。置大通卫，属西宁府"②。大通城在今门源县浩门镇，永安城在今祁连县，白塔城在今大通县。同年设"钦差办理青海蒙古番子事务大臣"，简称西宁办事大臣，驻西宁，办理青海蒙古藏族事务（两年后，1727年在拉萨设立驻藏大臣，清廷对青藏各地进行全面直接管理）。蒙古正白旗人、副都统、散秩大臣达鼐被任命为第一任西宁办事大臣。西宁办事大臣从雍正三年（1725年）设置直至清朝覆亡（1911年），历时180余年。

---

① 《青海善后事宜十三条》，《清世宗实录》卷二〇，雍正二年五月戊辰。

② ［清］杨应琚：《西宁府新志》卷三《地理·沿革》，青海人民出版社1988年版，第120页。

第三章　清朝前期中期

（二）调整加强军镇部署

在西宁镇外新设大通镇，设总兵一名，兵额3 000名，辖大通、白塔、永安三营。三营城堡兵房于雍正三年兴筑，雍正五年竣工。总兵驻大通营。白塔营设参将一员，兵八百名；永安营设游击一员，兵八百名。又从上下白塔之处至巴尔托罗海到扁都口一带，创修边墙，使之"悉成内地"①。到雍正十三年，因形势变化，将大通镇降格改设为协，改设副总兵（副将）一员，隶属于西宁镇。

黄河以南原属河州镇管辖的保安堡（原设守备），添兵至四百名；归德堡添设把总一员，兵二百名，俱改隶西宁镇管辖。

西宁城西北的拉课、闇门，设守备驻扎。西宁南川，设千总驻扎。

上述如此设防，其意在于威慑青海蒙古和藏族，即所谓"蒙古等不敢觊觎，番民等亦有所依仗"②。

青海周邻地方，也添兵设防。四川方面：边外单噶尔斯，添设参将；木雅吉达地方，驻总兵官；巴塘里塘之吹音地方，设守备；巴塘设游击，里塘设副将。以为云南、四川等地声援，而总隶于木雅吉达总兵。③

对阿坝土司墨丹桂，授安抚使头衔，不再隶于青海台吉管辖。在松潘旧城设游击一员，隶于松潘总兵。

在北达沙州、西通噶斯、东通柴旦的布隆吉尔，筑城设营。

总之，从四周警戒青海，使"南至滇省，北至陕省，俱可援助"④，联成一气，构成一个军事网络。

---

① 《清世宗实录》卷二〇，雍正二年五月戊辰。
② 《清世宗实录》卷二〇，雍正二年五月戊辰。
③ 《清世宗实录》卷二〇，雍正二年五月戊辰。
④ 《清世宗实录》卷二〇，雍正二年五月戊辰。

(三) 在撒拉族地区查田定赋，设营驻兵

雍正四年对居住在今循化县的撒拉族清查户口田土，确定赋额，起科纳粮，隶于河州同知。雍正七年设立循化营，修筑循化城，设游击一员，驻兵八百名。①

(四) 在藏族中设置千百户，或输粮或贡马

《圣武记》卷三说："西宁番者，北沿甘、凉，西接回部，南界川、滇，二三百部皆吐蕃种，不相统属。……役于厄鲁特，纳租错牧，但知有蒙古，不知有中国。"②此处所言指雍正二年以前的情况。《青海善后事宜十三条》载明："西番人等宜属内地管辖。"即宜属地方官府管理，不许再由和硕特蒙古台吉管辖，不许再向青海台吉交纳租赋。"将番人心服之头目，给予土司千百户"，全面推行千百户制。雍正四年、五年，由西宁办事大臣达鼐和总兵官周开捷主持，出口调查安置，发给千户百户委札。玉树地区于雍正九年由达鼐向清廷奏准，勘定巴彦南称等各族界址，次年，会同四川、西藏官员勘定，近西宁者由西宁办事大臣管辖，委任千户百户，发给牌照。对此，《西宁府新志》卷三十一说："先是各番族外属青海蒙古，内隶各寺喇嘛，岁纳添巴与香粮。……今归我版图，断其肩臂，青海势弱，捍外卫内，始得其宜。"③青海藏族各部中虽然从元朝开始已有千户百户官号，但正式确立普遍推行千百户制度，是从雍正时开始的，旧史所云"平青海，收蕃族，设郡

---

① [清] 龚景瀚：《循化志》卷一《建置沿革》和卷三《营汛》，青海人民出版社1981年版。

② [清] 魏源：《圣武记》卷三《外藩·雍正两征厄鲁特记》（上），中华书局1984年版，第141~142页。

③ [清] 杨应琚：《西宁府新志》卷三十一《纲领》（下），青海人民出版社1988年版，第816~817页。

邑"①，"使权不归一，去其（蒙古）羽翼"②，即指此而言。纳粮番族，不论顷亩，每户纳粮一斗（指仓斗，下同），贡马番族，每百户纳马一匹，折银十两，不到百户之部落，也照马匹折价，每户纳银一钱。到乾隆四年，将纳马价银减为每马一匹折银八两，每户纳贡马银八分。

（五）整顿藏传佛教寺院

这次罗卜藏丹津反清事件，有一个显著特点，即各较大的藏传佛教寺院的僧侣多有附从。其所以如此，大致有如下原因：一是固始汗地方政权在藏族中本来就有政教合一的体制，宗教上层与政治上层统治者在对待重大政治问题时采取同一态度，是可以理解的。二是这些宗教寺院在雍正以前一直保持着明朝发给的敕印，使用着明朝所给的喇嘛名号。清王朝建立虽然已经八十年了，但是对这些寺院和僧侣并没有来得及行使直接政治统治权，"羁縻而已"。因此，他们对清朝存在着一种潜在的不服从情绪，处理不慎，一触即发。三是自康熙初年起地方官员即多次奏请削弱和限制寺院上层的种种特殊权益。如，西宁卫指挥同知李洵奏请"罢西海等处庙宇与边外诸蒙古纳进，白塔等处边外诸民，应遣入边，各归本境"；又将军郎谈上"请禁西宁寺庙诸番给蒙古纳进疏"和"请禁约喇嘛等不得任意出边并除异端疏"等等。③因当时政治条件不适宜，暂作罢论。但是寺院上层对清廷到底执行什么样的宗教政策以及对他们自己的特殊权益能否原封保持，处于疑虑之中，容易与反清活动一拍

---

① [清] 杨应琚：《西宁府新志·序》，青海人民出版社1988年版，第54页。
② [民国] 慕寿祺：《甘宁青史略》卷十七，兰州俊华印书馆1936年版。
③ [清] 杨应琚：《西宁府新志》卷三十四《艺文·条议附》，青海人民出版社1988年版，第897~898页。

即合。寺院成为反清力量的组成部分，自会招致清廷的愤怒。《清世宗实录》卷十五所载雍正二年正月甲申上谕，即反映了这种愤怒情绪。到雍正二年五月由年羹尧奏准，于雍正三年由达鼐等执行如下措施：

寺院规模"不得过二百间，喇嘛多者三百人，少者十数人"。"每年稽察二次，令首领喇嘛出具甘结存档。"①

寺院不许向附近部落收租要粮。

寺院僧人所需衣单口粮，由官府酌发。每名喇嘛每月支粟十日，炒面十日，白面十日。米每日支领一京升，面粉日支二十两（每斤16两——笔者）。衣单银，大喇嘛每月二两，小喇嘛每月一两。②

雍正五年，由达鼐会同周开捷条议批准，更正各寺院喇嘛名号，"以沿边各寺族剌麻有名国师、禅师者，名目不合，宜收前明（所发）各敕印，换给僧纲、都纲职衔，议给衣单口粮"。③"其印诰交于礼部"。④各地依议，"查收本朝以及明季伊等原领国师、禅师印敕诰命图记等项呈验，给发西宁镇标中营游击，汇齐造册，解送甘肃布政使，转解缴部"。各寺院原管番族，归各地州县管理，原征香粮，归作正赋。

经过上述整顿，各寺院纳入清政府的政治管理体系。《西宁府新志》卷三十一《纲领》（下）说，"数百年之弊，一旦革除，

---

① 《清世宗实录》卷二〇，雍正二年五月戊辰。
② 《清世宗实录》卷二〇，雍正二年五月戊辰。
③ [清] 杨应琚：《西宁府新志》卷二十《武备·青海》，青海人民出版社1988年版，第531~532页。
④ [清] 杨应琚：《西宁府新志》卷十五《祠祀·番寺》，青海人民出版社1988年版，第386页。

第三章 清朝前期中期

宁人快之。"

上述种种措施,并未取消寺院的封建特权,只是增加了一项月支衣单银两,而寺院上层依然对寺院所属部落收租要粮,藏传佛教寺院的政教合一统治没有改变,而且一直延续到1949年成立中华人民共和国之初。雍正五年四月初八日佛诞日,清廷发布上谕,"保护青海蒙藏所崇奉之喇嘛教"①,缮黄遍贴各大寺院。雍正十年(1732年)奉旨重建郭隆寺,赐额佑宁寺,敕赐碑文;奉旨重建郭莽寺,赐额广惠寺,敕赐碑文。②至于塔尔寺,也仍在继续发展,"(屋)瓦皆流(鎏)金","宏厂(敞)壮丽,兹寺为特",③有房舍1 700余间,僧侣多时达3 600人。到乾隆十二年、二十年,清政府重定喇嘛职衔,发给札付。在青海有七大呼图克图,另有外呼图克图若干,藏传佛教兴盛不衰。于此更进一步说明,清政府的上述整顿措施,决不意味着改变其"兴黄教以安众蒙古"的基本政策,而是要把宗教寺院直接置于政府控制之下,决不让它继续成为政治上的异己力量。

在青海之役中,清军烧毁了不少寺院,如郭隆寺、郭莽寺、仙密寺、石门寺等,也屠杀了不少喇嘛僧人,对此史载明晰,无人为之翻案,论者也无异词。但论史评事,须求实存真。这些事实都是在反清和镇压反清的战争中发生的,并非事出突兀,为杀而杀。在塔尔寺,"止将蒙古喇嘛六人正法",而且该六人参加

---

① [清]杨应琚:《西宁府新志》卷三十一《纲领下》,青海人民出版社,1988年版。
② [清]杨应琚:《西宁府新志》卷十五《祠祀·番寺》,青海人民出版社1988年版,第380页。
③ [清]杨应琚:《西宁府新志》卷十五《祠祀·番寺》,青海人民出版社1988年版,第373页。

了反清活动,并非因为是喇嘛而遭杀。在郭隆寺,杀死和烧死僧人许多,也因他们"恃险拒敌",是在军事行动中扩大化所致。如此等等。因此不应该被说成是毁寺灭教,而且不久以后奉旨重建寺院,赐额立碑,这无异于清政府对上述扩大化行动,对各寺院宣布了"平反"。由此观之,把它放到一定的历史背景下去认识,就容易评述得更合乎历史实际了。

二、在蒙古族中划界编旗

对青海蒙古的善后措施原则,体现在《禁约青海十二事》中,而诸种措施在《青海善后事宜十三条》中有明确规定,具体来说,有如下三项重要措施。

(一) 分别赏罚

对蒙古诸台吉在罗卜藏丹津反清事件中的各自表现,分别情况,以加赏罚。

晋爵者:贝勒色卜腾札尔于罗卜藏丹津进攻西宁南川、西川时,通风报信,并带领策凌诺尔布、罗卜藏察罕等向清军投降,晋封郡王。台吉噶尔丹岱青始终未帮助罗卜藏丹津,与贝勒盆素克汪札尔力战吹拉克诺木齐,又随清军出口追击,晋封贝子。台吉阿拉布坦系察罕丹津之婿,随年羹尧追击效力,封辅国公。

宽大处理保留原爵者:贝勒盆苏克汪札尔虽曾参加过反清,但不久降清,公策凌诺尔布降清,均保留原封之爵。

革爵者:辅国公罗卜藏察罕和台吉济济克札布,曾攻扰内地,均革爵为民。

降爵者:贝勒策凌敦多布,反清积极,虽已投降,也应示罚,降为贝子。贝子拉查布,与策凌敦多布情况相同,降为镇国公。

(二) 划界编旗，分别游牧

对青海蒙古社会发展影响重大而深远者，为编制蒙旗一举。青海蒙古原有部落而无旗制，在兀鲁思、鄂托克的牧地上建立其封建领主统治。依据"宜分别游牧居住"的方针，"依内札萨克，编为佐领，以申约束"，各管各属，定有分界。据《青海善后事宜十三条》，"每百户编一佐领，其不满百户者为半佐领。将该管台吉俱授为札萨克；于伊等弟兄内拣选，授为协理台吉"。旗的组织，"每扎萨克俱设协领（即管旗章京）、副协领、参领各一员，每佐领俱设佐领（即苏木章京）、骁骑校各一员，领催四名；其一旗有十佐领以上者，添设副协领一员，佐领两员，酌添参领一员。"①战乱之后，青海蒙古诸部生活陷于困境，清廷下令赈济。雍正三年命理藩院侍郎鄂赉会同办事大臣达鼐等官员出西宁口外，"振帐赏穷乏，分编佐领，查明青海蒙古乃二十九家，即分为二十九旗。"②在实际编旗过程中，"以百五十户为一佐领，共佐领一百一十四个半。"③其"扎萨克、王、贝勒、贝子、公、台吉俱系世职（乾隆四十八年特诏，均世袭罔替——引者），颁授印信册诰"④。"其协理台吉一职，引见补授。"⑤札萨克宪书綵缎由京解西宁支散，俸银在西宁支领。亲王年俸银2 000

---

① 《清世宗实录》卷二〇，雍正二年五月戊辰。

② [清] 杨应琚：《西宁府新志》卷二十《武备·青海》，青海人民出版社1988年版，第531页。

③ [清] 杨应琚：《西宁府新志》卷二十《武备·青海》，青海人民出版社1988年版，第531页。

④ [清] 杨应琚：《西宁府新志》卷二十《武备·青海》，青海人民出版社1988年版，第531页。

⑤ [清] 杨应琚：《西宁府新志》卷二十《武备·青海》，青海人民出版社1988年版，第531页。

《西宁府新志》中有关史料

两,依次递减至辅国公为200两。每佐领一个,设有壮丁150名,"共壮丁一万五千六百七十五名,"[1]共约一万七千余户,十万口有余。

在所编二十九旗中,和硕特部二十一旗,牧地在大通河上游,布哈河、布隆吉尔河、柴集河两岸及河曲地区等;另外八旗中,土尔扈特部四旗,牧地在河曲地区黄河东西两岸;绰罗斯(即准噶尔)部二旗,牧地在青海湖东南;喀尔喀部一旗,牧地在青海湖南岸;辉特部一旗,牧地在柴集河东。总之,"或远或近,皆在青海之四面联络住牧"。依据"宜不属青海"(指和硕特贵族)原

---

① [清] 杨应琚:《西宁府新志》卷二十《武备·青海》,青海人民出版社1988年版,第533页。

则,这四部八旗,分别独立编旗,"不许青海占为属下。"①慕寿祺对此评论说:"使权不统一,此清初之弱蒙政策也。"②

关于固始汗诸子后裔的牧地和编旗情况,大致如后:

达延汗后裔,编为三旗,即阿喀公旗、托茂公旗和布喀公旗。牧地在今海晏县和祁连县默勒一带。

鄂木布后裔,编为四旗,即群科札萨,居里盖札萨,科鲁札萨和默勒札萨。居里盖札萨在今共和县,余在今海北州。

达兰泰后裔,编为二旗,即默勒王旗,牧地在今祁连县,另一旗为南左翼次旗,牧地在青海湖南岸。

青海土尔扈特部南中旗札萨克印(道光三年,1823年)正面

印文

---

① 《清世宗实录》卷二〇,雍正二年五月戊辰。
② [民国] 慕寿祺:《甘宁青史略》卷十八,兰州俊华印书馆1936年版。

阿玉什后裔，编为一旗，即东上旗，牧地在今海晏县。

伊勒都齐后裔，编为三旗，即河南亲王旗等三旗，牧地在今河南县一带。因牧场优良，"较河北各旗，稍为富强"。

多尔济后裔，编为三旗，即青海王旗、柯柯贝勒旗和茶卡王旗，牧地在今海西州。

瑚鲁木什后裔，编为二旗，即宗贝子旗和巴隆札萨，牧地在今海晏和都兰。

桑噶尔札后裔，编为一旗，即可鲁沟贝子旗，牧地在今海西布隆吉尔之南。

衮布察浑，死而无嗣。

札什巴图尔，其子罗卜藏丹津反清失败。

以上共十九旗。加上固始汗兄之后裔一旗即台吉乃旗，固始汗弟之后裔一旗即宗札萨。和硕特部共廿一旗。

此外，罗卜藏丹津属下而降清的垂寨桑，"令于松潘口外驻牧，授为土百户职衔"①；丹忠部下"寨桑噶隆色卜腾达什等，率领数百余人，赴松潘投顺，现驻潘州"，"给以千户、百户文凭"。②

阿拉善郡王、额附阿宝申请"于青海处赐闲旷之地居住，管理青海人等，不致复荫乱心"③，清廷令于贝子丹忠所遗牧地博罗充克克居住，"派员赍饷，助其移徙安插"④。到雍正七年，阿宝撤返阿拉善。

各旗划定地界，发给地照，划定界线，不准越界放牧，不准私占牧地，不许私自往来。（附：二十九旗分布示意图）

① 《清世宗实录》卷二○，雍正二年五月戊辰。
② 《清世宗实录》卷二○，雍正二年五月戊辰。
③ 《清世宗实录》卷二五，雍正二年冬十月乙未。
④ 《清世宗实录》卷二五，雍正二年冬十月乙未。

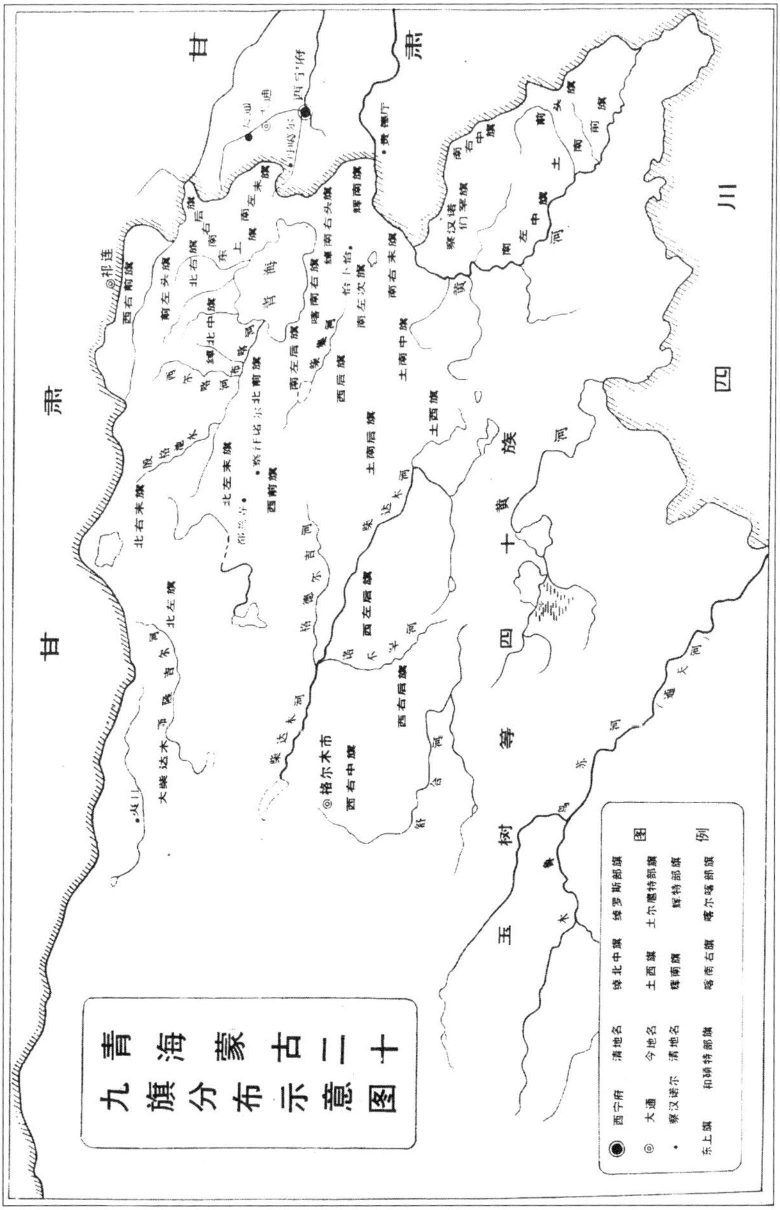
青海蒙古二十九旗分布示意图
甘
肃
四
川
西宁府
大通
丹噶尔
察汉诺尔
格尔木市
黄河
青海
清地名
今地名
图例

(三) 会盟朝贡和互市贸易

规定各族每年会盟一次，由钦差大臣监督主持，"奏选老成恭顺之人委充盟长"，各旗"不准妄自私推"①。结合过去蒙古族有祭海和会盟的传统，会盟时举行祭海活动。雍正四年三月"敕封青海水神为灵显青海之神"②，并筑亭立碑。还规定，诸旗札萨克不得私自祭海和会盟，会盟时也不准无故不到。祭海和会盟的时间，原先在仲春举行，后改为仲秋举行（乾隆时推崇神道，定每年中元节即七月十五日，派大臣到青海湖滨主持祭海和会盟）。祭海仪式完毕后，宣读"皇帝谕令"，宣布政令，然后对各旗间纠纷进行当面质对，评断处理，并订定明年朝贡等事宜。到乾隆十二年（1747年）经办事大臣众佛保奏准，改为两年一会盟；乾隆二十八年（1763年）二月经军机大臣等议奏，改为三年一会盟。③祭海和会盟由办事大臣监视，"不敢妄谈政治。典礼可谓严矣，然元朝后裔得保其种族以迄于今，岂非大幸也哉"。④

清朝对其朝贡有清晰的规定。"自雍正三年起，于诸王台吉内派定人数，令其自备马驼，由边外赴京，请安进贡。青海诸王贝勒，应分作三班，三年一次，九年一周"，⑤每年元旦起程。

互市贸易，定期定地。雍正二年议定，每年的二月、八月，两次互市，俱以边外为集。地点在西宁西川边外那拉萨拉（即日月山）。"届期……饬委营弁，领兵督守。如有擅进边墙者，即

---

① 《清世宗实录》卷二〇，雍正二年五月戊辰。
② 《清世宗实录》卷四二，雍正四年三月乙未。
③ 《清高宗实录》卷六八〇，乾隆二十八年二月壬寅。
④ [民国] 慕寿祺：《甘宁青史略》卷十八，兰州俊华印书馆1936年版。
⑤ 《清世宗实录》卷二〇，雍正二年五月戊辰。

行惩治。"①因为蒙古人众需用茶、布、面粉等物，互市之期过后，会致穷乏，改为每年四季的仲月即二、五、八、十一等月为互市之期。雍正三年四月又议准岳钟琪折奏：河南亲王察罕丹津、公拉查卜等部牧地在河曲，"切近河州，去松潘也不甚远"，原在河州、松潘贸易。规定在河州之双城堡及松潘之黄胜关西河口二处贸易，以利互市。又，郡王额尔德尼厄尔克托克托鼐、郡王色卜腾札尔等牧地在黄河西边，"相近西宁"，允其所请，将互市地点由那拉萨拉改在丹噶尔寺。考虑到"蒙古贸易全藉牲畜，每在六月以后"，即秋高牛羊肥壮之时，又改为"不定限期，仍听不时贸易，则蒙古商贩，均获利益矣"②。与此同时，原先的民族贸易颇为兴盛的多巴和白塔，从此逐渐衰落了，而丹噶尔从此兴盛，后来居上。雍正五年在丹噶尔筑城。六年竣工，驻参将一员，兵丁三百五十名，到道光九年（1829年）为治商起见，设丹噶尔厅，商业繁茂，世人称之为"小北京"。

此外，《青海善后事宜十三条》中尚有"边内地方，宜开垦屯种"的条规。从直隶、山西、河南、山东、陕西五省，拨"罪犯人等"③，汉回皆有，到大通等处屯种。

从此，青海蒙古完全置于清朝中央政府直接控制之下。到嘉庆十四年（1809年）和硕特南左次旗人丁无几，明令撤消，留下二十八旗。另外加上察罕诺们汗一旗(白佛旗，牧地在循化边外，嘉庆二年经策卜克奏准，移居黄河之南今贵德和贵南一带。其札萨克印文为汉藏合璧，汉文为"察罕诺们罕王署掌印扎萨克大喇嘛戳记"。) 人们仍习惯地称之为二十九旗。

---

① 《清世宗实录》卷二〇，雍正二年五月戊辰。
② 《清世宗实录》卷三一，雍正三年四月丙申。
③ 《清世宗实录》卷二〇，雍正二年五月戊辰。

关于察罕诺们汗旗的来由和属民等情况，略作叙述于后。察罕诺们汗是蒙古语"白佛"之意。雍正三年青海蒙古划旗定界时，察罕诺们汗作为蒙古各部首领中一位成员，被授予札萨克爵职，成为札萨克喇嘛。这是青海蒙古族中唯一的活佛兼札萨克爵职，世代传承，集政教大权于一人之身。

据《安多政教史》和其他有关史籍可知，察罕诺们汗世以呼毕勒罕承袭。其第一世为拉摩·措尼嘉措，生于西藏达钦县拉摩地方，在策赛寺出家，后到拉萨哲蚌寺深造，成为一位大学者。约于明万历初年，受三世达赖喇嘛之命来青海传教，住持阿噶尔菩提寺（在今尖扎县境内），曾经受到西海蒙古火落赤部的供养。约于万历三十七年（1609年）圆寂。二世为罗哲嘉措，1610年生于蒙古族土默特部，有资料说，是火落赤之子，由四世班禅认定他为前辈的转世。清顺治时创建今尖扎古鲁寺，土默特100户牧民为其寺户。五世达赖喇嘛曾命其去调解蒙古部落间的纠纷，事后他获得"察罕诺们汗"称号，顺治十六年（1659年）圆寂。三世为阿旺洛桑丹白坚参，1660年生于贵德县的羊桑曲察，由五世达赖认定其为前辈的转世。康熙二十一年（1682年）创建德庆寺。康熙四十四年（1715年）入朝京师，被封为察罕诺们汗。当真假达赖灵童之争时，依从蒙古各级大小官员的意愿，三世察罕诺们汗担任七世达赖格桑嘉措的堪布，并为之灌顶授戒。七世达赖封他为阿齐图诺们汗。这几位察罕诺们汗，从明末清初直到雍正初年，以活佛及蒙古族一部首领的身份参与青海蒙古族的重大活动。固始汗时布施了许多物品和一大批部落和村庄。其属民有蒙古族和藏族。雍正三年编旗时有四个佐领，共约400余户。以后人口繁衍，属民有蒙古族16族，藏族12族，嘉庆初有1 200余户、13 000余口。四世察罕诺

第三章 清朝前期中期

们汗为洛桑土登格勒坚赞,雍正末年入朝,封"慧悟禅师"名号。道光初年时,为五世察罕诺们汗阿旺却珠丹贝坚赞。到1949年解放时,为八世察罕诺们汗。

三、青海蒙古族社会进入封建领主制衰落阶段

由于划界编旗、分编佐领等政治体制的变化,尽管青海蒙古社会的经济基础没有改变、领主统治没有改变,但原先的部落联盟和部落组织被撤销了,领主的身份、地位、职权、君臣上下关系以及这套上层建筑对经济基础的反作用等方面,都发生了一系列新的变化。从此,青海蒙古族社会步入了封建领主制衰落阶段。与此同时,英雄的青海蒙古族步入了日渐衰微的道路。表明这个新阶段的主要特征主要有如下三个方面。

(一)在原封建领主制基础上贯彻众建少力和分而治之原则,建立起清朝的中央集权统治

盟旗制度是清朝对蒙古原来封建制的改革和调整。它是中央集权制下的封建领地制,有别于原先割据时代的蒙古封建领地。划界编旗时,执行众建少力的原则,原来部落被分割,"不必一姓聚于一处"。大体上是把原爱玛克编为佐领,原鄂托克编为旗,各有其管辖的领地和牧民。札萨克旗长由清廷任命,不再是原来的集大权于一身的蒙古封建领主。在佐领之下每十户设一"什长"。各旗定有分界,各管各属。喀尔喀、土尔扈特、准噶尔、辉特四部蒙古,不许再由和硕特台吉管辖,以分其势。

各旗旗长都处于钦差办事大臣的监管之下,不设盟长,各自独立,丧失了往昔"总管王"(珲台吉)和"八台吉"的职权。各旗兵马统归西宁办事大臣调遣。会盟,由办事大臣监视。对此,慕寿祺在《甘宁青史略》中评论说:"蒙古部落必设盟长以统属之,而青海独无,比之伊克昭盟,无乃向隅乎!又恐其彼此

团结，或有造乱机会也。"①慕寿祺和盘道出了清朝统治者的意图。

各旗划定地界，既不得互相统辖，也不得私相往来。每年在钦差大臣的监视下会盟一次，奏选盟长，不许妄自私推。这里说的"奏选盟长"只是主持会盟而已。清廷把旗长，甚至主持会盟的盟长的任命权，牢牢掌握在自己手中。虽然"扎萨克皆有分土，三代诸侯殆无以异"②，仍然是有封土的"诸侯"，是封建领主，又有年俸，但他们的活动范围被严格地限制在本旗地界以内。这一切，致使这个马背上的民族，再也不能像过去那样大范围地驰骋了。

定期轮班入京进贡，意味着臣下对君主的定期朝觐述职。青海台吉已成为清廷的臣属，再也不是傲视一方的领主了。

清廷规定上述种种措施的目的，是为了加强控制和统治，防止蒙古各部落的统一和团结，使他们安居于较小的范围内，以限制其势力的壮大，永远成不了反对清朝而割据一方的力量。"掌一旗之政令"③的各札萨克，虽然仍不失其封建领主身份，但他们已经不再是过去那样集军政大权于一身的封建领主，汗、珲台吉、岱青等名号被废除，他们变为清朝皇帝的臣属和地方官吏。与此同时，藏族各部落不再"岁纳添巴"。对青海藏族各部落而言，周希武在《玉树调查记》中评论为"始脱奴籍"④。这里所云"奴籍"，当然不是指奴隶身份之意，而是指"奴役"之意，

---

① [民国]慕寿祺：《甘宁青史略》卷十八，兰州俊华印书馆1936年版。
② 《清史稿》卷二〇九《藩部世表序》，中华书局1977年版。
③ 《清史稿》卷一一五《职官志二》，中华书局1977年版。
④ [民国]周希武编著，吴均校释：《玉树调查记》，青海人民出版社1986年版，第16页。

这对藏族人民来说无疑是有利的。蒙藏民族关系也随之进入了一个新阶段。

(二) 对蒙古台吉贵族在政治礼仪和家庭婚制上加以规范和限制

《禁约青海十二事》可分作两部分，前六条是关于行政立法原则的，属于政治体制方面，已在《青海善后事宜十三条》中作了进一步具体规定；后六条是若干禁令和政治仪制方面的规定。如，一是"内地差遣官员，不论品级大小，若捧谕旨，王公等俱行跪接，其余相见，俱行宾主礼"。从政治仪制上规定了青海蒙古王公对清廷的君臣上下关系。按清朝官阶制度，公侯伯皆属"超品"，蒙古贵族爵秩，至低者为辅国公，其品秩均高于地方官吏。"捧谕旨"来的即为"钦差"，"王公等俱行跪接"，即明确表示青海蒙古王公等乃清朝皇帝的臣属。二是"恪守分地，不许强占"，不许扩大自己的领地。三是"差员商贾往过，不许抢掠"，严谕行走内地时，遵守内地法纪。四是"父没不许娶继母，及强娶兄弟之妇"。依蒙古旧俗和《卫拉特法典》，家庭在父权制严格控制下，实行氏族外婚，并盛行"兄终弟纳嫂，父死娶庶母，子死翁收媳"。这里明确规定应改变旧俗，"不许娶继母"，不许"强娶兄弟之妇"。①五是"背负恩泽，必行剿灭"，对清廷只能忠诚，不得背叛。如此等等。

(三) 蒙古旗与满州八旗大不相同

旗制创自满族，努尔哈赤、皇太极父子依靠满州八旗兵驰骋塞北，屡败明军；多尔衮依靠八旗兵定鼎北京，统一南北。但蒙古旗则不同。

---

① 《清世宗实录》卷二〇，雍正二年五月戊辰。

满洲旗是军政合一的组织，"以旗统人"，没有固定地域，没有地方籍贯，只称"旗人"云云。各旗彼此间有横的联系也可互相往来。蒙古旗则不同。把原部落分散了，一个部落之人可分处数旗，而旗份很小。在青海二十九旗中，有十一佐领的一旗，有九佐领的三旗，有八佐领的一旗，有六佐领的一旗，有五佐领的一旗，有四佐领的六旗，有三佐领的二旗，有两个半佐领的一旗，有两佐领的四旗，有一佐领的九旗。多封众建，旗小势弱，使部落无法重新组合起来。二十九旗壮丁共"一万五千六百七十五名"，大体上只相当于两个满洲旗。满洲旗一旗辖五参领（甲喇），一参领辖五牛录（佐领），每佐领有兵丁三百名。每旗是一个独立作战兵团。编制青海蒙旗后，蒙古部落名存实亡，原来的台吉、诺颜，已纳入清朝的统治体系之中，成为无军政实权的、受监督于西宁办事大臣的地方官吏了。

旗长无调兵之权，有事时，蒙古兵丁由办事大臣奏调。①如有异迹，即行剿灭。例如，雍正九年（1731年）清廷用兵准噶尔部噶尔丹策零，派青海蒙古王公出兵协防柴达木和噶斯一路。当年六月，土尔扈特部西旗札萨克一等台吉诺尔布在柴达木军前"忽行叛逆，抢劫马匹，拒捕官兵"②。佐领里塔尔"附逆作乱"，立即被清军擒拿，解京讯问。当年十月，将该二人"解送西宁口外，即行正法，免其示众"③。等等。

此外，再联系到清朝政府在青海的调整地方建制，设府置县、加强军镇、增设营汛、修筑边墙，以及对宗教寺院的整顿和对藏族各部落的直接管理等等，进行综合考察，更可明了青海蒙

---

① 《钦定大清会典事例》卷九八一《理藩院·兵制》。
② 《清世宗实录》卷一一一，雍正九年冬十月己亥。
③ 《清世宗实录》卷一一一，雍正九年冬十月己亥。

古族封建领主处于怎样的统治体系之中,从而也就更了然于青海蒙古族社会确确实实地进入一个衰落的历史阶段了。①

四、道光初年清朝对蒙古事务的整理

(一) 青海蒙古人口日减,牧地日缩,社会日衰

从雍正三年到道光元年(1821年)的近百年时间里,青海蒙古族社会以及与之相邻的共同游牧于青海草原上的藏族社会,都处于相对稳定的状态,没有什么变故。按照一般的社会发展规律,应该是人口日繁、牲畜日增的。然而在社会稳定平静的表面之下,却逐渐发生着青海蒙古族日益衰落的变化,经济上日趋穷困,造成人口的大量流失。总之,社会经济的发展呈现出继续下滑的趋势。主要表现在以下四个方面:

第一,蒙古部众日益贫困化。在罗卜藏丹津事件中,由于战火,使青海蒙古族社会元气大伤,从各种史料上分析,社会经济一直没有恢复。到19世纪上半叶,"各旗蒙古,俱已贫穷"②,而"无力蒙古,愈至穷困"③,甚至生活无着,无力"粮茶并买"。至道光初年竟有数万人"散处甘、凉、宁、肃边内,插帐住牧及沿途乞食"④。

第二,蒙旗牧地日渐缩小。雍正时依据当时蒙古和藏族各部各自驻牧的实际情况,划界编旗和给予藏族千百户。虽然执行旨在"限蒙"、"弱蒙"的政策,但蒙古族仍然占有大片优良牧场。当时,游牧生息在青海牧业区的蒙藏各部都相安无事,

---

① 参见芈一之:《青海厄鲁特蒙古封建领主制新阶段社会历史评述》,载《青海民族研究》1989年第1期。
② 《平番奏议》卷一,道光二年八月二十日那彦成奏折。
③ 《大清会典事例》卷九七九《理藩院·耕牧》。
④ 《平番奏议》卷二,道光二年十二月十八日那彦成奏折。

历史的发展在蒙藏两族中出现了反差现象，蒙古人口日益减少，藏族生齿日益繁衍，尤其是黄河以南循化、贵德两厅所属之"野番"（指未推行千百户制度和未向清朝缴纳贡赋的部落）诸部"丁口日繁"①，需要扩大牧地。各部争夺生活空间即争夺牧地的矛盾随着历史的前进日益严重。而地旷草丰却人丁日减的环海各蒙旗，就成为垂涎的目标了。嘉庆时黄河南的藏族就开始北渡黄河。嘉庆六年（1801年）清政府曾经"勘定青海卡伦，禁蒙古擅出，番子擅入"②，企图用这种不准移动的办法以维持蒙旗牧地的固定性和蒙藏各自牧地的原有秩序。然而无济于事，藏族部落仍然不断地渡河北移，逐蒙而居。嘉庆九年（1804年）察罕诺们汗旗移居河北沙拉图一带，不久之后，被西宁办事大臣贡楚克札布派兵驱赶返回原地。以后直到道光初年，那彦成提出用武力"保卫蒙旗"③。从中可以看出这个时期的许多真实情况和发展趋势了。以道光二年十一月二十四日那彦成的奏报材料为证：

"自雍正年间平定青海，插旗定地，以黄河为界，河北二十四旗蒙古，河南有五旗蒙古，其余均安番族。而河北地土肥饶，河南则水草不能皆好，自来番族皆谓偏袒蒙古，尽与善地，常有垂涎河北之心。当其始分族而居，每族不过百余户，或数十户，地广人稀，游牧尚可相容。迨后丁口日繁，互有强弱，抢劫蒙古乃其世仇，觊觎河北亦其素志。而今之蒙古孱弱已极，不但不能自强且均逃散，或依附官兵营卡，或避至附近州县。游牧则无牲畜，谋食又无生业，多在西宁及甘、凉、肃等处乞食。穷苦实在

---

① 《平番奏议》卷二，道光二年十一月二十四日那彦成奏折。
② 《清史稿》卷五二二《藩部五》，中华书局1977年版。
③ 《清史稿》卷五二二《藩部五》，中华书局1977年版。

可悯，一时竟难归束。河北数千余里尽数旷土，是以野番占住。""今之占踞河北之番，原即河南之族"。①

那彦成笔下描绘的是一幅青海蒙古日弱日穷、有两万余人沿边乞食的可悯图景。同时告诉人们以下三点事实：其一，"觊觎河北"是藏族部落的"素志"，由来已久。如果往前追溯，当从明代中叶的16世纪初东蒙古部入据西海，"番人失其地，多远徙"考虑。其二，"蒙古孱弱已极"，日困日衰。其三，过去有的研究者认为清朝推行"扶番抑蒙"政策，导致蒙古日衰、藏族日强。其实，清廷除雍正时处理罗卜藏丹津事件"善后"时有意限蒙抑蒙以外，以后一直扶蒙使之白存，并且不惜使用武力"防护蒙旗"、"保卫蒙旗"。②由此可见，青海蒙古族在封建领主制衰落阶段中，社会经济逐渐衰敝，固

《平番奏议》

然有外在（如藏族部落与之争夺牧地等）和内在的多方面原因，但主要的原因仍在于这种封建制度本身。以后历史的发展继续证明着这个道理。

---

① 《平番奏议》卷二，道光二年十一月二十四日那彦成奏折。
② 《清史稿》卷五二二《藩部五》，中华书局1977年版。

从乾隆初年起，驻牧于助勒盖、柯柯乌苏一带的六旗蒙古以地旷人稀、无力承担徭役，逐步向北收缩，以至该地成为旷野，河南番部乘虚渡河，据地放牧，出现藏族大规模移动。又如原驻循化边外的察罕诺们汗旗亦逐步移至今贵德以南地方，并渡黄河至河北。嘉庆时，上下刚咱族等先后渡河而北，占住盐池（指今茶卡一带）及环湖一些牧地，清朝多次派兵驱赶，而无济于事。到了嘉庆末年和道光初年，黄河南藏族九个部落大规模渡河北移，占据蒙古牧地，"抗不回巢"。道光元年（1821年）正月，循化、贵德所属蕴依、从勿等二十三部北移，占据贝勒特里巴勒珠尔等六旗牧地。①如此等等。

第三，蒙旗内部社会矛盾日积，命盗案件不断发生。乾隆、嘉庆时，果洛等地藏族部落不断"抢劫"邻近蒙旗的牲畜，《清史稿·藩部五》说的"青海蒙古被番子抢劫之案甚多"，即指此而言。或者蒙旗属民与番部串通起来戕害蒙古王公。例如，乾隆四十年（1775年）南右中旗札萨克公礼塔尔出猎遇害，②乾隆五十六年（1781年）南左中旗札萨克沙布提理被人枪杀；③都是札萨克属下蒙古因不满积恨而勾结番众所为。蒙古王公面对种种案件，除了向清廷申诉、"托依大邦"以外，别无他策。其所以如此，正如乾隆上谕中所申斥的那样，"实因蒙古等怯懦无能所致"。④这种怯懦无能的情形，在雍正时已显露出来，如雍正九年（1731年）清廷用兵准噶尔，令青海各札萨克出兵协防柴达木一路，但是，"青海之扎萨克等现在聚兵七千名，但器械马匹未能

---

① 《清史稿》卷五二二《藩部五》，中华书局1977年版。
② 《清高宗实录》卷九九一，乾隆四十年九月甲戌。
③ 《清高宗实录》卷一三八二，乾隆五十六年七月乙酉。
④ 《清高宗实录》卷一六一，乾隆四十七年七月癸丑。

第三章 清朝前期中期

齐备"。①雍正上谕中对此说，"其生计情形，从前俱未闻知，今据达鼐等陈奏，朕心甚为恻然"。②其"怯懦无能"的原因除了前文所述蒙古族因战火而元气大伤和清政府强加于青海蒙古族的盟旗制度对蒙古族的约束以外，旗内上下离心，"勾通番贼，抢窃其主，以致其主伤毙"。③这种状况，嘉庆以后，每况愈下。例如，嘉庆四年（1799年）前首旗札萨克郡王纳罕达尔济呈报："靠番子抢掳六千余户，伤害男女二千余人。"④清廷一方面"命青海蒙古王公抚绥所部，勿至勾引番子抢劫，"⑤另一方面，由西宁办事大臣台布"动用甘省帑银五万两，西宁仓粮二千石，分给贫穷蒙古，为产畜口粮之资"⑥，予以赈济。就是这位郡王纳罕达尔济（1771~1808年在位）本人正是一位残暴的封建领主，绰号叫郭隆贝夏，意为"湿牛皮靴子"，干了以后又硬又紧。当时在蒙民拉布谢日布领导下，人民群众进行抗暴斗争，该前首旗十一个佐领基本瓦解。斗争失败后，有几百户牧民逃亡果洛和今海南州等地。道光初年那彦成奏疏中曾经说过："蒙古王公台吉虐其属下，其属下今更穷苦，反投野番谋生，因而导引野番抢掠其主。"⑦可见封建领主苛虐属民是蒙古民众日益贫困的重要原因之一。

第四，青海蒙旗人口日渐减少。在以逐水草而居为主要生产

---

① 《清世宗实录》卷一〇八，雍正九年七月丁丑。
② 《清世宗实录》卷一〇八，雍正九年七月丁丑。
③ 《清高宗实录》卷一三八五，乾隆五十六年八月庚午。
④ 《清史稿》卷五二二《藩部五》，中华书局1977年版。
⑤ 《清史稿》卷五二二《藩部五》，中华书局1977年版。
⑥ 那彦成《赈蒙古折》，载《丹噶尔厅志》卷七《艺文》。见《青海地方旧志五种》，青海人民出版社1989年版，第335~336页。
⑦ 《平番奏议》卷一，道光二年九月二十五日那彦成奏折。

-203-

方式的牧业社会，一个民族人口的多寡是该民族盛衰的重要标志之一。雍正三年编旗时，青海蒙古族共约为一万七千余户，近十一万人。九十多年后人口不但没有增加，反而减少了。嘉庆十五年（1810年）西宁办事大臣衙门所存各旗户丁册档：河北"二十三旗共蒙古四千五百余户"①，加上未曾计入的台吉乃尔旗一千二百户，河北二十四旗总共为五千七百余户。再加上河南四旗六千户，总计为一万一千余户，比雍正时减少近六千户，约减少三分之一。道光时仍在继续减少。道光二年（1822年），河北诸旗中，除南右末旗（居里盖札萨）和西右末旗（默勒札萨）两旗呈报"所有属下蒙古尚未散失"以外，西后旗（柯柯贝勒）等七旗"均已散失过半。"②在这里应注意蒙民外迁问题。与青海蒙古牧地相连的祁连山西段居住着"黄番"，他们是"黄头回纥"（后改称撒里畏兀儿），也经营畜牧业。其语言，西部属于突厥语族，东部属于蒙古语族，与蒙古语相近。自18世纪下半叶到19世纪，蒙古北左右旗、北右末旗、台吉乃旗等旗中相当数目的蒙古民众，陆续迁入该地，与他们错杂相处，以至汇入该族之中。这部分驻牧在祁连山西段的撒里畏兀儿或黄番，解放以后改称裕固族，建立有肃南裕固族自治县。其中有相当部分的人属原来的青海蒙古。上述人口减少趋势，直至民国，历二百余年未曾扭转，其中原因很多。一个民族的人口数目如此直线下降，在我国历史上乃至世界历史上，都是罕见的，值得人们认真研究。

（二）那彦成对蒙古事务的整理

清政府对青海蒙古族事务的整理，处处牵涉到黄河以南藏族

---

① 《平番奏议》卷二，道光二年十二月十八日那彦成奏折。
② 《平番奏议》卷二，道光二年十二月十八日那彦成奏折。

第三章 清朝前期中期

诸部。清政府的整理措施,就是用武力驱赶藏族,"防护蒙旗"。如陕甘总督长龄会同西宁办事大臣松廷,于道光二年二月调兵八千进攻渡河北移的藏族,三月,杀死刚咱族大头目乙旦木,屠杀多人,藏族各部有的藏匿于青海湖南北山中,有的被驱返河南。当年五月长龄上奏全部肃清,撤兵回汛,还拟定善后办法八条奏请实施,其中包括准许藏族阿里克百户驻牧于柯柯乌苏一带。可是仅仅过了两月多,长龄又以"野番一千数百人过河杀掠"上报,有汪什代海、刚咱等族移占河北,除宗加一旗(西左后旗)没有受到攻掠外,其余二十三旗都受到攻掠,蒙古人众纷纷逃居丹噶尔和大通以及甘州、肃州沿边一带依附清军营卡,等等。同时,清廷收到匿名揭帖,真实情况难以遮掩下去。于是在道光二年八月,清廷诏责长龄办理不善,给予处分,命钦差大臣那彦成"驰往西宁查办"。这种情况表示长龄整理蒙古事务的失败,于是有了那彦成对蒙古事务的再一次重大整理,成为青海蒙古族历史上一桩重大事件。

那彦成(1764~1833年),字绎堂,章佳氏,满州正白旗人,大学士阿桂之孙,乾隆五十四年进士,嘉庆时曾任西宁办事大臣,陕甘总督。那彦成于道光二年九月初到达西宁,他了解到许多真实情况。鉴于青海牧业区地高天寒,即将大雪封山,军事行动诸多不便,并且为要"正本清源",求得一个比较长期有效的解决办法,他奏报清廷"先清内地而后议办野番",制定了"酌安卡隘,严拿汉奸"[①]等一系列措施,次第实施。那彦成在这里所说的"汉奸"有特定所指,是指"西宁之丹噶尔、哈拉库图及贵德、循化、巴燕戎格各属回汉民人并熟番,私贩茶叶、火药、

---

① 《平番奏议》卷一,道光二年九月二十五日那彦成奏折。

口粮潜往番帐贸易者，日久熟习即是汉奸"①。据此可知，此处所谓"汉奸"，是指没有经过官府同意的与番帐私相贸易的供给其茶粮火药等物资的商人，包括回族、汉族和藏族各民族的这类商人。

那彦成的措施，主要从四个方面进行整理。

第一，严守卡隘，严拿"汉奸"，断绝粮茶，以防为剿。那彦成认为，河南藏族"偷住河北不过贪图水草，即其抢掠亦只贪小利，并无他志"②。因而"万不值张皇剿办"③，不必大事兴师动众。况且藏族"啸聚肆掠牲畜，或数百人，或千人以上不等。细加查访，其中既多汉奸，而蒙古之贫穷者，亦随之谋食，是以人数滋多"④。边内之歇家奸贩唯利是图，穿藏族服装，通蒙藏语言，无事时教引番民窃掠边民，有军事行动又暗中报信。而且在各山僻处私开小店，私卖军火，销变赃物。深山穷谷，数百千里，难以搜捕净尽。此其一。其次，北移攻掠蒙旗之藏族部落之所以能立足，是上述"汉奸"商贩为他们提供了粮茶军火等物资。他们攻掠得来之牲畜物品，又"带交汉奸，潜赴西宁、贵德、循化或甘、凉等属，偷出口隘销买，易换茶叶、火药。"⑤不严防卡隘，难以"正本清源"。

在毗连牧区的甘州、凉州、肃州所属卡隘和通衢要路，增设

---

① 《平番奏议》卷一，道光二年九月二十五日那彦成奏折。
② 《平番奏议》卷一，道光二年九月二十五日那彦成奏折。
③ 邓承伟等：《西宁府续志》卷九《艺文志·陕甘总督那彦成查办番案疏》，青海人民出版社1985年版，第399页。
④ 邓承伟等：《西宁府续志》卷九《艺文志·陕甘总督那彦成查办番案疏》，青海人民出版社1985年版，第397页。
⑤ 邓承伟等：《西宁府续志》卷九《艺文志·陕甘总督那彦成查办番案疏》，青海人民出版社1985年版，第399页。

第三章 清朝前期中期

防兵,多不过百名。在山僻小路,如野牛沟等地,增设防兵二三十名。在路径丛杂处,如祁连八宝、俄博等地,即行挖断,以防偷越。野马川(肃州所属)系来往要冲,暂驻兵数百名。南线的循化厅、贵德厅境内卡隘渡口,派兵严密巡防。并在河州镇属二十四关(大力加山一线卡隘)添设卡兵。同时,严禁官歇家收容没有票证的蒙番人口,查禁山僻小路私开小店,严禁茶粮无证买卖。"如此遍设防兵,既可防堵野番,而内地奸商亦不能出入私贩茶叶、火药、口粮。"①"不过半年,足可制其生命。"②"法重攻心,即可不劳而定。"③

上述以防为剿,断其生计的办法,很快收到效果。如查禁茶粮火药,仅当年九月份,各卡隘截获私运货物出边及蒙古冒充番子行劫共二十余起。如严拿奸贩,查清"常纠约无赖,假装番子"又"不时领路"④,带领察罕诺们汗旗的"番子进行抢劫多案",以及为首"抢劫肃州马厂孳生马匹"⑤的回民麻木沟等人,在野马川擒获。九月二十四日击败了抢掠达尔济公旗(阿喀公旗,南后右旗)牛羊后又袭击日月山窝卜图卡伦的叶什群部落的群本木,刚咱部落的堪布夸尔善木、元乙和察罕诺们汗旗的蒙古群本等一百余人,并擒获其中数人。从而制止住了沿边抢劫、私销赃物等活动。

第二步目标针对察罕诺们罕旗。该旗参与抢劫之人甚多。首先,断绝与该旗的粮茶市易,使其生活陷于穷蹙。他们为求得粮

---

① 《平番奏议》卷一,道光二年九月二十五日那彦成奏折。
② 《平番奏议》卷二,道光二年十二月十八日那彦成奏折。
③ 《平番奏议》卷二,道光二年十二月十八日那彦成奏折。
④ 《平番奏议》卷一,道光二年十月二十三日那彦成奏折。
⑤ 《平番奏议》卷一,道光二年十月二十三日那彦成奏折。

茶，私托青海王旗车凌敦多布和尖巴两人代运粮茶，被清军查获。该旗又与达什仲鼐旗驮盐队结合，混入西宁请票购买粮茶，又被查出，人被惩办，货物牛马充公。该旗移至青海湖东游牧，希冀私销粮茶，也无济于事。那彦成见断绝粮茶手段"绝其口食，不剿自溃"之计生效，乃以"行踪诡异"为名，派西宁镇总兵穆兰岱领兵七百查办。该旗没料到清军突至，被迫"归顺"。那彦成派喇嘛意希多尔济、札木洛硕等，利用宗教力量，劝令该旗返回黄河南原牧地，并派兵押送过河。至道光二年十二月，北移部落，基本上全部南返原牧地。那彦成的整理工作，取得了初步成效。

第二，清查河南藏族户口，强化千百户制度，严加管束各部。那彦成认为"欲办河北先办河南。"[1]先办河南，是指控制循化、贵德二厅所属藏族部落，不使北移，方能安定河北。当时贵德厅属有"熟番"五十四族，向来种地纳粮，均能谋食，自雍正以来即是如此；有"生番"十九族，驻牧贵德东南，畜牧为生；有"野番"八族，"户口强盛，内有汪什代克（海）一族，近已全数移居河北，其余七族现俱插帐河滨，远难控制。"[2]循化厅属藏族亦有熟、生二种，"熟户"十八族，"生户"五十二族，"大半皆有粮地，"[3]兼营农牧业。为了"散其党，以孤其势"，那彦成于道光二年底派员将贵德之千卜录、都受等七族千百户完的等人，及循化之贺尔、瓜什则等八族千百户安木加官布等人，传到西宁，进行训谕。那彦成认为："各番族头目，有一族而分数人者，即（亦）有一人而管数族者，众寡不齐，弱者弱，而强者

---

[1]《平番奏议》卷二，道光二年十一月二十四日那彦成奏折。
[2]《平番奏议》卷二，道光二年十一月二十四日那彦成奏折。
[3]《平番奏议》卷二，道光二年十一月二十四日那彦成奏折。

第三章 清朝前期中期

愈强。既恃其强,必不安分。"①为便于控制,遂重新进行编置。

一是每三百户设千户一员。千户之下设百户、百总、什总。凡百户一人,管一百户,三百户,归一千户管理。百总一人,每管五十户,两百总,归一百户管理。什总一人,每管十户,五十户归一百总管理。人户超过一千,甚或更多者,"定以千户为大,而千户所管只准三百户,不许增多。但计户数至一千以上,即分为三人管理,势分力弱,自易遵法。"②

二是凡所授千户者,仍照旧例给五品顶戴,百户给六品顶戴,百总、什总,七、八品顶戴。千户"诚顺出力者",给予蓝翎;再有出力者,加给花翎,但明白说明俱系虚衔,"过三年管理无过,方发给印照号纸,作为实缺。"③

共设千户十,百户四十,百总八十六,什总四百,对有功者,每年奖给青稞粮石。

三是规定易换粮茶章程,计口授粮,每年准买两次。由户总报明千户,千户具禀呈报厅、营,给予照票,注明"良番",置买粮茶若干。官为经理,发铺照卖,奸商不得昂索价值,且杜"汉奸"串通之弊。至购买布、线、靴、帽、木碗之类,亦在禀内注明,一同换买。④所有河南牧区买卖营业,均由地方官府经办,严禁私人与牧区交易。

四是清查户口。道光三年由清廷下令,责成西宁镇、道,于春秋二季,轮流往循化、贵德二厅,"点验门牌户口"。"如有一户逃亡,即向该管户总严追下落。倘系潜渡河北,即询明住坐

---

① 《平番奏议》卷二,道光二年十一月二十四日那彦成奏折。
② 《平番奏议》卷二,道光二年十一月二十四日那彦成奏折。
③ 《平番奏议》卷二,道光二年十一月二十四日那彦成奏折。
④ 《平番奏议》卷二,道光二年十一月二十四日那彦成奏折。

所在，飞报西宁大臣、总督两衙门，严切办理，立往擒拿"①。

经过上述种种措施，迁往河北之藏族部落，在诱骗和威胁之下，于道光二年底和三年初，悉数迁返河南原来牧地，涉及到贵德十六族，循化十一族，共18 100余人。查系何族之人，即归何族安插，十家管束一人。

道光三年春，循化、贵德有关部落"进献贡马"。前者贡马15匹，后者贡马11匹。道光四年规定，照玉树藏族之例，每马折银八两，于每年春季向循化、贵德两厅衙门交纳，岁以为常。两厅地面黄河渡口共20处，交各千百户分别把守。如一年无偷渡者，赏结青稞15石至20石，如有偷渡者，即行擒拿，等等。

第三，安置蒙古诸旗，招抚散失人口。那彦成于河南编置藏族户口完竣后，于道光三年初将避居内地插帐驻牧及散处甘州、凉州、肃州、西宁、丹噶尔等地沿边乞食之蒙民，经过月余查询，寄居内地者约有12 000余人，贫穷无力者约有4 300余人，一一押交各旗领回驻牧，散给口粮，各归牧地。赈发青稞30 000石，分赏贫穷各户，以作救济之用。大口酌给一石，小口酌给五斗。

其"假冒番子"的蒙古人，分别拟罪管束。默勒王旗郡王沙克都尔属下犯抢劫的台吉藏根等人，及不能管束属下的贝勒尖巴礼等，予以处分斥革，另议承袭，以示惩戒。②查办各种人犯100余人。

那彦成还拟将河南四旗蒙古移往河北，将原牧地拨给藏族，以便形成整齐划一的"南番北蒙"形势。这一计划，因未得到清

---

① 《平番奏议》卷三，道光三年正月十八日那彦成奏折。
② 《平番奏议》卷三，道光三年十二月十三日那彦成奏折。

廷允准,没有施行。①

为了保护蒙古免遭抢劫,维护封建秩序,加强官府管理,那彦成奏准实施下述数事:除在沿边各营添兵严防外,于青海湖东察罕托罗亥,添设营堡,派驻官兵一千名,并批准阿里克族移住海北。②同时整顿蒙旗。道光三年十月,"分青海河北二十四旗为左右翼,每翼设正副盟长各一,每六旗设扎齐克齐一,每三旗设梅楞一,每旗设札兰一,承办巡防事件,每旗出二十五人,以五人为一班,每季更换,随同官兵巡防"。③不久以后,道光九年,清廷允那彦成奏,将循化厅由河州遥管拨属西宁府管辖,并新设丹噶尔厅,以便对蒙藏贸易事

青海前(南)左首旗札萨克印(道光三年,1823年)正面

印文

---

① 《平番奏议》卷二,道光二年十二月十八日那彦成奏折。又见《甘肃新通志》卷八七。

② 有人认为,阿里克族或阿柔族,系蒙古族分支,其语言、习俗与蒙古无异。

③ 《清史稿》卷五二三《藩部五·青海厄鲁特》,中华书局1977年版。

务的管理。

第四，订定易换粮茶章程，整顿蒙藏两族与内地贸易。

首先，整顿歇家。

各地官歇家，本有章程。①"西宁、循化向有官设歇家，住歇蒙古、番子，原系报官开设，例所不禁。惟贵德向无官歇家，以致有河州回民于贵德城外典赁民房私做歇家"。②日久废弛，往往与蒙番私卖粮茶，甚至夹带违禁物品，成为边政实施中的蠹虫。"蒙、番进口言语不通，凡有情弊，必由歇家"，③故应着力整顿，"必先严歇家之稽查"。除将山口小路开设之私歇家一律封禁外，将西宁、大通、循化、贵德、丹噶尔各城关的歇家，无论官私，一律造具花名清册，由官经营。各家向来招接何地何族，一仍旧时，不得牵混，各县厅衙门"另立循环印簿，每歇家两本，将逐日来店住宿之蒙、番询明何事进口，所来何货，所换何物，详细填注簿内。无论有无住宿，次日呈官查验。循去环来毋得遗漏"。如卡隘弁兵查出所带货物不符，或有夹带违禁物品，"将差役、歇家一并治罪"。④

其次，对蒙古请票易粮加以限制。

过去各旗蒙古口粮，一向由西宁办事大臣衙门起票换买，期限一年销票，每票可易粮数次。因之，有蒙古图利将购粮之票转卖于藏民者。新定章程规定，每票使用一次，"所请用若干口

---

① "又有歇家者，以内地汉回民充之"云云。参见［清］龚景瀚：《循化志》卷四《族寨工屯》，青海人民出版社1981年版，第171页。

② 《平番奏议》卷四，道光三年十一月初六日"西宁镇总兵官穆兰岱、兼护西宁道知府巴彦珠禀"。

③ 《平番奏议》卷一，道光二年十月二十三日那彦成奏折。

④ 《平番奏议》卷一，道光二年十月二十三日那彦成奏折。

第三章 清朝前期中期

粮，即注明粮数、人数及牲口数目。并问明程途远近，定以期限，即在卡伦呈缴。该处弁兵亦即当日具禀缴销，以杜偷卖野番之弊"①。

蒙古买茶，向无限制，为防止蒙古将多买之茶转卖于藏，限令各旗在请票易粮时，每粮一石，配茶（茯茶）二封，并于粮票内注明。其买粮不买茶者，听之②。

凡蒙古易买茶粮，均由官歇家经理。这样，粮茶交易及消耗数量，完全控制在官府手中。

其三，制定藏族易换茶粮章程。

按照户口，造具清册，计口授食，考虑到"均食炒面"，"每名每日准给市升青稞一合（市升一合，折合仓升四合），每户下按月酌给副（茯）茶一封，均注入户口册内"。贵德厅属"野番"，"每岁进城搬粮止有三次：正二月羊皮下来时，驮换口粮一次；五六月羊毛下来时，驮换口粮一次；八九月骡马羊只下来时，兑换口粮一次"。③番民进城时，由该管千百户查明所驮货物数目，率领赴城，投官歇家处，说明报官查验，官府算给口粮，准买四个月口粮。"请票后即令番子自赴各铺户公平易换"。④

各族买粮，各归所辖，不得越境，以防滋扰。

隆务、拉卜楞、宗卡三寺僧人易买粮茶，也应每年"请票易换"，严禁私入内地。

---

① 《平番奏议》卷一，道光二年九月二十五日那彦成奏折。
② 《平番奏议》卷一，道光二年十月二十三日那彦成奏折。
③ 《平番奏议》卷四，道光三年十一月初六日"西宁镇总兵官穆兰岱、兼护西宁道知府巴彦珠禀"。
④ 《平番奏议》卷四，道光三年十一月初六日"西宁镇总兵官穆兰岱、兼护西宁道知府巴彦珠禀"。

其四，限制内地商民随意出入牧区私自贸易。

先在乾隆二十六年，西宁大臣多尔济奏准内地商民由西宁府转请办事大臣衙门给票，可以出口贸易，无定区，也无定限。这些商民携带资财货物前往蒙古游牧地方易买羊只等物，名为羊客。本所以有利于蒙民的交易，但为防止羊客"携带游民流为汉奸，并难保无夹带违禁军火器物"，"或教诱蒙古为匪"，①新定章程："嗣后毋论何州、县羊客与河北蒙古买羊易货，止准在于西宁县属日月山卡以内东科尔寺、丹噶尔及大通县属之乌什沟、察罕俄博等处互相交易，其河南蒙古、番子羊只、货物均在贵德厅属之西河滩售卖，该羊客不许径赴蒙、番游牧处所收买，致滋流弊。"②买得羊只千百成群，难以尽由内地行走，准入野马川一带沿边进入甘、凉、肃州。各羊客所带货物若干，同行人数姓名，经由何处，先呈报西宁府转详办事大臣衙门，逐一开载票内，以便稽查。"买羊一千只以上者给大票一张，一千只以下者给小票一张。""大票限四个月，小票限两个月"，③贸易完毕，即将印票在卡收回截角。

此外，为防潜匿藏奸，将大通县属之札马图④、甘州之野牛沟和肃州之赤金湖金厂封闭。

那彦成的上述种种措施，收到暂时的成效，维护了封建统治秩序，也重新安置了各旗蒙古人众，确实是继雍正之后对蒙古和藏族事务的一次重大整顿。但是，没有解决根本性的问题，即：一是藏族地狭人多，需要扩大牧地；二是各族间经济往来日益密

---

① 《平番奏议》卷三，道光三年二月十七日那彦成奏折。
② 《平番奏议》卷三，道光三年二月十七日那彦成奏折。
③ 《平番奏议》卷三，道光三年二月十七日那彦成奏折。
④ 札马图金厂，自乾隆三十九年招商开采，岁纳课金二十八两九钱。

切，人为地制定诸多禁令，时久必弛，河南藏族渡河北移趋势，难以用强制手段长期遏止。历史的发展不是以人的意志为转移的。尔后，道光十八年（1838年）准将察罕诺们汗旗迁居河北，移过270余户，形成该旗属民分居河南、河北两地的局面。道光三十年（1850年）总督琦善滥杀番众，"控驭蒙番失策"，被革职查办；咸丰九年(1859年) 西宁办事大臣福济对河南八族万余人移至环海驻牧一事，予以承认，重为划定分界，世称"环海八族"。而蒙古各旗人丁继续减少，牧地继续缩小，已是无可奈何的了。

第四章 近代时期（1840～1949年）

1840年鸦片战争失败以后，中国由封建社会逐渐演变成半殖民地半封建社会，直到1949年中华人民共和国成立，才结束了这个历史阶段。在这段时期内，随着整个中国社会性质的改变，青海蒙古族也发生了一些变化。但是，由于青海蒙古族居住地区僻处祖国的西北腹地，交通闭塞，距离沿海通商口岸和政治斗争风浪中心较远，而且这里封建割据比较严重，所以外国资本主义势力侵入较晚，势力微弱，新的社会因素萌芽艰难，社会变化也非常缓慢。因此，封建领主统治下的社会经济基础和上层建筑基本没有发生动摇和解体的迹象。

第一节　清代后期封建领主制社会的延续和演变

一、青海蒙古族社会继续衰敝

从鸦片战争到辛亥革命清朝覆亡的七十年，是清朝的后期。虽然道光初年清政府对蒙藏事务作过一番整顿，扶持日益衰微的蒙

第四章 近代时期（1840～1949年）

古，将强行渡河北移占住环海牧地的藏族各部驱回河南，但是"孱弱已极"的青海蒙古并没有因此增强其社会活力。而此时人口日增、牧地日蹙的河南（指黄河以南——著者）藏族部落北移之势，难以遏止。道光十九年（1839年）西宁办事大臣苏勒芳阿不得不准许察罕诺们罕旗迁牧黄河以北以分散河南藏族势力，企图凭恃黄河来阻隔察罕诺们罕旗与黄河以南贵德厅属藏族部落的联系。①这些措施并没有收到预期效果。青海境内黄河绵延千余里，处处皆可渡越，防不胜防。道光二十二年（1842年）冬十一月，黄河南岸贵德厅属藏族各部乘黄河封冻之时，大批渡河北迁至柯柯乌苏等地。道光三十年（1850年）八月，官府所称之"番贼"于口外札哈那林地方抢掠蒙古赴藏熬茶拜佛的喇嘛，以至蒙古各旗及西藏贡使番商、沿边营卡村庄皆被抢掠，杀伤官兵多人。面对这种情势，蒙古各旗不但不能自卫自立，而且纷纷逃散，或依附官兵营卡，或避至附近州县，游牧则无牲畜，谋食又无生业，多在西宁及甘、凉、肃州沿边乞食。道光初年流离乞食的图景再次重现，穷苦可悯。河北千里草原尽成旷野，被"野番占住"，甚至无由知其消息。咸丰元年（1851年）默勒王旗蒙古郡王棍楚克济莫特，恳准暂住永安城外（咸丰二年回牧原处），如此等等。此时太平天国革命兴起，清廷忙于调兵筹饷对付太平军，无暇也无力顾及青海蒙古的不利处境。

至咸丰八年（1858年），业已占住河北牧地的刚咱（刚察）、汪什代海、千卜录、下拉安、揣自、完受（秀）、都受（秀）、他受（秀）等部，认识到与清朝长期对立之策的非计，以"情愿投诚，承当官差"，"接护西藏往来贡使"等条件，"求将河北地方赏给住牧，保护蒙古边民"，而各旗蒙古"亦愿将青海（湖）以

---

① 《清宣宗实录》卷三二〇，道光十九年三月癸亥。

青海蒙古族简史

南戈壁地方暂行借给住牧"①,以求得蒙藏民族和睦共处。咸丰九年(1859年)五月,清廷派新任西宁办事大臣福济带兵出口,周历查勘,剿抚兼施,制定善后章程,重新为之划界,允准上述藏族八族迁居环海。这些部落形成了所谓的"环海八族",并撤除了阿什汉水之防,蒙古牧地相应地缩小了。在以后的发展中,蒙古族人口继续减少,到清宣统时(1909~1912年)佐领数减至一百零三个,人口也大幅度减少。

二、祭海、会盟及其演变

(一)祭海、会盟的仪制和演变

自固始汗应藏传佛教格鲁派上层分子的邀请,率和硕特部移牧青海、统治青藏高原以来,即沿用蒙古旧制,建立起青海蒙古的会盟制度,结合蒙古族崇拜山川神灵的习俗,便自然地将会盟与祭海二者结合起来。青海湖东岸的察罕托罗亥(白头山)以其地位适中,遂成为会盟之地。当时会盟、祭海均由本民族首领(汗王或总管王)主持,清朝官府未派人参加,因之,缺载于清初史籍。雍正二年(1724年)二月清奋威将军岳钟琪率兵追击罗卜藏丹津至伊克哈尔吉时,人马渴甚,掘地得泉,涌泉成溪,万马腾饮,②便以"青海神灵显圣"上奏。雍正四年(1726年)三月,清廷敕封青海水神为"灵显青海之神"③,并遣官致祭,建立碑亭,④碑文以满、汉、蒙三体字镌刻。此为清朝官府在青海

---

① 青海省志编纂委员会编:《青海历史纪要》,青海人民出版社1987年版,第224页。

② [清]魏源:《圣武记》卷三《外藩·雍正两征厄鲁特记》(上),中华书局1984年版,第140页。

③《清世宗实录》卷四二,雍正四年三月乙未。

④《大清会典事例》卷四四三《礼部》。

第四章 近代时期(1840~1949年)

立碑修亭并派大员主持会盟、祭海之始。

祭海、会盟兼有政治、宗教、民事和文娱活动等内容。雍正二年规定一年会盟一次,后改为两年一次。随着青海蒙古服属清朝,承平日久,到乾隆二十八年(1763年)改为三年一次。《清实录》载:"查西宁向系一年一次会盟,后经都统众佛保奏请,改为二年。青海蒙古等游牧地方,距会盟处远者颇多,如改为三年,事体并无贻误,蒙古等亦可省往返费","至三年会盟之年,开列在京侍郎、副都统、御前侍卫、乾清门侍卫职名具奏,恭候钦派,驰驿至西宁。由西宁出口,令彼处总兵、道员,照会盟例所需赏项、筵宴、缎匹等物拨发,派官兵随往"。①至此,青海蒙古族的祭海、会盟虽在次数上有所减少,但在形式和内容上较前均有发展。

乾隆三十八年(1773年)西宁办事大臣伍弥泰,因祀典缺如,"奏请照名山大川例,岁修祭事。敕下礼部撰文颁行,令办事使于每年秋间致祭,于是四渎典礼始全"。②蒙古旧俗,以四月"冰始泮,草微萌"之时,为喜庆之期,多有"婚嫁之事,宴庆之会"。因之,早期的祭海和会盟多在春天举行,且有祈福禳灾、祛病消疾,求得一年牧业丰收和人畜平安之意。自清朝派大臣主持会盟以来,多于秋间举行,相沿成例。

嘉庆初年,牧区不靖,"三、四等年,贼番扰掠,焚其亭而碑遂孑立"。③嘉庆九年(1804年)西宁办事大臣都尔嘉,将碑

---

① 《清高宗实录》卷六八〇,乾隆二十八年二月壬寅。
② [清]邓承伟等:《西宁府续志》卷九《艺文志·建修海神庙碑记》,青海人民出版社1985年版,第473页。
③ [清]邓承伟等:《西宁府续志》卷九《艺文志·建修海神庙碑记》,青海人民出版社1985年版,第473页。

"移竖察汉托洛亥,岁设祭品而遥祀之,欲建庙而未果"①。此时,青海蒙古日渐衰微,祭海与会盟流于形式,有名无实,时断时续。至道光十一年(1831年)恒敬担任西宁办事大臣,感到"庙宇未修",甚为重视。"爰出俸廉,鸠工庀材,为殿三楹,安设神位。自夏徂秋,厥工始竣",②道光十二年海神庙建成,从此祭海典礼在海神庙内举行。后因年久失修,风雨侵蚀,殿屋倒塌。同治、光绪时改为设帐而祭之。光绪三年(1877年),清廷赐海神庙"威靖河湟"匾额,地方官府在西宁城西门外修建庙宇一所,悬匾其门,作为西宁镇、道、府、县官,春秋祭祀之所。从光绪二十八年(1902年)起,由西宁办事大臣主持,蒙古王公札萨克以及藏族千百户陪祭,祭毕会盟。到光绪三十三年(1907年)西宁办事大臣庆恕为便于召集青海蒙古王公和藏族千百户祭海、会盟,再度于青海湖东修筑海神庙,次年竣工。正殿三楹,庙门和其他房屋七间,殿门题额"海神庙"三个大字,正殿牌坊书有"青海胜境"四个大字,并将原石碑移立于大殿之中,其上镌刻"灵显青海之神"。此后,这里成为举行祭海典礼之所,而会盟处设在附近日月山以东的东科尔寺。民国时期,海神庙及石碑屹立原处,直到1944年,仍安然无恙。后石碑被砸坏,牌坊早已倾圮,庙宇已被拆除。③

宣统年间,西北政局不稳,祭海典礼,一度中断。辛亥革

---

① [清] 邓承伟等:《西宁府续志》卷九《艺文志·建修海神庙碑记》,青海人民出版社1985年版,第473页。

② [清] 邓承伟等:《西宁府续志》卷九《艺文志·建修海神庙碑记》,青海人民出版社1985年版,第473页。

③ 陈邦彦:《"祭海"沿源和一九四〇年的祭海情况》,载《青海文史资料选辑》第八辑,青海人民出版社1981年版,第57页。

第四章 近代时期（1840~1949年）

命，清帝退位，民国建立，但祭海和会盟并未因之而废止。民国二年（1913年）秋，青海办事长官廉兴为笼络蒙藏王公千百户，到海主祭，西宁总兵马麒陪祭，"使与祭之王公，咸晓然于民国共和之宗旨"，王公等表示"率属而景从"，拥护共和制度。祭海时将过去"宣读圣旨"一项删除，并将供奉的"皇帝万岁万万岁"牌位换成了"中华民国万岁"，将跪拜礼改为三鞠躬礼。[①]这是在民国时期祭海的新的典礼。此后，祭海典礼时断时续。祭海时，例由湟源县政府承担筹备供应工作。青海建省后新置共和县，青海湖东、南属共和县管辖。为了祭海的筹备便利起见，仍由湟源县承办，每次由省府拨发经费15 000元，购置祭品和赠品等。

青海建省前一年，即1928年秋，为稳定甘边宁海地区的统治，甘肃省主席刘郁芬派教育厅长马鹤天来主持祭海。建省后，1930年秋，青海省政府第一次派员祭海。1932年7月，国民党政府蒙藏委员会呈请行政院拨款派员至青海主持祭海呈文中说："（祭海）倘长此弃置，诚恐蒙藏民族不复知有中央政府之存在，前途实堪殷忧。当此国难方殷，藏兵侵青之际，正宜简派专员前往历视，既可宣达政令主义，固边氓内向之心，且可考察风俗沿革，俾政治得顺利推行。"[②]同年9月，国民党政府派蒙藏委员会总务处长陈敬修为监视祭海专员前往西宁，他在欢迎他的大会上宣传国民党政府"注重蒙藏"的基本国策，但又大肆宣扬所谓"先安内而后攘

---

① 青海省志编纂委员会编：《青海历史纪要》，青海人民出版社1987年版，第268页。

② 国民党政府蒙藏委员会委员长石青阳于公元1932年7月，呈请拨款派员赴青海监视祭海电。原件存南京第二历史档案馆。转引自青海省志编纂委员会编：《青海历史纪要》，青海人民出版社1987年版，第345~346页。

外"的政策。蒙藏王公千户等则表示"接受抚慰"①。并由敏珠尔呼图克图领衔致电宋子文和石青阳,表示"以后誓当万众一心,遵奉中央命令,服从地方政府,以为安内攘外之后盾"②。1934年、1936年,宋子文为解决国民党青海省党务特派员办事处与马氏军阀地方势力的矛盾到青海时,以及国民党中央执行委员邵元冲曾专程到青海湖先后祭海。通过这些活动,在一定程度上也起到了联络、团结蒙藏民族上层,稳定边疆的作用。马步芳主持省政时,每次祭海都亲自主持。随着政治形势变化,加紧笼络蒙古族、藏族首领,祭海会盟规模不断扩大,气氛日益热烈,其中1940年秋的一次盛况空前。当年由国民党政府派驻兰州的战区长官朱绍良主祭,拨专款五万元交青海省政府备置礼品以馈赠各蒙藏首领,朱绍良私人赠款万余元。此外,青海省政府拨款三万元,购买茯茶2 000多封、白酒1 000余斤,准备双层花纹大蒙古包8顶、普通双层帐房100余顶。派民夫修整通往海滨祭场的公路,并通知湟源各界士绅和群众,悬灯结彩,夹道欢迎。旧历七月十五日主祭大员到达海滨,蒙古王公和环海各族千百户等骏马盛骑,隆重迎接,鸣放鞭炮,高奏藏乐。③十五日晨八时举行祭海典礼,祭台上祭品有牛2头、羊8只以及糖果等物。典礼程序为奏乐、升旗、三鞠躬、读祭文等。礼毕,将十余只活羊赶入海

---

① 青海省政府主席马麟于公元1932年9月29日、10月4日致国民党政府行政院代院长宋子文、蒙藏委员会委员长石青阳电。转引自青海省志编纂委员会编:《青海历史纪要》,青海人民出版社1987年版,第346页。

② 青海敏珠尔呼图克图等于1932年10月4日致国民党政府行政代院长宋子文、蒙藏委员会委员长石青阳电。转引自青海省志编纂委员会编:《青海历史纪要》,青海人民出版社1987年版,第346~347页。

③ 陈邦彦:《"祭海"沿源和一九四〇年的祭海情况》,载《青海文史资料选辑》第八辑,青海人民出版社1981年版,第59页。

第四章 近代时期（1840~1949年）

中，祭品全部投海。随后召集王公千百户会盟，主祭人讲话。随之，刚察千户代表王公千百户向长官献哈达、敬酒，献骏马100匹，绵羊百只及鹿茸、麝香等贵重土特产。接着，主祭者向与祭者分送茯茶、糖果、红丝绸等礼品。晚，汽灯明亮，皓月当空，举行歌舞，欢腾自乐。此后，祭海活动逐渐衰落。

（二）祭海地点和程序

青海蒙古族早期祭海无固定地点，雍正三年后才定在察罕托洛亥之西北的海滨。此后，有时也在察罕托洛亥地方"设祭品而遥祭之"。察罕托洛亥是位于湖东五十公里处的小山包，是日月山支脉，当日月山口至青海湖之要冲。道光三年那彦成在此筑察罕城设戍，在这里祭海并会盟。光绪三十三年重修海神庙于该城之北，建省后将祭海和会盟的地点移在东岸的群科加拉地方，后也曾在日月山及东科尔寺设坛遥祭，聚众会盟。总之，自海神庙屋圮碑坏之后，祭海和会盟地点由主祭者酌情选定。

祭海和会盟的时间，自乾隆三十八年制定礼制，改为"秋间致祭"，于农历七月十五日至二十二日间举行。祭海仪式逐渐由简到繁，日益隆重。

祭海和会盟的主持者，雍正以后清朝钦派大臣，参加者仅限于青海蒙古各旗王公札萨克。道光初年，那彦成整顿蒙番事务，为了统一政令，指令藏族千百户也参加，从此，他们也成为祭海和会盟的参加者。以后，青海藏传佛教中各呼图克图及环海寺院活佛也参与之。民国时，附近的回、汉等族民众也有参加者。主祭陪祭官员坐居中上席，蒙古王公居左，藏族千百户居右，席地而坐，按官品高下，唱名入座。

祭海的供品，传统是：三牲（整牛、整羊、整猪）、五色粮食、多种果品、红烛一对、香楮、酒等，还供龙旗两面、御杖四根、长哈达一条。诵读蒙藏汉三体字书写的祭文。民国时因主祭和陪祭人有穆斯林，遂将祭品中的猪改用羊代替。

清朝祭海程序是：全体起立，主祭官员就位，奏乐迎神，唱歌称颂，[1]向皇帝牌位行跪拜礼，宣读"圣旨"，致祭（包括进香、进帛、进祭文、读祭文、全体向海神位行跪拜礼、望瘗等），鸣炮，礼成。

祭文有成式，抄录于后。文为："惟神位协坎，惟法符兑泽。鲸波万顷，萦回环昧谷之乡。鲲浪千里，衍溢被流沙之城。属幅员之绵亘，编艺桑麻。沂潮汐之往来，周兹坎壤。曩以天戈奋勇，以后效灵，涌泉惊疏勒之奇，饮马届元冥之候，爰从显号，式祔丰碑。朕眷乃神功，贻兹美报。浦濡布涧，祷祈既洽于舆情；芬苾荐诚，望秩宜归于祀典。祗申秋享，特诏祠官。於戏，配殷祀于渎宗，具助隆文之备；助资生于边徼，永征灵贶之长。格奉明禋，尚其来格。"[2]

民国时期，为适应政治形势变化，仪式相应变更，如牌位、旗帜相应更改，以三鞠躬礼代替跪拜礼。宣读"圣旨"改为宣读

---

[1] 据调查所知，"唱歌称颂"由蒙古族歌手们演唱《祭海歌》，歌词如后："虎年初一的吉辰，是王爵晋升的日子，随从的大小官员们，各自晋升在其位。/神威的虎符大印，握在你的右手多神气，六十本法规文典，待在你的左手真威风。银碗斟满马奶洒，是敬你的琼浆玉液，钉上银掌的大走马呀，是供奉你远征的坐骑。/那米黄色的骡子是西宁办事大臣的乘骑，那铁青色的骡群，是官员们随从而至。在那美丽的青海湖畔，搭起蓝色的大牙帐，大臣诺彦（首领）欢聚一堂，举行那隆重的祭海仪式。/祝愿吉祥如意，尊贵的海神保佑我们吧！"又，歌词中云"虎年初一吉辰，是王爵晋升的日子"，经查对史实，康熙三十七年（1698年）正月，札什巴图尔封为亲王，该年是虎年（戊寅）。其余年份蒙古首领封汗封王，均非虎年。

[2] 祭文为检讨李学锦所作。民国时主祭者仍沿用其文。检讨，官名。

第四章 近代时期（1840～1949年）

"孙中山遗嘱"等等。祭毕礼成后，祭品由参加者分抢而去，抢得者以为获得了一年的吉利。其他物品及有些牲畜则全部投入和赶入海中，以为海神"享用"。

祭海完毕，次日会盟及宴会，在祭海地方临时设帐举行，道光后改在察罕城，清末以来多在东科尔寺的大经堂内举行。1933年前，藏族千百户入宴不设座，以后提倡民族平等，始设座位入宴共餐。酒过三巡，宴毕。入宴者将座前物品囊载而去，去参加所谓的"抢宴"。

清代"抢宴"是在正宴完毕后，另备大量"手抓"牛羊肉、糖果物品，抬到室外，司仪者"抢宴"二字脱口一出，众人即争先恐后地自由抢夺食品。有两句诗很形象地描述了这一场面："酒罢忽惊笾豆乱，羊腔争挂马鞍头。"俗谓"抢得食物入口，可以一生无病"[①]。"抢宴"之后，蒙藏王公千百户等到指定地点参加会盟。会盟时，首先由钦差大臣宣读皇帝谕旨，然后将一年中各旗之间发生的纠纷，当面质对清楚，由钦差大臣评断处理，并预定次年各旗朝贡、觐见等事项。最后分发朝廷赏赐物品。[②]事毕各归牧地。

三、蒙古王公与清朝之关系

清代后期，政云多变，同治、光绪时，青海地区回民反清武装斗争连绵不断，清朝统治政权飘摇不定。但青海蒙古王公始终站在清王朝一边，得到奖励。主要事例如后。

道光二十二年（1842年）果洛"番子"扰窜青海，抢掠蒙

[①]《祭青海记》，《新西北月刊》第四卷第二、三期合刊，民国三年六月十五日。

[②] 青海省志编纂委员会编：《青海历史纪要》，青海人民出版社1987年版，第192页。

古。蒙古盟长恭木楚克集克默特（棍楚克济莫特）率兵协助陕甘总督富呢扬阿进剿，受到奖励。①次年七月，清军以"河北近边"安谧，撤兵，"予出力左翼盟长郡王、贝子索诺木雅尔吉奖"。分给在事蒙番牛羊14 000余头②。二十四年（1844年）三月，左翼副盟长贝勒罗藏济木巴（罗布桑占巴）以协助清军剿番，赏戴双眼花翎。

同治年间，西北回民起义战火正旺，蒙古王公坚决站在清朝一边。如，同治三年蒙古盟长王公会同塔尔寺阿嘉呼图克图遣人赴督办甘肃军务都兴阿军营禀告军情。同年，清廷即"饬山西筹解青海蒙古王公等岁俸，以青海剿贼出力，予扎萨克王乌尔珲扎布等奖叙"③。光绪四年（1878年），清廷"予青海历年剿匪出力之副盟长贝勒拉旺多布吉等奖"等。上述史料足以说明蒙古王公在当年的政治态度及其作为了。

光绪二十一年（1895年）"河湟事件"爆发，撒拉族、回族又一次举起武装反清旗帜。到光绪二十二年春，各地反清势力逐渐被清军击败，斗争进入尾声。回军余部在大通回民刘四伏率领下由水峡退到牧区，拟经柴达木地方西奔新疆。水峡贝子旗贝子纳木希哩、右翼副盟长尔里克、贝勒旗拉旺多布吉、贝子吹木丕勒尔布等率蒙古兵会合堵剿。纳木希哩阵亡，寻赠郡王衔，厚恤之。④刘四伏逃都兰果力地方，依险抗拒，势力颇盛。清军分道出水峡和日月山尾追。驻牧柴达木地方的左翼盟长贝子恭布车卜坦、贝勒车凌端多布、台吉索诺木端多布，亲率蒙古兵迎击。其时口外盛雪严寒，回军无所得食，饥冻死者

---

① 《清史稿》卷五二二《藩部五·青海额鲁特》，中华书局1977年版。
② 《清史稿》卷五二二《藩部五·青海额鲁特》，中华书局1977年版。
③ 《清史稿》卷五二二《藩部五·青海额鲁特》，中华书局1977年版。
④ 《清史稿》卷五二二《藩部五·青海额鲁特》，中华书局1977年版。

第四章 近代时期（1840~1949年）

大半。刘四伏遂向西逃奔。西宁办事大臣奎顺饬驻牧大通河上游的右翼盟长郡王棍布拉布坦、公齐克什札布、台吉丹巴、台吉齐莫特林增等督率蒙古兵丁会合官军围剿。公齐克什札布"手带枪伤、裹创力战"①。刘四伏西逃，回军若干人降，于贝子恭布车布坦旗安插管束。同年五月，刘四伏在罗布泊东南之和儿昂地方被清军饶应祺部俘获，"青海肃清"。各蒙古王公札萨克分别奖叙有差，清政府在丹噶尔厅"设局，以银布粮茶赈被难各旗"②等等。

清朝末年，在民主主义革命冲击下，清廷为抵制革命，装饰门面，企图"皇位永固"，于光绪三十二年（1907年）筹设预备立宪的中央咨议机构，光绪三十三年颁布《钦定宪法大纲》，宣统二年（1910年）四月成立资政院。议员二百人中钦选议员一百名，和硕特前首旗"郡王巴勒珠尔拉布坦为资政院钦选议员"③，代表青海蒙古王公准备进入钦定的议会。还未及行使职权，辛亥革命爆发，清朝覆灭。

第二节 民国时期的青海蒙古族

1911年辛亥革命，推翻清朝，建立中华民国。在民国时期（1912~1949年），青海蒙古族的盟旗和王公制度，沿袭未改，封建领主统治没有变化。蒙古族人民在青海地方封建政府残虐统治下，社会经济日益凋敝，人口继续减少。

---

① 《清史稿》卷五二二《藩部五·青海额鲁特》，中华书局1977年版。
② 《清史稿》卷五二二《藩部五·青海额鲁特》，中华书局1977年版。
③ 《清史稿》卷五二二《藩部五·青海额鲁特》，中华书局1977年版。

一、北洋政府统治时期（1912~1927年）

（一）蒙古王公承认共和

武昌起义后，清帝退位，清朝覆亡，民国成立，建立共和制度。青海蒙古王公僻处祖国西北腹地，对这种政治形势的巨大变化，当时未能立即理解和响应。辛亥革命的成果很快落入以袁世凯为首的北洋军阀手中。民国元年（1912年）3月10日，袁世凯就任大总统，北洋军阀统治开始。对于满蒙贵族，不但订有《清皇室优待条件》，8月19日又公布了《蒙古待遇条件》十一条，宣布：各蒙古王公原有之管辖治理权，一律照旧；内外蒙古汗、王、公、台吉世爵位号，照旧承袭，其在本旗所享有之特权，不予变动；蒙古各地呼图克图、喇嘛等原有之封号，概仍其旧；蒙古王公世爵俸饷，从优支给等等。同年9月20日又公布"加进实赞共和之蒙古各扎萨克王公封爵"的命令。总之，对于蒙古各级封建领主自前清王朝承袭来的种种特权及封建制度，概予保留，对赞成共和者，还要加官晋爵。这等事实，在"民国"历史上构成一个奇异旋涡。如，青海蒙古台吉乃旗和角昂扎萨旗于民国二年春率先承认共和，得到了"大总统"（袁世凯）五月一日的"荣令"，抄录如下：

"青海霍硕特西右翼中旗公扎萨克，头等台吉图布坦扎木绰翊赞共和，本大总统以临时约法第三十九条，加封为扎萨克辅国公，以嘉乃功。其务率先尔属，益励忠勤，以扬休烈，敬之勿怠。""中华民国二年五月一日。"① （大总统印）

"青海图尔扈特南后旗扎萨克头等台吉多锐翊赞共和，本大

---

① "此荣令"为1958年台吉乃王爷家中发现。参见梁良、程起骏：《海西蒙古九旗述略》，载《青海方志》1988年第1期。

第四章 近代时期（1840～1949年）

总统依临时约法第三十九条，加封为扎萨克辅国公，以嘉乃功。其务率先尔属，益励忠勤，以扬休烈，敬之勿怠。""中华民国二年五月一日。"[①]（大总统印）

又"青海图尔扈特南前旗扎萨克头等台吉噶勒藏旺扎勒，翊

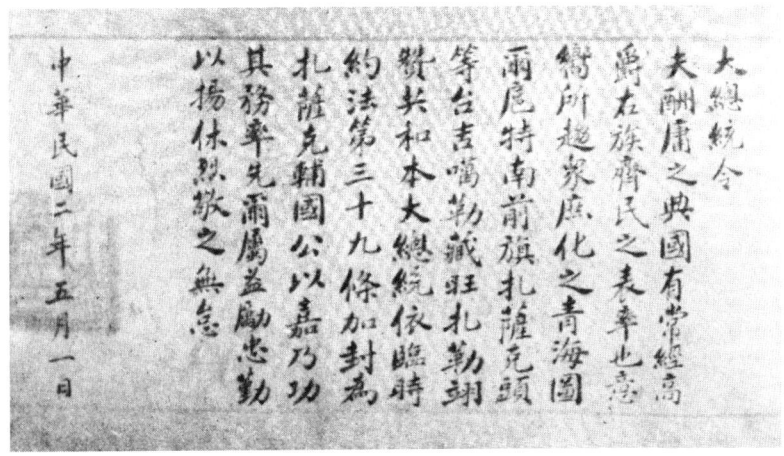

大总统令

赞共和。本大总统依临时约法第三十九条，加封为扎萨克辅国公，以嘉乃功。其务率先尔属，益励忠勤，以扬休烈，敬之无怠。""中华民国二年五月一日。"[②]（大总统印）

民国二年（1913年）秋，青海蒙古祭海会盟在察罕托洛亥举行，由原西宁知府改任青海办事长官的廉兴主持，他向蒙古王公宣布共和及上述优待条件，并以大总统令布告蒙古王公的晋封。"凡效忠于民国，赞成共和之蒙古各扎萨克王公等，均有功于大

---

① 《祁连县志稿》第九编《附录》。
② 原件照片载《河南蒙古族自治县概况》，青海人民出版社1985年版。

局，宜照各原有之封爵，加进一位。"①在上述政治形势变化已成定局和对蒙古王公优遇条件公布之后，青海蒙古各王公表示承认共和。当年12月10日，廉兴电呈北京："青海左翼正盟长扎萨克固山贝子那木登吹、副盟长辅国公索那木达什，右翼正盟长贝勒衔扎萨克固山贝子吹木丕勒诺尔布、副盟长贝子达细那木济勒，二十九旗郡王、贝勒、贝子、公、台吉等承认共和事，……十月二日蒙我长官祭海会盟，谆示共和利益优待条件，遵即商知各旗同敦亲睦。鄂陕起义，民虑涂炭，赖大总统迫力转危为安，我等远方迟认，谅不见咎，时谋属民安牧，同享幸福。"②陪祭之西宁总兵马麒也致电北京政府称：在会盟时"宣布中央德意，使与祭之王公咸晓于共和之宗旨……以率属而景从。"③会盟后，王公等派代表前往兰州，向护理甘肃都督张炳华正式表示承认民国政府。

由于青海蒙古王公均承认共和，所以北洋政府时期的一些重要会议中都有青海蒙古族的代表，以示安抚、笼络。如1914年3月，袁世凯召开御用"约法会议"，议员60人，青海和硕特南右翼末旗辅国公棍布扎布即"选"为议员。④1917年11月、1918年8月，段祺瑞相继炮制了两个御用工具——临时参议院和安福国会，以与南方的"护法国会"相对抗。棍布扎布与西后旗多罗贝勒勒旺里克津被选派为临时参议院议员。⑤棍布扎布又继为安福

---

① 何建民：《蒙古概况》，上海民智书局1932年版，第230页。
② 南京史料整理处档案一〇四五（档）689，廉兴致北京国务院、内务部、蒙藏事务局1912-12-10。
③ 马麒咨蒙藏事务局电，1913年3月，原件存南京史料整理处。
④ 郭卿友主编：《中华民国时期军政职官志》，甘肃人民出版社1990年版，第482页。
⑤ 郭卿友主编：《中华民国时期军政职官志》，甘肃人民出版社1990年版，第485页。

国会参议员。①1925年7、8月段祺瑞的临时执政府成立参政院、国宪起草委员会。青海绰罗斯南右翼首旗多罗郡王林沁旺济勒先后是临时参政院参政和国宪起草委员会委员。②

管理蒙古事务的政府机构，在清朝理藩院、理藩部（1906年理藩院改名）的基础上，民国元年7月改设蒙藏事务局，民国三年5月改为蒙藏院，1928年后南京民国政府改为蒙藏委员会。原管理青海蒙藏事务的西宁办事大臣，民国元年改为青海办事长官，民国四年裁撤，其事务改属青海蒙番宣慰使办理，直至青海建省前止。

（二）蒙古王公袭封、晋爵、俸禄和岁贡

蒙古王公承认共和后，袁世凯政府依例准予袭封晋爵，以各盟旗呈报之宗系图谱为据，承认其爵职承袭，又不拘泥于前清旧例。据前清旧例，蒙古札萨克王公，原为世袭。民国二年十二月二十三日大总统令有云："但当倾日边境多事之时，欲优赏酬或特别进封之事，日有所闻。将来如有遗爵遗职之时，设据新封之例实行世袭，恐无所谓制限。故自民国以后，一切蒙古各工公之进封，皆限于一位，以替世袭。"在青海各旗中共封亲王3名，郡王5名，镇国公4名，辅国公17名，左右正副盟长4名。兹列民国初年青海蒙古王公封爵简表（见下页）。

北洋政府继承清朝旧制，初时照数支付，后因国库匮乏，不能按年足数支给。为笼络安抚起见，或派充宣慰使，或于王公入京时给予特别津贴，其数额也相当可观。

---

① 郭卿友主编：《中华民国时期军政职官志》，甘肃人民出版社1990年版，第485页。

② 郭卿友主编：《中华民国时期军政职官志》，甘肃人民出版社1990年版，第489页。

民国初年青海蒙古王公封爵简表

部名	旗分	爵号	人名	俗称	民国封爵年份	原爵	备注
和硕特部	西前旗	和硕亲王	才拉什扎布	青海王	二年晋封	多罗郡王	
	前首旗	和硕亲王	更尕环觉	河南亲王	二年晋封	多罗郡王	
	前左翼右旗	和硕亲王	东阔林沁	默勒王	二年晋封	多罗郡王	
	西后旗	多罗郡王	才官巷拉加布坦	柯柯贝勒	四年晋封	多罗贝勒	
	北左翼右旗	多罗郡王	索诺思旺济勒	可鲁沟贝子	二年晋封贝勒、五年晋封郡王	固山贝子	兼左翼盟正盟长
	北右旗	多罗郡王	索南年木哲	宗贝子	元年封贝勒、五年封郡王	固山贝子	
	前北旗	镇国公	索诺木达什	布哈公	元年晋封	辅国公	兼左翼盟副盟长
	南右翼后旗	镇国公	索南群丕	托茂公	二年晋封	辅国公	
	南左翼后旗	镇国公	耀布塔尔	阿哈公	二年晋封	辅国公	
	东上旗	辅国公	勒克多勒	巴彦诺尔札萨	二年晋封	头等台吉	
	西后翼中旗	辅国公	图布坦嘉木措	台吉乃尔札萨	二年晋封	头等台吉	
	西右翼后旗	辅国公	昂久多尔济	巴隆札萨	二年晋封	头等台吉	
	右翼南旗	辅国公	雅楞丕勒	默勒札萨	二年晋封	头等台吉	
	西左翼后旗	辅国公	诺尔布达尔吉	宗加札萨	二年晋封	头等台吉	
	南左翼中旗	辅国公	索南多尔济	黄河南札萨	二年晋封	头等台吉	拉加旗
	南右翼中旗	辅国公	车楞塔尔	河南札萨	二年晋封	头等台吉	
	南左翼末旗	辅国公	丹增	群科札萨	二年晋封	头等台吉	
	青南翼末旗	辅国公	棍布扎布	居里盖札萨	二年晋封	头等台吉	
	北右翼末旗	辅国公	索诺木端多布	可鲁札萨	二年晋封	头等台吉	
	北左翼末旗	辅国公	索诺木兴额拉布坦	茶兴王	二年晋封	头等台吉	

第四章 近代时期（1840～1949年）

续表：

部名	旗分	爵号	人名	俗称	民国封爵年份	原爵	备注
土尔扈特部	南中旗	辅国公	旺庆隆保	安永札萨	二年晋封	头等台吉	
	西旗	辅国公	林沁诺罗	托里合札萨	二年晋封	头等台吉	
	南前旗	辅国公	噶勒藏旺扎勒	安日合札萨	二年晋封	头等台吉	
	南后旗	辅国公	多锐	角昂札萨	二年晋封	头等台吉	
绰罗斯部	南右翼头旗	多罗郡王	林沁旺扎勒	尔里克贝勒	二年晋封	多罗贝勒	兼右翼盟正盟长
	北中旗	多罗郡王	达什那木济勒	水峡贝子	二年晋封郡王	固山贝子	兼右翼盟副盟长
喀尔喀部	南右旗	辅国公	拉布什诺尔布	哈里哈札萨	二年晋封	公中台吉	
辉特部	南旗	镇国公	班玛旺济勒	端达哈公	二年晋封	辅国公	
独立旗	察罕诺们汗旗	辅国公	罗藏克图	白佛旗			

1.俸禄冠服

与袭职晋爵相适应，民国四年（1915年）5月至9月，北洋政府先后公布了《蒙人服官内地办法》《蒙古冠服制》《特赏蒙古荣典条目》等。王公年俸，沿袭未变。据《大清会典》俸银数额如下：

爵　　别	年　俸　银　（两）
亲　　王	二〇〇〇
郡　　王	一二〇〇
贝　　勒	八〇〇
贝　　子	五〇〇
镇　国　公	三〇〇
辅　国　公	二〇〇
头　等　台　吉	一〇〇
三　等　台　吉	六〇

此外，春、秋两季有俸米，见下表。

爵别	春季俸米（石）	秋季俸米（石）	合计（石）
亲王	二三七·五〇	二三七·五〇	四七五·〇〇
郡王	一四二·五〇	一四二·五〇	二八五·〇〇
贝勒	九五·〇〇	九五·〇〇	一九〇·〇〇
贝子	五九·〇〇	五九·〇〇	一一八·〇〇
镇国公	三五·六三	三五·六三	七一·二五
辅国公	二三·七五	二三·七五	四七·五〇
台吉	一一·五八	一一·五八	二三·一五

民国初，又制定了勋章制度，将蒙古原先的各种职衔翎枝等旧制，一律改为勋章。亲王和郡王初授二等；贝勒、贝子初授三等；镇国公、辅国公初授四等，协理台吉、章京等，则斟酌其资历功劳，各给予四等以下勋章。

与此同时还制定了冠服制度。因蒙古王公分旗立制，札萨克皆有管兵之权，参照陆军服制，斟酌蒙古习惯，制定了两种礼服。甲种礼服：亲王用上将服，贝勒、贝子用中将服，公及札萨克台吉用少将服。乙种礼服：用蒙古人习用的马褂长袍。马褂镶以金线，褂袍相同，但不用卷袖。礼服用袍装式，冠顶置丝结。

冠服之制，乃观瞻之所系，大典时，除穿制服外，还要有相应的帽式。帽用卷沿式，冬用染貂，春秋用呢，夏用羽缎，帽顶用青缎，底下加以平金宝桐花，冬季则加饰貂尾。帽顶之居中缝以帽章，以金为质钻宝桐花纹，以贯宝石。色样则按照各人品级而区别。

2. 年班岁贡

年班原是藩属遵行之制，载于《会典》，如无故不朝或迟朝

第四章 近代时期（1840~1949年）

者，皆受处分。当值年班的王公，若因病或其他事故而不能参加者，须预先请假并派协理台吉代表参加。年贡也属必须遵行之制。青海二十九旗原定岁贡氆氇二百匹，民国初年对年班和岁贡礼制稍加变通。例如把朝觐后午门赏赐物件改为现银等等。

蒙古王公到京，须先通知蒙藏院，由该院呈请朝觐日期，带领觐见。王、贝勒、贝子及公等，皆由大总统传见慰劳。依照旧例，所进贡物，须由蒙藏院代递，并给与廪饩。觐见时穿王公制服，改行鞠躬礼，废跪拜仪制。

蒙古王公在接受晋封授爵时，均须赴京觐见，但青海路途遥远，旗务重要，不能按期赴京者，准予事后补觐。

民国政府对于初次到京的王公，给予赉品银元，但不使其变成定例，民国四年后则定为限初次来京而旅途确实艰难者，由蒙藏院呈请大总统，给予旅费。

蒙古王公初次进京特别川资额如下表：

爵　　　别	款额（元）
亲　　王	二〇〇〇
郡　　王	一六〇〇
贝　　勒	一二〇〇
贝　　子	一〇〇〇
镇　国　公	八〇〇
辅　国　公	八〇〇
札萨克台吉	六〇〇

民国四年，青海蒙古二十九旗派札萨克多罗贝勒吹摩尔僧格署图萨拉克齐、和硕章京丹增洛藏达结札木苏等赴北京报称，"自共和成立以来，惟因地方不靖，本旗王公等不能来京庆祝，

只有札萨克喇嘛察罕诺们汗来京代表青海呈递毠氇，兹派本员等带来二十九旗援例应递毠氇二百匹"。①民国六年，青海南左翼后旗札萨克镇国公布哈尔值班进京呈毠氇二百匹；民国十年，青海和硕特西前旗札萨克和硕亲王才拉什札布等5人进京值班；青海绰罗斯部南右翼首旗札萨克多罗郡王林庆旺札勒随带福晋等进呈毠氇二百匹。②青海分为三班，每岁一班，三年一周。每次班期，自头年12月15日至次年2月15日。

(三) "宗社党"吕光之乱时部分蒙古王公响应

宗社党是满蒙宗亲王公等人组织的以复辟清朝为宗旨的政团。民国二年时升允在兰州曾发布檄文，号召宗亲王公满汉大臣"共图匡复"。妄图"东取秦晋，南备川楚，再东豫鄂，并南数省"，然后"联合一气，入卫京师"，奉宣统复位。旋起旋灭，不久失败。民国四年十月，"宗社党"人吕光，自东北经绥远，到达拉卜楞寺。该寺当时属循化县辖地，根本檀越为河南亲王。吕光得到蒙古亲王的同情和支持，寺内活佛随之响应。吕光以"承制总督内外勤王忠义马步全军一等忠顺公"的名义，于当年底招募蒙藏兵丁600余人，声言"复清灭民"，力图复辟清朝，消灭民国。在河南亲王府和寺院活佛的护持下，于民国五年正月移驻今同仁县隆务寺，二月移居保安堡，以原都司衙门改称"忠顺公府"，并以宣统八年年号发布文告，招兵买马。青海各地一些民族上层人物，遥相呼应。民国六年五月二十一日吕光在贵德城中被甘边宁海镇守使马麒派兵擒获，押送兰州狱中，当年八月处死。一场政治风浪平息。

---

① 南京史料整理处档案，一〇四五（档）847。
② 南京史料整理处档案，一〇四五（档）877。

第四章 近代时期（1840～1949年）

（四）近代教育的起步

青海蒙古族在封建时代，主要以寺院教育为主，代代相传。寺院担负着民族宗教和文化、艺术、医药、天文等学科的传承和发展的任务，也受到官府的支持和尊重。不少著名的宗教学者，就是通过这种教育制度培养出来的。其次，王公办的家塾私学，聘请西席，教授蒙文和汉文，也培养了所需人才。

青海蒙古族的近代教育，起步于清末推行新政时理藩部催促举办教育事业。1911年西宁办事大臣庆恕在西宁设立蒙古半日学堂，经费从丹噶尔厅盐税中拨付，命各旗王公子弟入学。由此揭开了近代教育的新篇章。当时他们对此不够理解，一怕子弟被扣作人质，二怕念洋书而洋化，往往雇用汉族及贫苦蒙古子弟顶替，而且王公们还送礼行贿，请求免其子弟入学。该学堂初办时，以《三字经》作课程，汉语讲授。民国元年（1912年）停办，民国二年改成"蒙番小学校"。

民国三年，青海办事长官廉兴给蒙藏院呈报说："青海幅员辽阔，族类庞杂，风气闭塞，语言隔阂，以致内外往来交涉，事多障碍难行。前大臣庆（恕）有鉴于此，遂令各歇家认捐学费，创设青海省蒙古半日学堂，以期牖启边氓知识，办理最为扼要。未几地方不靖，旋即停学……将半日学堂改称青海蒙番学校，分行蒙古王公及番族千百户均各选送合格学生入堂肄业，以期推广范围……"①第一期共招收蒙古族学生8名，藏族学生2名。并且制定了"青海蒙番小学简章"，规定了如下学科：修身、国文、算术、蒙文、番文、体育、图画、唱歌。1920年，改为宁海蒙番学校，设师范甲种讲习科，有少数蒙藏民族学生。1927年，校长

---

① 南京中国第二历史档案馆藏档案材料。

朱绣呈称:"学校之设立本以同化民族巩固边圉为宗旨,固名青海蒙古学堂,专收蒙古族子第入校肄业,继因青海种族复杂,环海而居者,固为蒙古二十九旗,而海南一带尚有刚咱、玉树、果洛等番族,……故又改称宁海蒙番学校,十余年仍沿其旧。惟是现在学校范围日广,学生日多,所有小学、中学、师范、职业等科,均次第成立,肄业于其中者实有三百余名,无论任何民族概不加以限制……"①根据培养目标和教学内容,当年将宁海蒙番学校易名青海筹边学校,纳入边政范围,办学目标进一步明确。1929年青海建省后,并入省立第一中学,附设一个蒙藏班。到1933年,又将蒙藏班扩充,成立省立蒙藏师范学校,由教育部每年补助经费2.4万元。这无疑对蒙藏民族的文化教育发展起了一定的作用。

总之,青海蒙古族的近现代教育起步较晚,且由于蒙古经济日衰,教育不振,入学肄业者人数不多,一般蒙古民众由于受传统观念和宗教思想的影响,接受文化教育的途径仍然主要是寺院教育。

(五)青海藏族文化对蒙古族的影响

蒙古族、藏族在青海分布广泛,彼此之间的关系历史悠久,源远流长。蒙藏民族的相互影响,渗透在政治、经济、宗教、语言、文学、医药、工艺,直至习俗、服饰等各个方面。

蒙藏两族有共同的宗教信仰,藏传佛教对青海蒙藏社会的政治、经济、文化等各方面产生着极大的影响。在蒙古族群众中,凡移营、婚嫁和生老病死,都要请喇嘛卜凶问吉;遇到天灾人祸,也要请喇嘛念经,求神保佑。湟中的塔尔寺、互助的佑宁

---

① 南京中国第二历史档案馆藏档案材料。

第四章 近代时期（1840~1949年）

寺、甘肃夏河的拉卜楞寺等著名寺院中都有蒙古族僧人学经，有的还成为寺院的僧官或转世活佛。这些寺院在藏族和蒙古族地区同样有较大影响，也成为蒙古族宗教活动的中心。青海蒙古族群众中的许多人不顾路途遥远，去著名的藏传佛教寺院朝佛念经，尽其所有，向寺院布施。在民国年间，青海蒙古地区较著名的寺院还有都兰寺、香日德寺等等。为了弘扬佛教，各旗王公竞相邀请藏族高僧去蒙古地区传法；蒙古地区的寺院也有不少藏族僧人。所念经典，绝大多数是藏文的，至于藏族寺院中，亦有不少蒙古僧人。

由于蒙古族在果洛、黄南、海南、海北、海西等地与藏族长期杂居，又受其政治、经济、文化的影响和宗教的熏陶，不少人和藏族在语言及经济生活等方面有许多共同点。今天青海地区的一部分蒙古族通晓蒙藏两种语言，有的甚至只会讲藏语而不会讲蒙语，只是在蒙古族较集中的海西蒙古族藏族自治州和河南蒙古族自治县，还通行或部分通行蒙文蒙语。据统计，解放前青海地区的蒙古族只有2万人，而藏族有43万余人。在藏族人口占绝对优势的情况下，历史上确有一部分生活在藏文化圈内，而又与本民族文化隔断了联系的蒙古族人民，逐渐融合于藏族之中，其本民族的特点已经消失，或已不甚明显。

黄南藏族自治州境内的河南蒙古族自治县，由于历史和地理条件的制约，县内蒙古族群众绝大多数已逐渐不使用蒙文蒙语，而普遍使用藏语藏文。目前柯生乡和赛尔龙乡的部分群众尚在使用蒙语，但已夹杂了不少藏语词汇，其他部落的老年人仅会用蒙语计数，而广大青壮年已是无人会讲、无人会写了。该县蒙古族通行安多藏语，并且在蒙语转用藏语的过程中，逐渐形成一种藏语方言。河南蒙古族相当部分的人在其特殊历史和地理条件下，

逐渐失掉本民族的语言文字,是历史发展的必然结果。究其原因大约有如下几个方面:

一是环境与土著的影响。河南蒙古族外有甘、青、川、康地区很大数量的藏族包围,内有早已归服且有相当数量的土著阿柔。他们人口众多,通用藏语藏文,这对于蒙古族不能不产生巨大影响。为适应这种特殊环境,学习并进而使用藏语文是十分自然和必要的。

二是民族上层的倡导。蒙古族进驻河南地区后,民族上层首先接受藏族文化,并且倡导学习藏语文。早在乾隆年间,亲王旺舒克就从西藏敦请了100多位藏文学者,部分留作王府文职官员,部分从事藏文教学,并选拔了一批蒙古族青年跟随学习。《麦吾夏隆》的作者王府秘书卡才让就是当时培养出来的蒙古族的藏文学者之一。

三是婚姻及宗教的影响。河南蒙古族与当地藏族一样,信奉藏传佛教格鲁派,历代亲王、郡王都曾选送本族青少年入寺为僧。入寺学经必须学习藏语藏文,僧侣众多,自然推动藏文的使用和学习。同时蒙藏通婚不受禁约,历代亲王的福晋中就有4人出身藏族,蒙藏通婚也是一个促进河南蒙古族学习使用藏语藏文的因素。河南县蒙古族大部分人虽然失掉了本民族的语言文字,但在心理状态上,仍然保持着强烈的民族意识和民族自尊心。

在促进与其他民族的经济、文化交往上,青海蒙古族同其他民族一样,做出了积极的努力和很大的贡献,加强了各民族之间的相互了解。

二、国民党政府统治时期(1928~1949年)

(一)蒙旗分布和管理体制

国民党南京政府于1928年9月议决青海建为行省,1929年元

第四章 近代时期（1840～1949年）

月省政府正式成立。当时青海蒙古二十九旗分布情况大致如下：

海西8旗（和硕特部）：

北左旗，即柯鲁沟固山贝子旗；

西后旗，即柯柯多罗贝勒旗；

西前旗，即王札萨克多罗郡王旗；

北右末旗，即柯鲁沟札萨克旗；

西右后旗，即巴隆札萨克旗；

西左后旗，即宗加札萨克旗；

西右中旗，即台吉乃札萨克旗；

北左末旗，即茶卡札萨克旗。

1932年，南京政府任命九世班禅为"西陲宣化使"，曾在塔尔寺、香日德停留，设立行辕。他在香日德时，甘青两省的蒙古族和藏族的王公千百户拨出一部分牧民作为班禅行辕的属民，归其直接管辖。后来这部分牧民逐渐形成一个部落，群众称为香日德香加，亦称"香加旗"。先是，民国六年秋在都兰寺设都兰理事，管理今海西广大地区，到1930年11月，改设都兰县，两年后县治迁希里沟，海西8旗归该县管辖。1938年，又设置香日德设治局。

海北13旗：

北前旗，即布哈公旗（和硕特部）；

南右后旗，即阿喀公旗（同上）；

南左后旗，即托茂公旗（同上）；

南左首旗，即默勒王旗（同上）；

西右前旗，即默勒札萨旗（同上）；

北右旗，即宗贝子旗（同上）；

南左末旗，即群科札萨旗（同上）；

东上旗，即巴彦诺尔札萨旗（同上）；

南后旗，即角昂札萨旗（土尔扈特部）；

南中旗，即永安札萨旗（土尔扈特部）；

南右首旗，即尔里克贝勒旗（绰罗斯部）；

北中旗，即水峡贝子旗（绰罗斯部）；

南右旗，即哈里札萨旗（喀尔喀部）。

建省后，划达坂山以北设立门源县（名义上管辖祁连），县治浩门。1939年设立祁连设治局，局治八宝，1943年拟升格为县，因古佛寺辖属有争议，直到1949年仍为设治局。1943年设海晏县，县治三角城。

河南蒙古4旗：

前首旗，即河南亲王旗（和硕特部）；

南右中旗，即达参旗（同上）；

南左中旗，即拉加旗（同上）；

南前旗，即安日和札萨旗（土尔扈特部）。

建省后，河南蒙古族归青海省政府直接管辖。1935年5月，同德县成立，县治在拉加寺，南左中旗划归同德县管辖；其余3旗，由河南亲王统领。

海南蒙古4旗：

南右末旗，即居里盖札萨克旗（和硕特部）；

西旗，即托里合札萨克旗（土尔扈特部）；

南旗，即端达哈札萨克旗（辉特部）；

特别旗，即察罕诺们汗旗。

建省后，南右末旗、西旗、南旗由共和县管辖，县治曲沟大庄，察罕诺们汗旗由贵德县管辖。

国民政府设立蒙藏委员会，管理蒙藏事务。据公布的《蒙古

第四章 近代时期（1840~1949年）

盟部旗组织法》认定蒙古各旗隶属于所属之盟部。各盟旗互不统属，盟长以下各职官及旗札萨克照旧等等。各旗札萨克印信，均沿用清朝时颁行的满蒙文合璧之旧铜印。1934年4月青海两盟代表呈报蒙藏委员会，以旧印"字迹模糊，不易辨认"，且中央已颁行《自治原则八项》，将盟旗公署改称盟旗政府，循名责实，请颁发新的印信和官章。经核准，改颁各盟旗政府新印30颗，官章30颗。原盟旗旧印，由各盟旗截角封存，拓模备案，以作纪念。

1933年，在扎藏寺成立青海左右两盟办事机构，即盟政府。1936年，两盟又派出代表，常驻南京蒙藏委员会的"全国蒙古各盟旗联合驻京办事处"，办理有关事务。蒙藏委员会每月拨发两盟建设补助费1.2万元。1938年，在西宁设立"青海蒙古两盟二十九旗驻省办事处"，作为两盟驻省的联合办事机构。左翼盟长索南旺，系可鲁沟贝勒旗多罗郡王。副盟长索南札西，别号隐斋，布喀公旗镇国公。右翼盟长林沁旺济勒，别号寿轩，绰罗斯南右翼首旗，多罗郡王。副盟长札西南木济勒，水峡贝子旗，多罗郡王。

国民政府在派政府大员参与祭海的同时，还注重吸收一些蒙古族中有代表性的人物参加中央、地方的立法、议政等机构。1945年，在青海省第一届参议会的26名参议员中，就有和硕特前首旗和硕亲王环觉饶登的王妃兰曼藻。在20名候补参议员中，有青海和硕特北左翼末旗官保加（曾任青海蒙古左翼盟驻京代表、青海蒙古驻京办事处处长）。[①]另有阿福寿，他在国民党政府第

---

① 《青海省参议会成立》（1945年），见青海省志编纂委员会编：《青海历史纪要》，青海人民出版社1987年版，第475页。《第一届国民大会青海蒙藏代表》，收入《西北民族宗教史料文摘》（青海分册下），甘肃图书馆1985年，第815页。程起骏：《缅怀蒙古族老人官保加先生》，见《海西文史资料》第二辑。

—243—

二、第三届国民参政会中,都是青海蒙古的参政员。[1]青海和硕特西后旗多罗郡王齐木棍旺札、勒拉卜旦则是第四届国民参政会（1945年4月~1947年5月）参政员。[2]1948年,国民党政府召开所谓的行宪国民大会,青海蒙古族有俄罗布仁庆（青海和硕特西后旗多罗贝勒,当时任青海蒙古左翼盟驻京代表）、官保加（青海和硕特北左翼末旗,当时任青海省参议员）、扎喜才让（女,青海和硕特前首旗和硕亲王）等7位代表。

1938年青海省政府推行保甲制度,除河南4旗外,其余25旗均予实行。保长、甲长、乡长,绝大多数由旗内闲散台吉或有势力的牧主担任,个别的也有由旗长——札萨克兼任的。从此,盟旗制度和保甲制度并存,封建王公和乡绅牧主在基层政权结构中混合在一起。

(二) 各项事业前进艰难

青海建省,设厅置局改县,尤其是1931年废除农业区土司制度,气象一新,但对蒙古王公札萨克制度未予触动。国民政府还于1933年公布"自治原则",盟旗公所改称"政府",蒙藏委员会也曾有"体恤边疆实际情形,增设各种优遇办法"[3]等事。蒙古人士为振兴蒙古,寄希望于南京政府,于1931年6月呈报"开发青海建议书"[4],其主要内容有:筹设青海蒙藏专科学校及蒙藏文化促进会,促进边疆文化;修整省内交通,增强建设基础;调

---

[1] 郭卿友主编：《中华民国时期军政职官志》,甘肃人民出版社1990年版,第1272~1273页。

[2] 郭卿友主编：《中华民国时期军政职官志》,甘肃人民出版社1990年版,第1275页。

[3] 南京史料整理处档案,1937年1月16日青海左翼盟呈文。

[4] 南京史料整理处档案,（档）4170。

第四章 近代时期（1840~1949年）

查内部矿产，开发自然资源；设立各族小学，实行普及教育等等。1934年4月两盟代表再次呈报"青海蒙情，恳予扶植"[①]九事。主要内容有：一是百事落伍，实以教育未兴为根本原因。恳请拨给经费在各旗会集之默勒、群科、柴旦、恰卜恰、河南等五处，各设小学一所；二是内地学校来青招生，因"悬格相求，蒙古学生鲜有被取者"，拟请教育部给以优异待遇，"从宽收录"；三是蒙地交通不便，传递公文，动辄连旬累月，申请拨给无线电收发机二台，汽车四辆；四是在蒙地设置小型巡回医院，兼治人畜各病；五是枪弹缺乏，防卫无资，愿以马一千匹，请军政部换发给步枪一千枝；六是对盟政府经费，申请补助，等等。当时南京政府倾主要力量从事"围剿"中国共产党领导的工农红军，边疆建设云云，大多纸上谈兵，画饼充饥而已。上述各项，蒙藏委员会虽给予同情和支持，并咨令有关部会执行，其中不少项目仍不免案牍搁置。例如发展民族教育一事。蒙藏文化促进会于1931年成立，利用"边疆教育专款"开办了十余所小学，但在蒙古聚居之地却无学校，办的"蒙藏中学"在1940年合并于昆仑中学分校，该促进会的牌子移挂在玉树专员公署，蒙古教育不被重视。1940年教育部在青海开办牧校1所，西宁师范学校1所，带有民族教育性质，如此而已。又如修筑交通一事，抗日战争胜利后，新疆政情吃紧，西藏动摇不定，出于政治目的，国民政府于1945年11月拟兴修通过海西的青新公路计划，1946年开始动工，1947年9月试车，修通简易公路。至于连接河南蒙旗的公路，更是顾不上。其余诸事，也只好搁置而已。

1935~1937年间，青海省政府推行"保安制度"时全省划分

[①] 南京史料整理处档案，（档）01321。

为15个保安区，其中第十三和第十四保安区，即包括柯柯、柯鲁、阿喀公、布哈公等17个旗，编组了两个骑兵团。

（三）社会凋敝，民族日衰

青海蒙古族在地方军阀的掠夺下，在封建王公的领主制统治下，风云暗淡，社会凋敝，继续走着民族衰落的道路。

1. 繁重的牧业税

蒙古各旗，在清代只有岁贡而无征税。民国初年后，征收草头税，1941年改称建设费，划区征收，基本上以征羊毛和皮张为主。起先乘祭海之时进行布置，1943年由省政府命令公布之。1941年比建省前数额增加两倍以上，额外苛取之陋规、压秤等，尚不计入。马步芳在征收草头税的同时，还就王公千百户所辖牧地换发或补发草山执照，借以敛财，这种方法虽不经常使用，但每次收费动辄在五六千元至万元左右。此外，各旗每年纳税时，必须向马步芳及其主办经征人员，礼送虎豹皮张及贵重药材，如冬虫草、鹿茸等礼物。经办人员马匹的食用，也要无偿供应。

有的地方也以盟旗为计征单位，估计帐户多少作为征税依据，由王公摊派交纳，类似包税，以后连年增额。如默勒王旗，1924年交银100两，1936年增至500两，1947年增至1 200元（折合白银864两）。或者按蒙古例规计征，将牲畜分为若干"当司"①或者"塔里青"②。每当司三年纳税一次，征收白银，也可折交牲畜和皮张、羊毛等。羊毛以白色、纤维长为准，杂色毛拒收。羔皮、牛皮以一等货为限等等。

马步芳统治时期，苛捐杂税名目繁多。据调查，水峡贝子旗

---

① 一股牲畜的合称，大体上以马二、牛三、羊五为一当司，以"当司"作为纳税单位。

② 指分散的蒙古族贫民。

第四章 近代时期（1840～1949年）

兰白家在1948年一年内被征收的税款即有：其一，二月纳马四匹半，其中一匹折银币250元，其余三匹半，每匹折银币400元，共交银币1 650元；其二，六月纳马四匹，全部交马；其三，十一月纳马四匹半，交马四匹，银币75元；其四，慰劳款银币120元；其五，户口款银币28.8元；其六，学款银币36元；其七，石煤款银币42元；其八，驮牛款银币7.6元；其九，献金款银币240元；其十，修马公祠银币120元；其十一，民供雇工用银币90元；其十二，单项税银币133.2元。全年共纳各种税款银币2 542.6元，马八匹。如按每匹马折银币200元，八匹马共计1 600元，全年合计纳银币4 142.6元。兰白家共有牲畜骟马60匹，每匹马以200元折价，共为12 000银币，一年的各种税款占全部财产的34%。1949年全国解放前的八个月，兰白共纳各种税款折合银币为3 849元。再如水峡贝子旗，1948年有520余人，全年共纳各种税款折合银币20 506.4元，平均每人负担近40元。捐税之重，是各旗牧民无法承受的。

此外，以低价强行征购羊毛皮张，以及"以马代丁"征收军马等。无情的掠夺使牧业的简单再生产已难以维持，社会经济继续衰敝。

2. 可自用牲畜不断减损

牲畜头数的多寡增减，可以反映出社会经济的盛衰。青海蒙古族社会则表现为：

一是疫灾频发。据不完全资料，1930年发生牛瘟和羊寄生虫病，海北地区死亡牛羊120万头只，海南地区死亡180万头只。牛的死亡率达30%~70%，羊的死亡率达60%。[①]1936年兽疫流行，

[①] 雷男、陆年青：《青海省农业调查》，载《资源委员会季刊》第2卷第2期"西北专号"。1942年6月1日出版。转引自青海省志编纂委员会编：《青海历史纪要》，青海人民出版社1987年版，第332页。

羊群死亡，海北达10%，海南达20%。牛亦因感染炭疽杆菌而大量死亡。①又据青海赈务委员会1931年呈报四年来灾情材料：和硕特20旗，1928年"大旱，四月间牛羊乏草倒毙枕藉，而全部20旗出军马二次，出洋三十万元"。1930年"旱灾遍野，赤地千里"。1931年"自春徂夏，亢旱三月，近复冰雹为虐，雨打雪压，牛羊嗅草不食"。土尔扈特4旗，1930年"瘟疫盛行，而接济费和杂捐共出洋在十一万一千元以上"。1931年"雹灾又钜，凡被雹之区，嗅草腐烂，牛羊乏草"。1942年，青海环海牧区发生严重牛瘟，据1942年九、十月间《青海民国日报》资料，环海牧区死亡牛110万头以上。

二是牲畜减损。1937年至1949年的12年间，各旗牲畜都在大幅度减少，兹以能找到的2盟4旗的部分资料为例，列表如后：

国民政府时期青海蒙古2盟4旗牲畜减损例表

年项目	盟旗名称 数目(头只)	左翼旗 (海西)	右翼旗 (海晏)	西左翼末旗 (章京仁青)	绰罗斯南右旗首旗 (章京赞格)	绰罗斯南右旗首旗 (日黑得勒)	西后旗 (原卜庄)
1937年	马	1 000多	200	150	160多	10多	7
	牛	1 000多	400多	200	100多	60多	10多
	羊	10 000多	1 500	1 000多	800多	300多	200多
	驼	300多	30	60			5
1949年	马	20多	20多	4	5	1	1
	牛	50多	20	30	10多	3	0
	羊	100多	100多	200	80多	0	10多
	驼	30多	0	3			1

---

① 编写组：《青海畜牧业经济发展史》，青海人民出版社1983年版，第79~80页。

第四章 近代时期（1840～1949年）

3. 民族人口继续减少

在天灾人祸交相煎迫下，青海蒙古牧民生活极为艰辛，其人口发展极为缓慢。建省前后，据蒙藏委员会调查，青海蒙古族有3万余人，到1949年减至22 474人，①为雍正时的18%左右，占当时全省人口的1.5%。人口减少的原因主要有三个方面：

一是外逃。海西柯鲁沟旗1939年时有1 500户，到1949年留存400余户，外逃者占三分之二以上。台吉乃旗1938年有1 050户，自"民国二十八年哈萨克入青以后，大部分蒙古被杀，少数逃亡到都兰、敦煌等地乞食或为佣，家畜全部损失"②。再如前首旗，1938年有2 410户、9 600余口，到1949年只余720户、2 800余口了，十年左右户数减少了70%，人口减少了71%。

二是疾疫多。例如1946年都兰县宗加旗死于疾疫的有300余人，其中60户死绝；水峡贝子旗患伤寒病一次死亡40多人。

三是人口增殖率低。从1933到1949年的16年间，青海全省人口除蒙古族外，都有缓慢增加，共增297 000人，唯独蒙古族人口在减少。此外，1938年哈萨克人进入海西地区以后，也给蒙古族带来不少问题，致使蒙古人民外逃。

魏源在《圣武记》卷十二中有精辟评论。"蒙古诸贝勒俱学喇嘛，致国势日衰，当以为戒。"满族统治集团"兴黄教以安众蒙古"，而自己却以为戒，很值得深思。《圣武记》又说："然蒙古衰弱，中国之利也。以黄教柔驯蒙古，中国之上计也。""宗喀巴之功，中外华夷实利赖之"③等等。这里说的"中国"，

---

① 《青海省情》，青海人民出版社1981年版，第118页。
② 资源委员会1947年《青新边区暨柴达木盆地调查报告》。
③ 魏源：《圣武记》卷十二《武事余记·掌故考证》（下），中华书局1984年版，第499~500页。

当然不是指多民族组成的统一的中国，而仅指满族贵族所统治的清朝。封建王朝民族政策的毒辣于此可见一斑。

（四）成灵迁青

成吉思汗是蒙古族的伟大领袖，为草原上的"一代天骄"，1227年七月十二日（农历）逝世，终年66岁。为供奉和祭祀成吉思汗，在蒙古高原建起了"八白室"（可移动的八顶白色蒙古包）。到明代天顺年间（1457~1464年），"八白室"移至河套（今鄂尔多斯境内），由蒙古鄂尔多斯部的达尔哈特人世代守护。到清代初年，又迁到今伊金霍洛旗（祖上园陵之意），改称成吉思汗陵。

20世纪30年代，抗日战争爆发。德穆楚克栋鲁普（即德王）等蒙古封建上层勾结日本帝国主义，进行所谓"蒙古独立运动"。当时的伊克昭盟盟长沙克都尔札布（沙王）和广大群众要求将成灵西迁避难。国民政府蒙藏委员议定可迁甘肃，必要时可迁青海。1939年春成灵经榆林、西安，迁至甘肃榆中县兴隆山东山的大佛殿中。当成灵途经延安时，中共中央代表谢觉哉、八路军代表滕代远、陕甘宁边区代表高自立等，率领延安党政军民学各界一万余人迎接于十里铺，并举行了盛大的祭祀仪式。到抗日战争胜利及以后的解放战争期间，成灵均安放在兴隆山。

1949年8月，兰州解放前夕，国民政府行政院责成西北军政长官公署，将成灵迁往青海湟中县塔尔寺安放。8月13日从兴隆山起灵，用大卡车8辆载运成灵、遗像、梳妆镜和祭器、遗物等，以及全体护灵官员及家属共20余人，于当日经兰州、西宁，到达湟中县塔尔寺。

当成灵途次乐都县柳湾时，青海省政府派建设厅厅长陈秉渊前往迎接。到达塔尔寺时，该寺活佛僧众和鲁沙尔地区各族群

第四章 近代时期（1840～1949年）

众，列队寺前，庄严迎接，诵经祈祷，肃穆异常。成灵安放在活佛公署（排家尕哇）经堂内（今塔尔寺藏医院附近）。成灵旁，陈列着苏鲁锭和当年成吉思汗的银鞍、弓箭以及他使用过的银碗、筷、壶等，还有他穿过的铠甲等物。经堂正中供奉着三个灵柩，形如三个虎夹木箱，银质包皮，正面饰以藏传佛教常用的八金图案，四周镶有赤金团龙。外围黄绫，内置金匣，据云匣内装有骨灰。中间一个灵柩较大，长约1米，高约0.5米，是成吉思汗之灵。桌上供奉成吉思汗遗像一帧，身披黄袍，英武多髯。左右两边的较小，长约0.75米。一是皇后孛儿帖之灵，另一是忽阑夫人之灵。

成灵安放在塔尔寺时，成立有"成灵保护委员会"。委员会主任为蒙古族高九如，有工作人员十余人，专司守护灵柩等事宜，还有经常诵经祈祷的喇嘛三人。按照蒙古习俗，每周举行祭祀一次，除喇嘛诵经外，还要宰羊七只，将肉煮熟，放于三个大银盘内，供奉灵前。同时，青海的蒙古族群众，每年举行春、秋两次大祭，仪式隆重。四月十三日为春祭日。七月十四日是祭祀苏鲁锭的日子（苏鲁锭即长矛，蒙古军队的标志，象征着成吉思汗的军威。相传是成吉思汗当年使用的武器），据传这一天是成吉思汗出征金国、举行誓师大会的纪念日。

1949年9月5日，西宁解放。9月9日湟中解放。人民解放军对安放在塔尔寺的成灵，特加保护。对此，高九如还专电向毛泽东主席、朱德总司令致敬致谢。1950年10月，中央人民政府特派沈钧儒副主席率领中央慰问团来青海慰问时，专程到塔尔寺向成灵致祭，并向"成灵保护委员会"赠送毛泽东、周恩来、刘少奇、郭沫若等领导同志的条幅题词和相应礼品。

1951年2月24日，青海省人民政府秘书长张国声，代表省政府主席主祭成灵，省军区参谋长杨文安、省民族事务委员会副主任札喜陪祭。1951年12月14日，西北军政委员会副主席习仲勋访问塔尔寺，晋谒了成灵。

1953年12月，经内蒙古自治区人民政府申请，国务院批准，成立了成灵迁移及新陵园建筑委员会，决定将成灵移回伊金霍洛。成灵在塔尔寺安放的五年半时间里，受到人民政府应有的重视和保护，1954年3月迁离青海。

1954年3月，内蒙古迎灵代表团到达西宁。3月19日省人民政府民族事务委员会主任周仁山、海西州人民政府主席官保加和省政协副主席丹仁等，陪同代表团在塔尔寺举行了起灵大祭，当日成灵东迁离开了青海，顺利地迁回并奉安于内蒙古新的成吉思汗陵园。

第三节　解放前社会状况

青海蒙古族解放前的社会状况，应具体问题具体分析。就时间而言指民国时期，即自辛亥革命到1949年青海解放前夕，就空间说指广大牧区。

一、自然地理条件和社会生业状况

青海建省较晚，蒙古族地区的各种设施和建设，相应地也起步较晚。

（一）自然地理环境

青海蒙古族聚居区位于青藏高原东北部，海拔3 000米以上。环湖地区海拔在3 200米至3 600米，河曲地区海拔2 700米至4 000米。高原空气稀薄，气候干燥寒冷，多风少雨，日温差大，无绝对无霜期。如河南县相对无霜期仅16天。总之，高而寒，"春已暮而草始生，秋未深而霜已降"、"四月草生，八月降雪"、"五

第四章 近代时期(1840~1949年)

月发绿,九月枯黄"和"长冬无夏"等语句,就是对上述情况的真实写照。这里的高原牧区,牧草生长期短,产草量低,属于低草牧区。

青海牧区不是孤立的牧业区,它处于西藏高原、塞北大草原、漠西大草原的连接地带,因此,成为历史上游牧民族往来驰骋角逐的场所。青海蒙古族在这里从事牧业生产。

在自然经济情况下,人口的多寡是民族经济兴衰的重要标志之一。解放前,青海蒙古族仅有2.2万人,约占当时全省总人口的1.5%。主要居住在海西、海北和河南县等地,从事游牧经济生活。

(二)社会生业

一是文化教育状况。文化教育状况是衡量民族素质的重要标志,民族素质的高低对社会经济的发展起着重大制约作用。牧业区的蒙古族文盲率高,人医、兽医奇缺,大多数人生病后请不起医生,而采取念经消灾的办法。

二是交通状况。交通发达,是近代社会发展的重要条件。20世纪40年代虽然青海省修筑了简易公路,但没有连接省内外的定期班车,交通运输工具仍主要为马匹、骆驼和牛。至于信息传递,则更为落后。总之与经济文化发达地区相比仍一如往昔处于闭塞阻隔状态。

可以说,解放前的青海蒙古族社会,自然条件艰苦,社会经济底子非常薄弱。人均国民收入很低,据解放初期统计折合人民币约81元。[1]这是我们认识青海蒙古族社会不能视而不见的基本状况。

---

[1] 《青海省情》,青海人民出版社1986年版,第114页。

二、牧业等生产状况

（一）牧业

1. 畜种及畜产品产量

环海牧区、河曲牧区、大通河牧区和噶斯牧区等，适宜于马、牦牛、羊、骆驼（主要在海西茶卡一带）和骡等牲畜牧养生息，但牲畜头数多年不增，且有下降。如海晏的南左末旗、南左后旗、南右后旗、北右旗、北中旗、南右首旗等，至解放前，牲畜计有：马722匹，牛5 412头，羊16 087只，骆驼2峰，骡10头。就其牲畜总头数中各种牲畜所占比例，以海西而言，羊占89%，牛占8%，马占2%，骆驼占1%。

青海等蒙藏地区的羊毛，远销俄、德、美、英等国，年购销量在1910年（清宣统二年）左右已高达一百数十万公斤，毛价由每百斤值银二两左右一度高涨至三十两。① 此后，由于帝国主义国家爆发严重的经济危机，国际市场上羊毛价格低落，青海羊毛出口数量才一度减少。② 这说明青海等蒙藏地区也曾为资本主义掠夺者榨取原料的市场。

由于单一牧业经营生产主要为了生活资料的自给，所以除羊毛以外的畜产品，投入市场的很少。如牛奶有相当产量，但全部就地消费，牛羊肉也主要供当地人口食用，牛羊皮张除以税收形式交给当时的青海省政府外，投放市场的很少。马匹除自用和供应军马外，销售内地做鞍马耕马的极少。基本属于自给自足型经济。

2. 牧业工具和游牧方式

---

① 青海省地方志编纂委员会编：《青海历史纪要》，青海人民出版社1987年版，第245页。

② 青海省地方志编纂委员会编：《青海历史纪要》，青海人民出版社1987年版，第284页。

第四章 近代时期（1840~1949年）

牧业生产工具简单落后，机械和手工机械还未出现。放牧工具有鞭子、甩石等。收毛使用剪刀，也有用刀割的，牛毛则用手拔。壮劳力一天可剪80只羊的羊毛，生产率低，对牛羊体质损害也很大。驮物用牦牛、骆驼，人乘多骑马或牦牛。木制工具有挤奶用的小木桶和打酥油用的木桶。其余如经常使用的绳索、马绊、牛挡绳、接羔袋等，都是牧民用牛羊毛和皮子自己制造的。

放牧方式，仍停留在"天牧"，即靠天养畜、"逐水草而居"的游牧状态。有"冬窝子""夏窝子"，一年中数次搬移帐房。总之，停留在游牧业初级阶段，即基本上适应于自然，而很少改造自然。生产力低下，谈不上草原建设和畜种改良。对于自然灾害和疾疫，抵御能力十分薄弱。例如1930年牛羊爆发传染疾疫，海北死亡牲畜120万头只，海南死亡180万头只。1936年海南、海北又一次兽疫流行，当年羊群死亡，海南10%，海北20%，门源老虎沟一带死亡50%。

由上可见，解放前青海蒙古族的游牧业仍属于脆弱的自然经济型游牧经济，勉强在简单再生产的道路上循环。

（二）工业

一是手工业。青海蒙古族的手工业如皮张加工、木匠、缝匠、银匠、铁匠等，工具简陋，无固定作坊，多趁游牧空隙时劳作，是依附于畜牧业的家庭手工业。独立手工业基本上没有，这表明社会经济几乎是纯自然经济。这种经济结构要求每一个人都是在与自然交往中而不是与社会交往中来完成自己的经济行为。

二是矿业。1900年前后，柴达木地区有几处金矿同时进行开采。1901年前，柴达木金矿年产黄金30余两，嗣后增至70余两，1909年增至320余两。柴达木地区锡铁山铅锌矿藏丰富，早在19世纪初即有人从事开采，到清咸丰十一年（1861年），锡铁山矿区曾设有铅矿局,采炼铅锌,不久即罢。民国时期,国民政府资源委员会为了开发青海的资源,多次派人来青海调查,由于交通不便及其他原因,未形成规模开采。

三是盐业。青海的盐业主要分布在乌兰、都兰及柴达木盆地的蒙古族居住区。清乾隆七年(1742年)清廷拟在茶卡盐池设立盐局,征收盐税,因当地蒙古王公反对,未能实现。20世纪20年代,地方政府在茶卡盐池设置盐务分局,在湟源设置湟源盐务分局,这个局负责由茶卡经湟源到西宁的运盐任务,实为转运站。那时茶卡盐池挖掘食盐,生产方式很落后,主要是以当地蒙古人作为挖盐工人,其使用的工具非常简单,每人用一个长木柄铁质马勺,一勺一勺地从盐湖的囟水里向上掏盐,掏出的盐堆放在盐盖上,以备运户就地装运。这些盐工的待遇很低,生活困苦,他们长年住在帐篷里,没有任何劳动保护和劳动保险。盐工们身体羸弱,情绪低落,生产效率无法提高。

当时运盐工具全部依靠蒙古人的骆驼及牦牛驮运。一峰骆驼,每次只能驮三百余斤,一头牦牛,每次仅能驮二百斤。从茶卡到湟源,骆驼和牦牛来往行程是15天。若遇阴雨等天气,还不止此数。这种落后而迟缓的运输方式,既付出了相当大的代价,且手续繁多,收效甚低,蒙藏运户因此吃尽了苦头,盐价微薄,若天气有变,损耗很大。加之扣除部分税款,运户所得无几,甚至空手而归。因此,蒙藏民众不敢也不愿运盐。

(三)商业活动

牧业经济结构本身单一化,需要农牧产品互相交流,互补不足。青海蒙古族地区的牧业经济内部分工很不发达,属于单一型经济。除少数不劳而食者外,90%以上的人都从事牧业,至于专门从事畜产品加工、运输,或贩运的,为数极少。广大牧民的商品观念比较淡薄。牧民的生活资料主要来源于自己放牧的牲畜的畜产品。例如：

食　主要为牛羊的肉、乳、酪；
衣　主要为羊皮；
住　羊毛织的白色蒙古包；
用　羊毛绳、皮绳、皮口袋等；
行　乘马、牦牛、骆驼；
烧　主要为干牛粪、烧柴。

至于粮、茶、烟叶、布匹等，则仰赖于内地农业区。近代以来，商业贸易为汉、回族商人（客娃）或寺院上层僧侣及王公札萨克所控制，后来为"德兴海"①号所垄断。青海蒙古族中商业活动很少，且在大多数情况下为以物易物（如多少斤羊毛换一块茶砖等等），剥削奇重。

综合上述情况，青海蒙古族社会经济的特点可归纳为：脆弱的、单一的、自然经济型的游牧经济，有"五低""一高""二多"的特点。"五低"是：增殖率低、繁活率低、出栏率低、商品率低、经济效益低。"一高"是：牲畜死亡率高。"二多"是：天灾多、病虫害多。总之，距离近代畜牧业的水平，有很大的差距。

三、社会关系和封建王公制度

青海蒙古各盟旗是一个独立的社会单位，相互间联系很少。生产的目的不是为了交换，而是为了满足生产者个人和家庭的生活需要。传统的社会结构和政治制度对其社会发展起着相当大的制约作用。

---

① 马步芳家族所经营，垄断全省土特产品并兼放高利贷。

(一) 生产资料占有情况

"旗"是蒙古部落的基本行政单位,也是清王朝赐给旗内封建领主的领地。草场占有制名义上一直是属"旗"公有(由部落公有演变为属旗公有),实质上为蒙古王公所有。草场支配权,掌握在王公札萨克手中,他们可以用"布施"或"陪嫁"的名义将草场送人。广大牧民对草场的使用,完全听命于王公贵族,毫无权利可言。从典型材料看,河南县草原,占人口不到4%的王公贵族,使用的草原面积竟占42%。在这种占有制的基础上,各阶级所占有的牲畜头数理所当然是多寡悬殊的。例如海西王家旗(西前旗),在解放前夕,占总户数11.8%的牧主头人(22户),占有牲畜总数的50.4%,人均占有500~1 000只羊;中等牧户占总户数的30.8%(52户),占有牲畜总数的38.1%,人均占有25~100只羊;贫穷牧户占总户数的50.2%,只占有11.5%的牲畜,人均不到25只羊。还有占7.06%的赤贫18户,一无所有。又,河南前首旗亲王府一户占有牲畜总数的39%,其中分别占有马的16%、羊的30%、牛的9%。另外的牧主头人占总户数的3.3%,占有牲畜的33%,户均1 401头。以上两项共占有牲畜的72%,富牧户均占有714头;贫牧户均仅占有31头。

(二) 剥削方式

封建王公贵族凭恃其长期具有的政治特权和占有的大量生产资料,以无偿劳役(乌尔顿)和畜租、雇工、高利贷等形式,对广大牧民进行剥削,剥削量占牧民收入的六成、七成或者更多,以至长期以来,牧业经济只能以简单再生产的方式循环往复,一遇天灾人祸,牧民只能逃徙和死亡。例如,出租牦乳牛一头,年租酥油15斤,以年产酥油25斤计算,畜租率为六成。公母合群牛羊出租,所生仔畜三七分,而皮张羊毛全部交租。也有母羊群出

第四章 近代时期（1840~1949年）

租，仔畜四六分成的。总之，畜租率都在六成、七成或其以上。如遇狼害丢失，有习惯法约束，以保证王公头人的利益。

雇工，一般来自本旗的赤贫户。一名雇工可牧羊500只，或牛100多头，年工资一般为12元，另给旧皮袄一件、皮裤一条、皮靴一双、腰带一条，供给伙食。当时的12元可买羯羊4只或牦牛1头，且大多不付现金，而以老畜次畜抵付。

无偿劳役，在牧民生活中占相当比重，名目繁多。例如，台吉乃尔旗规定，每年由牧民28人轮流无偿地为王爷放牧、服役，名义上是"护印亲兵"；旗下各佐领每年轮流出30名牧民给王爷剪羊毛、拔驼毛，叫"剪羊毛的队伍"。默勒王旗规定，牧民每年轮流出男女各1名为王爷家服役。至于每年几次搬迁帐房时，需用较多劳力和驮牛，由牧民轮流支差，则是普遍的传统规矩。王公出外经商或参加大型政治、宗教活动的驮运任务，也摊派牧民承当。王公头人家有婚丧喜庆活动，牧民按例要充当驮柴禾、宰牛羊、煮茶饭等差事。上述沉重的劳役，就其性质而言，是封建王公对属民的"力役之征"，属于"封建徭役"。这是一般世俗地主或牧主所不具有的封建特权。

高利贷非常猖獗，利息盘剥惨重。这是与牧业经济日益凋敝及马步芳军阀政府税捐之多分不开的，许多牧民为此而倾家荡产，沦为奴隶般生涯。

此外，牧民的宗教负担和盟旗办公杂费（王公进京和送当局礼物也包括在内），也相当沉重。海西香日德的"香加部"和祁连、大通的"松巴部"，是寺院活佛的牧奴，与一般蒙古旗下的牧民的身份大不相同，其来源是早年蒙古王爷连同草场、牲畜和人口一并"布施"给活佛的。僧侣封建主将牲畜交付牧奴放牧，无偿占有其全部劳动。香加部不仅为香日德寺院放牧，还给寺院无偿耕种农田，收获物全部交纳，而且须自带口粮。

从上述生产资料的领主占有制和剥削方式可以看出，青海蒙古族中传统的封建领主制并没有解体。

(三) 封建王公制度和盟旗制度

青海蒙古族的王公制度和盟旗制度开始于清朝，延续于民国，直到解放前夕，相沿不替。青海蒙古族各部落于康熙三十六年（1697年）归服清朝，清廷对各部落首领台吉开始封爵，当时定外藩封爵为六等，即亲王、郡王、贝勒、贝子、镇国公、辅国公，不入于六等者，仍称"台吉"。此即所谓"王公制度"。康熙四十三年到康熙六十年，又陆续封授一些爵位。雍正三年（1725年）罗卜藏丹津事件后，对各部首领重定爵秩，并且仿照内札萨克办法，划编为29旗，任命各旗札萨克（即旗长）。

盟旗制度是一种地方性政权。盟以下设旗，旗内划分数量不等、大小不一的行政区。从盟长到杂佐分十个等级，叫"十级官制"，即盟长、王爷、副王爷、虎雄赞格、买仁、扎隆、白同、苏买大洛合、苏买赞格、坤德。具体职责为：虎雄赞格协助王爷管理军政大事，买仁为虎雄赞格的助手，扎隆为司法官，白同也称监军，为旗内军事长官；苏买大洛合管理差役赋税，苏买赞格为旗内小行政长官，坤德为苏买赞格的助手，佐领是基层行政单位，有苏木章京，有管军队的坤德，其下有拔什户、达鲁噶。

这样，在原来部落和氏族基础上，每十家编为一个"达噶齐"（什长，原来为阿寅勒），每150名箭丁编为一个"佐领"（即苏木，原来为爱玛克），一佐领或几个佐领编为一旗（原来为鄂克托），旗设札萨克。每旗是一个行政、军事和社会生产单位。各旗因大小不同，官职的数量也有所不同。如柯鲁沟贝子旗，在王爷下，还设两名副王爷，下辖九名小王爷，而巴隆旗只有一名

第四章 近代时期（1840～1949年）

王爷。王爷的地位差异也很大，青海王旗因在清初被封为多罗郡王，地位较高。而较小的宗加旗的王爷为"咋恩尔"①。清廷规定，各旗之间不准私自往来，不准越界放牧，分别受西宁办事大臣管辖。从乾隆四十七年（1782年）诏令各王公爵位"世袭罔替"。民国成立后，1913年各王公都晋爵一级。王公承袭先由蒙藏院(北洋政府时期）后由蒙藏委员会（国民党政府）发给执照。其间，1933年成立左右翼两个盟政府。1938年青海省推行保甲制（河南蒙旗未执行），乡保甲长分别由札萨克和闲散台吉担任，盟旗制与保甲制并存，封建王公依然如昔。长期以来，旗政府和王府就是执行兵、刑、钱、谷等的地方基层政权，王公还有自己的武装卫队（如河南亲王有卫兵200名）。

总之，青海蒙古族直到解放前夕，封建领主制社会的生产关系和上层建筑，几乎原封不动地保持着。

（四）法律制度

青海蒙古族地区实行习惯法，不执行全国统一的法律。雍正三年（1725年）废止原先执行的《卫拉特法典》（1640年订立，共130条），改行《蒙古律例》。各旗札萨克审理旗内各种案件，法律的施行和解释权操控在王公手里，言出即法，不能抗拒。这种法律是为封建王公制度服务的，刑罚主要有以下七种：

一是执枷示众。各旗不设监牢，一般在临近王府的寺院设有临时管押室。被判披枷刑的人，需带上木枷，但无押解公差。在本旗内一家一户的游串，一直到游够所判天数。若游遍了全旗各户，刑期未满者，再从头游起，直到期满。

二是烫嘴。对辱骂王公贵族的人，用烧红的烙铁或其他金属

---

① 蒙古语，地位低的王爷。

烫烙嘴唇。

三是鞭笞。把受刑的人捆在木桩上，以皮鞭抽打。一般情况下，此刑用于偷盗。

四是摸石子。如发生大案，王爷们智穷术短、断案无方时，便求助于神灵。其方法是，当事双方各备齐九种东西，每种九件，然后用大锅一口，注满菜籽油烧滚，内置黑白两种石子，让被告和原告双方袒臂伸手入锅内摸石子，摸出黑的算输，白者为赢，赢者将自己的东西收回，输者要把全部物品交给王爷。

五是死刑。遇重大奸情杀人、聚众反抗王爷等案，则判处死刑。执行的方法是将犯人装入牛皮口袋中，系于马后，策马狂奔，直至拖死为止。因抢劫而杀人者，多采用罚偿命金的办法，而不用"杀人者偿命"的刑律，故判死刑者极为少见。

六是部落赔偿制。旗与旗之间发生重大纠纷时，由盟长出面解决。但大多数情况下，是由当地政府断案，输者一般都判处罚款。此类罚款由旗内百姓分摊。打赢官司所得的钱，旗内判交的罚款，一小部分由王爷作主分给全旗各户，纯属象征性的，表示遵循祖法，而大部分则装入王爷腰包。

七是罚款。用于打架斗殴等较轻的罪，以银元或牲畜交付。

上述刑罚的等级性非常明显，王公在法律上受到优待。如霸占别人的妻子，罚元宝40个，但王公有此行为，法律上不予追究。如此等等。这种法律，一直执行到解放前夕。

(五) 阶级划分

青海蒙古族的统治阶级，主要是享有世袭政治特权的王公贵族、一些牧主①和寺院上层。被统治阶级是依附性很强的旗下牧

---

① 主要是闲散台吉，即不担任旗政府职务的贵族。

第四章 近代时期（1840~1949年）

民，还有少量的"牧奴""寺奴"和王公家的陪嫁奴婢等。

综合以上叙述，不难看出，一是解放前的青海蒙古族社会仍然为自给自足的游牧业自然经济；二是剥削方式主要是"力役之征"和"实物畜租"；三是超经济强制仍然是维护封建王公权益的重要手段；四是政治法律制度仍然是封建王公统治制度和保护封建王公利益的《蒙古律例》。总之，青海蒙古族直到解放前夕，仍然停留在封建领主制的后一个阶段。

第五章　青海蒙古族的文化

由于青海蒙古族长期所处的特定的社会历史和生活环境，创造出了有别于其他地区蒙古族的文化，使之具有青藏高原文化的特色。本章择其要而简述之。

第一节　宗教信仰和寺院

一、信仰的演变

蒙古人原信奉萨满教，成吉思汗时曾设"别乞"（教长）管理之。在蒙古族信仰的诸神中，天神为最尊，"腾格尔"（天）是永恒的主宰一切的。蒙古族至今仍保留着敬天之俗。后来，佛教、伊斯兰教、道教等传入蒙古地区，萨满教并未因之而降低其地位和影响。

蒙元之际蒙古王室崇奉藏传佛教萨迦派，尊八思巴为大元帝师。镇守青海的西平王奥鲁赤一家与萨迦派也有密切来往。明朝永乐年间，宗喀巴大师创立格鲁派（黄教）以后，该派对西海蒙古和厄鲁特蒙古产生过巨大影响。最早与藏传佛教接触并带头信

第五章 青海蒙古族的文化

奉格鲁派的是俺答汗，"蒙古敬信黄教，实始于俺答汗"①。俺答汗于明万历六年（1578年）五月仰华寺大会后率属皈依格鲁派。自此以后，格鲁派远播东部和西部蒙古各地。万历三十一年（1603年）俺答汗曾孙云丹嘉措以四世达赖身份在拉萨坐床，标志着蒙古人与藏传佛教格鲁派结下佛缘，并且进一步推动格鲁派向蒙古族基层群众中的传播和发展。这里需说明的一点是，厄鲁特四部之一的和硕特部信奉格鲁派的时间，大约在17世纪20年代，要比土默特部迟数十年。约在1610年土尔扈特部首领诺颜赛英台奈思麦根台曼奈，向参加厄鲁特王公会议的和硕特部首领拜巴噶斯等人提出信奉藏传佛教的倡议，②众人同意。约于1610至1616年间，拜巴噶斯等派出的使者抵达拉萨，格鲁派领导集团随后派出使者会见厄鲁特四部的首领和王公贵族。从此，厄鲁特四部的上层人物信奉了格鲁派。接着，各部首领分别派出一子赴西藏格鲁派寺院为僧学经，并宣布厄鲁特四部都信奉格鲁派教法。③于是，格鲁派在厄鲁特各部迅速地传播发展起来。后来，固始汗进一步推崇和利用格鲁派，在青藏高原建立和硕特汗国，推行政教合一制度，进一步使青海蒙古族从上到下完全皈依藏传佛教格鲁派，并使之在本源文化基础上接受并糅进了新的文化元素，深深打上了藏传佛教文化的烙印。

二、宗教生活和主要宗教活动

青海蒙古族普遍崇奉藏传佛教格鲁派。蒙古包内全都设有佛

---

① ［清］魏源：《圣武记》卷十二《武事余记·掌故考证》（下），中华书局1984年版，第500页。

② ［苏］伊·亚·兹拉特金著，马曼丽译：《准噶尔汗国史》，商务印书馆1980年版，第160页。

③ 王辅仁、陈庆英：《蒙藏关系史略》，中国社会科学出版社1985年版，第107~108页。

龛，供奉佛像。其宗教活动主要有：一是煨桑。即用干枯的柏叶混以酥油、炒面、青稞麦粒，放在炭火上焚烧放烟，这是一种敬神、敬佛的方式。一般在初一、十五和封斋期间。二是黎明封斋（农历四月十四日中午至十六日），本为纪念佛祖涅槃，后逐渐变为群众的宗教活动。封斋期间（一般老年人居多）不饮不食、不语不睡，只是默诵"嘛呢"六字真言（即唵、嘛、呢、叭、咪、吽）和其他佛经。三是祭"傲博"（农历六七月间）。"傲博"系由石头、草皮围筑成台，上插经幡、经旗等。早在原始社会即有祭"傲博"仪式，后来"傲博"变成某种边界标志。四是"灯节"（农历十月二十五日），是纪念宗喀巴大师涅槃的节日。五是磕长头。它有别于普通磕头，磕头时要面对圣地（一般为布达拉宫、塔尔寺等）方向，或当地"神山"或家里的佛像等，每日早晚各磕一次，每次要完成一定数量。六是诵经，是日常最基本的宗教活动，即念"嘛呢"。老年翁妇一有空即念"嘛呢"，左手拨念珠，右手转经轮，边念边拨，周而复始。

三、宗教寺院

明清以来，青海蒙古族居住地区修建了不少宗教寺院。现就曾在历史上声名显赫的寺院作一概述。

1. 仰华寺

原名察卜齐雅勒庙，位于今海南州共和县恰卜恰地区（察卜齐雅勒），为西海蒙古时期的重要寺院。仰华寺创建于明万历三年（1575年），具有汉藏佛寺的建筑特点。俺答汗请寺额于明廷，万历五年（1577年）四月癸亥，明廷"额请赐仰华寺"。[①]万历六年五月十五日举行"仰华寺大会"，参加者十万余人。会

---

① 《明神宗万历实录》卷六一，万历五年四月癸亥。

第五章　青海蒙古族的文化

上,蒙古俺答汗与西藏哲蚌寺法台索南嘉措互上尊号,诞生了格鲁派系中达赖神职,索南嘉措为达赖三世,一世、二世为追认。仰华寺成为西海蒙古的政治、宗教活动中心,也是格鲁派历史上的著名殊胜之地。万历十九年(1591年)十一月,明经略使郑洛指挥明军进攻蒙古火落赤、真相等部时,焚毁该寺,自此后未再重建。

2. 扎藏寺

该寺是青海著名的以蒙古族为主要僧源的藏传佛教寺院,位于今湟源县巴燕乡的莫吉沟口,地处西宁通往青海湖东北岸的交通要道。据传说该寺建于很早以前,但无具体资料予以佐证。史载,明末固始汗入据青海,五世达赖阿旺罗桑嘉措的弟子扎藏曲结·嘉央喜饶在湟源一带活动。1639年由固始汗做施主,嘉央喜饶北迁塔雁静房,将二静房合并,建立一座格鲁派寺院,称"扎藏寺噶丹曲科林"(诚悦法轮寺),即扎藏寺,被称为安多地区十三大寺之一。嘉央喜饶为寺主,封号"车臣诺们罕",历辈转世。扎藏寺在历史上多次遭到破坏,罗卜藏丹津反清事件中衰落,乾隆年间由却藏活佛阿旺图登旺秋(1725~1796年)负责修复;同治年间在河湟回族反清斗争中烧毁,光绪元年(1875年)再由却藏活佛罗桑图登雪珠却吉尼玛主持重建,并在寺院附近修建了七座青海和硕特蒙古王公的府邸,俗称"衙门"。清廷于每年农历七月十五日派钦差来该寺,与蒙古诸王公祭海会盟。祭海在察罕托洛亥的海神庙,会盟设在扎藏寺。清代后期,会盟处由该寺移到日月山以东的东科尔寺附近进行。在都兰县设置以前,扎藏寺曾是蒙古各旗会商政务的地方、青海蒙古29旗左右翼蒙古盟长代表常设办事机构所在地,也曾是清廷与青海蒙藏上层祭海会盟之地。

3. 东科尔寺

东科尔寺位于湟源县日月山乡寺滩。也称"东科寺""洞阔寺",原名"东科尔甘丹却科林"(具善法轮洲)。清顺治五年(1648年),由东科尔四世多居嘉措(1621~1683年)所创建,为与西康母寺区别,称之为"西宁东科尔寺"。据《安多政教史》记载,寺初建时,固始汗将日月山和今海南共和县倒淌河一带的大片土地布施给多居嘉措,成为东科尔寺的属地。清康熙四年(1665年)东科尔四世入京,被朝廷封为"文殊禅师",任职京师,自此历辈东科尔成为驻京呼图克图。罗卜藏丹津事件中寺院被毁。乾隆元年,由五世东科尔索南嘉措移地重修,题寺额为"嘉善寺"。清末和民国时,蒙古王公祭海结束后会盟于该寺,从而它成为青海蒙古的一个政治活动中心。

4. 都兰寺

都兰寺位于乌兰县治东北部。藏语称"都兰具善密咒兴隆洲"。由固始汗第六子(固始汗次妃所生的次子)多尔济达赖洪台吉的玄孙楚克达什于清代乾隆年间创建,属和硕特西前旗。衮楚克达什曾从五世班禅罗桑益希大师受比丘戒,法名拉尊嘉样嘉措。于雍正十三年(1735年)袭札萨克多罗郡王,乾隆四十三年(1777年)病卒,由其子索诺木多尔济袭职,乾隆五十六年(1791年)以功赐亲王品级。索诺木多尔济在乾隆五十六年前曾请拉卜楞寺嘉木样二世来寺诵经。都兰寺僧人多为蒙古人,最盛时寺僧达300人。寺主为都兰呼图克图,是海西地区较有影响的活佛之一。历史上都兰寺曾出过一些名僧,如出身和硕特汗王家族的索南达哇,曾获拉然巴格西学位,与拉卜楞寺的第十五位法台索南昂杰、第十九位法台索南札巴,同被称为安多地区的"索南三尊"。

第五章　青海蒙古族的文化

5. 广惠寺

原名"郭莽寺"（郭莽，藏语是"多门"之意）、"赞布寺"等，藏语称"赞布俱喜圣教洲"。位于今大通县东峡乡所在地衙门庄。据史料记载，广惠寺创建者系西藏噶哇栋人赞布·顿珠嘉措（1613~1665年），早年学经于哲蚌寺郭莽扎仓，清初来青海，曾任塔尔寺、佑宁寺、仙米寺法台。清顺治七年（1650年），赞布·顿珠嘉措在青海厄鲁特蒙古首领赛钦洪台吉等人支持下，建成广惠寺，属于西藏哲蚌寺郭莽扎仓系统。顺治十年（1653年）五世达赖进京觐见顺治帝返回西藏时曾驻锡此寺，为僧众讲经授法，从而扩大了广惠寺的影响。广惠寺初建时规模较小，真正形成寺院规模是在第一世敏珠尔活佛时期。一世敏珠尔赤列伦珠（1625~1699年），今海晏县群科滩人，曾去西藏哲蚌寺郭莽扎仓学经，1652年至1664年任郭莽扎仓堪布，与青海蒙古诸部有密切联系。清康熙四年（1665年），经固始汗第三子达兰太之长子墨尔根洪台吉提请，五世达赖封他为"敏珠尔诺们汗"，派来青海主持寺务。在墨尔根洪台吉的支持下，一世敏珠尔扩建寺院，使广惠寺成为显密双修的格鲁派大寺。该寺在雍正元年罗卜藏丹津反清事件中被清军焚毁。雍正四年（1726年），二世敏珠尔进京觐见雍正帝，被封为"敏珠尔呼图克图"，成为驻京呼图克图之一，并赐帑金重修被毁寺院。雍正九年（1731年），赐额"广惠寺"。乾隆年间钦赐"法海寺"匾额，又敕赐"大利进殿"匾额一面。同治五年（1866年），该寺再次毁于兵燹，光绪年间重修。敏珠尔系统与青海和硕特蒙古有特殊关系，从而也使该寺成为青海和硕特蒙古的一所重要寺院。在敏珠尔系统中不少是蒙古人，四世敏珠尔就是今海晏县托勒乡察汗乌苏地方的蒙古人。他所著的《世界广论》一书是介绍印度及我国涉藏地区地理的名著，有英、俄、法文等译本。

6. 拉卜楞寺

拉卜楞寺位于今甘肃省夏河县大夏河边浪庆湾扎西曲滩，由和硕特前首旗黄河南蒙古一世亲王察汗丹津所创建。察汗丹津为该寺的根本檀越。该寺初建于清康熙四十八年（1709年），嘉木样大师抵达黄河南蒙旗，定这一年为建寺开始。察汗丹津在自己辖区中划拨500户为寺户。寺内有六大学院，佛殿48座，与众多的昂欠、僧舍、佛塔等有机地构成了雄伟多姿的建筑群。该寺辖属寺百余处，教区扩展到甘、青、川、康等地，被誉为格鲁派六大寺院之一，在安多地区有"卫藏第二"之称。自清代乾隆二十七年（1762年）以后，拉卜楞寺在行政区划上属循化厅管辖。1927年设拉卜楞设治局，次年改为夏河县，划归甘肃省。该寺与前首旗黄河南蒙古亲王的关系异常密切，王府即建在寺旁。

7. 香日德寺

亦称"班禅香日德寺""班禅行辕"，位于今都兰县香日德镇西南的上柴开村。该地区为班禅商上堪布牧地，香加蒙古部落，从清代起成为班禅属民。乾隆四十四年（1780年）建香日德寺。当时寺院分为两处，一处为宗教活动场所，另一处是专门接待过往宗教上层人员和有关使者的食宿站，是西藏政教领袖往来内地的主要驻锡地。1913年，十三世达赖喇嘛转内地返藏，曾居住此寺。1937年九世班禅于玉树圆寂后，大师遗体"替身"曾一度接至香日德寺供奉，故该寺在海西地区的广大蒙古族、藏族和汉族信教群众中享有很高的声望。

除以上之外，与青海蒙古族关系密切的寺院还有：位于今河南蒙古族自治县柯代沟，经九世班禅同意，教权直属班禅，于1924年建成的拉卡寺；位于今河南蒙古族自治县柯生乡，由德隆、香札两位活佛主持，教权属拉卜楞寺，始建于 1905 年的香札寺；位于今河南蒙古族自治县宁木特乡由河南亲王之母兰曼措始建于 1937 年德曲格寺。以及格鲁派六大寺院之一的塔尔寺，该寺兴盛则有赖于蒙古贵族的大力关照和赞助，等等。这些寺院均在蒙古王公资助下修建，并得到发展。

第二节 语言文字和民间文学

一、语言文字

青海蒙古语属于蒙古语厄鲁特方言，它同以正蓝旗为代表的察哈尔语音为标准的蒙古语相比较基本一致，但也有自己的特点。青海蒙古族使用"胡图木"蒙古文，即同内蒙古、黑龙江、吉林、辽宁等省区的蒙古族使用同一种文字。"胡图木"文共有 31 个字母，包括元音 7 个，辅音 24 个，辅音字母中的最后 7 个是专门用来拼写借词的。胡图木文从左至右竖写，没有大写小写之分。

二、民间文学

青海蒙古族人民长期过着游牧兼营狩猎的生活，很少有人识字，其文化生活主要靠民间口头文学来满足。

一是英雄史诗。民间俗称《镇压蟒古思的故事》或《降魔传》，是由朝尔齐（以马头琴伴奏的艺人或民间说唱家）代代相传的古老说唱艺术。流传在青海地区的《格斯尔》，内容丰富，篇章也较多，且与其他地区的蒙文《格斯尔》有很多不同点。据说蒙文《格斯尔》版本中最有影响的北京版是从青海蒙古族中搜集的。

流传在青海蒙古族中的《格斯尔》的版本有：都兰县诺木洪

乡老艺人努尔金所讲的《天汗派三子到人间》等十章,海西州福利厂的苏克大夫讲的《征服魔鬼的化身东玛固利和哈拉牛灯》等九章。此外,还有《汗青格勒》等短中篇史诗。这些英雄史诗反映出蒙古族的社会形态和艺术形式特点。

二是祝词和赞词。祝词和赞词是蒙古族特有的文艺形式,在长期的生产、生活中,产生了许多祝词和赞词。如,反映对火的产生及其作用的《祭火祝词》,庆贺新蒙古包落成的《蒙古包赞词》,赞美各种马的《赞马词》,等等。

三是历史传说。传说指根据历史人物、历史事件和某地有纪念意义的事件、山、水、川等形成或演变等,经过带有幻想色彩的加工而成的故事。例如《固始汗的传说》,反映了历史人物固始汗支持黄教、统一青藏高原的历史情景。包含四个部分:一是固始汗进军青海,二是却忽图台吉,三是固始汗得胜,四是固始汗进军西藏。还有《丹津洪台吉的传说》《诺木洪城墙的传说》《库尔鲁克旗摔跤手拉其布》《青海湖的传说》《日月山的传说》《某个氏族的传说》等等。

四是故事。民间故事是民间文学中一项十分丰富多彩的遗产,这些故事生动地描绘了劳动人民与自然界及社会反动势力的斗争,也反映了人们的社会关系和道德观念。其中《怀图美日更特木乃的故事》《生过一百个马的白骡马的故事》《朝鲁孟的故事》《兄弟俩的故事》《巴颜的两个儿子》《七匹青马的主人》《太阳和月亮姑娘的故事》等都是比较有代表性的作品。

五是儿童民间文学。青海蒙古族民间文学中,有不少儿童民间文学,它是与寓言故事、民间故事、神话故事相类似的小故事,适合儿童口味,表达儿童天真烂漫的想法,能吸引儿童好奇心。例如《九兄弟》《梦想》《小儿子的故事》《青蛙孩子》

第五章　青海蒙古族的文化

《魔术帽》《狐狸为什么被人认为狡猾》《恋家的白儿马》《猫儿称汗和老鼠为害》《熊崽牛犊哥儿俩》《兔子为石羊报仇》《可怜的白骒马》《亲子和养子》《贫苦儿当国王》等等。

青海蒙古族民间文学是丰富多彩的，限于篇幅，在此不能一一列述。

第三节　医学和史学

在长期的生产生活中，青海蒙古族留有丰富的历史文化遗产。经过调查研究，依据目前占有的资料，仅对医学和史学予以简述之。

一、医学

蒙古医学有着悠久的历史，清代及其以后是蒙医发展极盛时期。蒙古医学的发展，与藏、汉医学有着密切的关系，历史上出现不少蒙医著作。

一是占布拉用藏文编著的《方海》（藏名《满阿嘎仁钦纵乃》）一书，是17世纪的一部比较完整的蒙药方选集，全书76篇，木刻版本共726页。作者系青海蒙古人，在内蒙古多伦居住过，康熙时以"明如拉傲门汗"闻名遐迩。

二是伊希巴拉只尔著有五部医学著作。《甘露之泉》（藏名《都德泽楚俊》）一书，是18世纪的一部蒙医基础理论著作，对生理、病理、诊断、治疗原则和方法等，从理论方面进行阐述，提出了"六基证"理论，有木刻版本，共40页。《白露医法从新》（藏名《都得泽色嘎尔》）是一部以监证各科为主要内容的著作，分74章，附有诊脉、尿诊、腹泄剂、配药须知、针灸、放血、穴位等内容，并把发现的鼠疫传染媒介之一的旱獭写进书中，有木刻版，共 94 页。《甘露点滴》（藏名《都得泽梯格巴》）是监证各科和术疗的简明论著。该书按"六基证、十要证、器官病、脏腑病……"分 22 章 54 节。还附加腹泄剂等七种疗法、温泉浴等五种疗法以及药方的简单知识。伊氏在该书中对《甘露之泉》中提出的"六基证"理论作了进一步补充，有木刻版，共 74 页。此外，《甘露汇集》（藏名《都得泽嘎敦》），是他 81 岁时所著，该书论述了 101 种疾病的治疗，有木刻版，共 74 页。另一部《认药白晶药鉴》（藏名《西勒嘎尔米龙》），是一部蒙药学著作，有木刻本，共 96 页。

三是伊希班觉（即益西班觉），出生于今海晏县托勒乡一个蒙古族家庭。伊氏兄弟五人，行四，有妹二人，弟弟是僧人，伊氏在医学方面有较高造诣。

古代蒙医的疗法，主要有灸疗、正骨正脑、饮食疗法、马奶酒疗法和外伤治疗等。一千多年前的《四部医典》中就已有"蒙古灸"的相关记载。

二、史学

蒙古族的历史著作，以松巴·益西班觉用藏文著述的《青海史》为最著名。据智观巴·贡却乎丹巴绕吉《安多政教史》记载[1]，松巴堪钦·益西班觉（1704~1788 年）于康熙四十三年（1704 年甲申）诞生于固始汗之孙额尔德尼台吉所率领的部落中，[2]在今海晏县托勒一带（以后编旗时，该部落被编为南左末旗，俗称群科札萨旗）。他九岁时被认定为前世（二世）松巴活佛的转世灵

---

[1] 智观巴·贡却乎丹巴绕吉著，吴均、毛继祖、马世林译：《安多政教史》，甘肃人民出版社1989年版，第66页。

[2] 额尔德尼台吉即纳木札勒，乃墨尔根台吉之子，而墨尔根台吉系固始汗次子鄂木布车臣岱青之子。

第五章 青海蒙古族的文化

童，迎入佑宁寺。二十岁入西藏哲蚌寺学经，成绩卓著。二十八岁返回，两年后被选为佑宁寺法台。三十四岁应召赴京。他是格鲁派的著名学者，著有多种宗教学著作。其历史学著作《青海史》记载了从1570年到1786年的二百一十余年间青海地区所发生的重大历史事件，是研究青海蒙古族历史和青海藏族历史的一部重要著作。其另一著作《松巴堪布年表》对于青藏高原上主要寺院的修建、高僧大德的生卒年月、重大历史事件，都有记载。①

第四节　生活习俗

在历史传承发展中，受时空制约，也受周围兄弟民族的影响，从而使得青海蒙古族形成了别具特色的生活习俗。

一、服饰

历史上西蒙古衣饰在祁韵士的《西陲要略》中有较详的记载："冠无冬夏之别，但以毛质厚薄为差，白毡为里，外饰以皮，贵者饰以毡或染紫绿色。其顶高，其檐平，谓之'哈尔邦'，略如内地暖帽，而缀缨止及其帽之半。妇人冠与男子同，带以丝为之，端垂流苏，其长委地。妇人辫发双垂，约发用红帛在辫之腰，帛间缀以好珠瑟瑟之属，望若繁星。呼袍为'拉布锡克'，台吉以锦缎为之，饰以绣；宰桑则丝绣氆氇为主。贱者多用绿色。御冬无棉，以驼毛为絮，名'库棚'。亦有只衣羊皮者，皆袏平袖，四周连纫。男子衣不镶边，妇人衣用棉绣两肩，两袖及交襟续袏处，镶以金花，其民妇则以染色皮镶之。台吉靴以红香

---

① 参见《土族简史》，青海人民出版社1982年版，第98~99页；又芈一之：《青海民族史入门》，青海人民出版社1987年版，第85页。

牛皮为主，中嵌鹿皮，刺以文绣，宰桑用红香牛皮，不嵌不绣；民人曳皮履或黑或黄，无敢用红者。"①

清代对蒙古王公贵族服饰有具体规定。帽式：帽用困秋卷沿式，冬用染貂，春秋用呢，夏用羽缎，帽顶用青缎，底上加平金宝桐花，冬季加饰貂尾。帽顶居中缝以帽章，以金为质，钻宝桐花纹，以贯宝石，色样按各人品级而区别。汗、亲王、公等嵌珍珠，依珠数分等级。汗和亲王十珠，郡王九珠，贝勒八珠，贝子七珠，公六珠。公以下皆不用珠，只以宝石分别之。衣式：外衣用对襟褂式，青色，领圈袖口加绣平金宝桐花，或加以金辫。沿袭补服旧制，改用绣图章服。内衣用旧开袍式，分为两种。一为礼服，色用绛蓝，下绣五色彩水，周身绣宝桐花。二为常服，不拘色，也不加绣彩。领圈袖口之宝桐花，皆以九花为最上一级，汗和亲王用之。郡王用八花，贝勒用七花，依次递减至一花，四等台吉及塔布囊用之，以下者只用金辫，由三条至一条，分作三级。②

蒙古服色循用已久，本与藏族迥殊。清代嘉庆年间，在青海却出现"今蒙古率皆穿戴番子衣帽，毫无区别，以致易于淆混"的现象，此被视为"穿戴番子衣帽，即属忘本"，③以致嗣后清政府曾经多次令"严饬蒙古王公禁止属下人等，不准穿戴番子衣帽"。因此，"著严谕该蒙古王公等，违法穿戴者上紧查拿，严

---

① 祁韵士：《西陲要略》。见《中国西部开发史文献》，全国图书馆文献缩微复制中心2009年版，第240页。

② 何健民：《蒙古概况》，上海民智书局1932年版。

③ [清]那彦成著，宋挺生校注：《那彦成青海奏议》卷一，嘉庆十二年九月十二日会同宁夏将军兴公奎、陕甘总督长公龄奏为筹议《西宁善后章程》事。青海人民出版社1997年版，第68页。

第五章 青海蒙古族的文化

行惩办,不可姑息。"①其目的在于"正蒙古衣冠,以防诡混"。由此可见,是时的蒙古族在服饰方面有较大的变异性。

二、饮食

由于青海蒙古族生存环境特殊,其饮食特色鲜明。据《西陲要略》记载,厄鲁特人的饮食状况:"不习耕作,以畜牧为业,饥食其肉,渴饮其酪,寒衣其皮,驰骋资其用,无一不取给于牲。""夏食酪浆酸乳,冬食牛羊肉。"②牛羊肉和奶制品是蒙古人的主要食物。冬、秋季节多食肉类,春、夏之时多食奶类。青稞炒面(蒙语称"郭勒日")、茶(清茶、奶茶)是蒙古人饮食中的主要食物和日常生活中的必需品。

三、居住和行

蒙古族"平时逐水草而居者,论其暂则数迁其地,论其常则四时有一定之地,夏日所居曰夏窝子,冬日所居曰冬窝子。夏窝子在大山之阴,以背日光,其左右前三面则平旷开朗,水道倚巨川,而尤择树木阴密之处。冬窝子在山之阳,以迎日光,山不在高,高则积雪,又不宜低,低不障风,左右宜有两硖道,纡迥而入,则深邃而温暖也。水道不必巨川,巨流易冰,沟水不常冰也。"③

蒙古人住圆形白色毡帐,称作"蒙古包"。包高约七八尺,宽约一丈五尺。先用桦木制成"巴哈那"(支架)和木制小门支成圆形围架(铁日莫),再以几十根长约两米的"窝尼"(连接

---

① [清]那彦成著,宋挺生校注:《那彦成青海奏议》卷一,"嘉庆十二年十月初五日军机大臣字寄奉上谕"。青海人民出版社1997年版,第70页。

② 祁韵士:《西陲要略》。见《中国西部开发史文献》,全国图书馆文献缩微复制中心2009年版,第240页。

③ 徐珂编撰:《清稗类钞·风俗类》,中华书局2003年版,第2 215页。

-277-

《清稗类钞》中有关史料

巴哈那和天窗的杆）穿联，窝尼下端固定在围架铁日莫上。上端穿于圆形"哈拉次"（天窗）上，成伞状圆锥形包架，然后在四周和顶上围以和覆以白色羊毛毡，再用毛绳、毛带缚定，前边（朝东或朝南）安上两扇木制小门。门上挂毛毡门帘，包顶圆形天窗上有一片可以活动的毡制顶盖，可以随风向用绳子拉着启闭和转向。经济条件优裕的人户在蒙古包毡片及毛毡门帘边镶以青布做的富有民族特色的云纹花边。蒙古包具有便于迁移、抵御风寒烈日、冬暖夏凉、适宜于游牧生活的特点。

蒙古包内摆设、布置有一定规矩。正中上方设佛龛，有佛像、经卷、酥油灯和酥油、炒面、曲拉等供品。供桌和灶将蒙古包分成左右两侧，在两侧靠近"铁日莫"处放置箱柜、衣物、粮

第五章 青海蒙古族的文化

食等,覆以华丽的棉织或丝织壁毯。右侧靠门处放置木制活动碗架、炊具及柏木制的打酥油桶和挤奶桶等。包中央对天窗处是"托勒合"(铁制的锅支架),可使烟和蒸气从天窗散出。包上方和左右两侧铺长方形地毯或毛毡,长者居上方,客人和家庭男性成员居左侧,妇孺居右侧。蒙古包内兼作卧室、客厅、厨房和储藏室,由于布置井然有序,显得干净卫生,宽畅整齐。贵族和王爷等上层人士,又有专门分作卧室、客厅、办公、佛堂、厨房、储藏室用的蒙古包。

蒙古包外近处堆放驮鞍、羊毛、皮张,不远处堆放干牛羊粪(燃料),再前有整齐地钉着几个连成长方形的铁桩和木桩,在所系绳子上既可栓牛羊以挤奶,也可用以拴马。依地形特点,有的设置羊圈,也有的不设羊圈而在夜晚由牧羊犬守护。

马是蒙古族最主要的交通工具,无论放牧牲畜,或草场搬迁,或出门访亲会友,蒙古人都离不开马。就连青海蒙古族妇女"出必跨马,数里之遥,不常用鞍,辄一跃而登马背焉。"[1]

四、婚姻和家庭

青海蒙古族通行一夫一妻制,同姓不婚,姑表、姨表兄妹不婚。除札萨克王公外,男子一般不纳妾。等级婚姻比较明显,札萨克王公之女绝对不允许嫁给平民,一般贵族富户可以娶平民女子。蒙古族以民族内婚为准则,也有与其他民族通婚的,但宗教信仰不同不允许通婚。

早期厄鲁特蒙古,"男女婚姻以羊马为聘礼。婚之日,婿至女门,女家诵喇嘛经,婿与女共持一羊髀骨拜天地日月,夫妇交结其发。女家为设蒙古包,以成婚。明日婿先归,别择日以娶

---

[1] 徐珂编撰:《清稗类钞·风俗类》,中华书局2003年版,第2 214页。

妇,乘马至婿家。"①青海蒙古族由于特有的文化空间关系,对上述婚俗无论在内容上形式上都有了一定的变化。《卫拉特法典》中有严禁破坏他人家庭的科罚条款,所以蒙古族一般不许离婚,俗云"只有死别的,没有生离的"。

五、丧葬

成吉思汗时实行土葬,不树不封。经过历史演变,在清代及近代,青海蒙古族实行:一是天葬,也称野藏,这是主要的丧葬方式,也是最高的葬式;二是火葬,人亡后先去寺院报丧,并请喇嘛选定地点和时间进行火葬;三是土葬,一般在邻近汉族和农业区的蒙古人中实行,也因地区不同有不同的土葬方式。

服制为四十九天。服孝期间,在"一七""三七""七七"日请喇嘛念经超度。家庭富裕者在该四十九天内到寺院点一百盏佛灯(自己带酥油),烧一百炷香,请喇嘛念一百遍超度经。如是王公贵族,则以"千"为单位进行上述活动。

---

① 祁韵士:《西陲要略》。见《中国西部开发史文献》,全国图书馆文献缩微复制中心2009年版,第241页。

附录一

青海蒙古王公世系表

甲：固始汗先世及其子孙世系

阿克隆噶勒泰诺颜——乌鲁克特穆尔——博罗特布吉——博罗特特穆尔——都楞代博——图古堆——那郭代——赛谟勒呼——库绥——博贝——啥尼诺颜洪果尔——图鲁拜琥（固始汗）。十子分列如后：

长子　达延鄂齐尔汗 共六子 衮楚克达赖汗——拉藏汗

次子　鄂木布车臣岱青
- 墨尔根台吉
  - 纳木札勒——罗卜藏察罕
  - 额林沁达什——达马林色卜吞
- 卓里克图岱青—罗卜藏达尔札—济克济札布

三子　达兰泰—衮布—额尔德尼厄尔克托克托鼐——车凌多尔济

四子　巴延阿布该——
（达赖乌巴什）
- 和罗里（阿拉善旗祖）—阿宝
- 札布

五子　伊勒都齐
- 博硕克图济农
  - 岱青巴图尔—阿拉布坦札木洪
  - 墨尔根诺颜—拉查布—察罕拉布坦
  - 察罕丹津（河南亲王）
  - 根特尔——丹忠
- 罕都

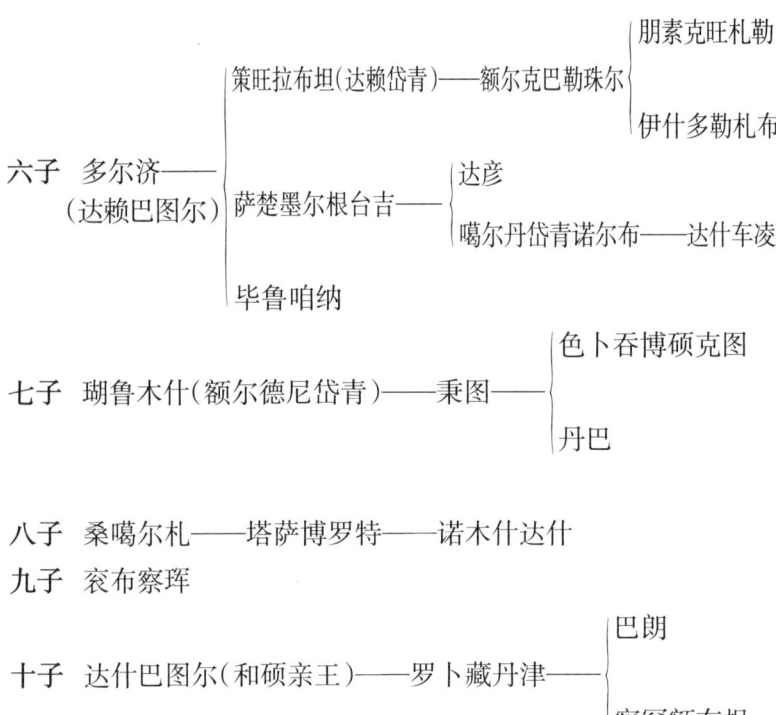

乙：蒙古二十九旗表

第一，和硕特部，原二十一旗，后绝嗣一旗

（一）前首旗　俗称河南亲王旗。黄河南岸苏乎阿力盖支曲两岸，今河南县。初编1 650户，1938年前2 000~3 000户。世系：伊勒都齐—次子—博硕克图济农—三子—察汗丹津（始封）—从孙—旺楚克—子—旺丹多尔济帕兰木—从子—纳罕达尔济—子—达什忠乃—子—达什

附 录

旺札勒——(子)春津——(族侄)巴勒珠尔拉布坦——(子)更尕环觉——(妹)札西才让（女王）。

（二）南右中旗 俗称达参旗。黄河南岸西倾山一带，今河南县。初编2 000户，后（指1938年前，下同）400户。世系：伊勒都齐达——(次子)博硕克图济农——(长子)岱青巴图尔——(长子)阿拉布坦札木素（始封）——(从子)达什纳木札勒——(嗣子)礼塔尔——(兄)隆奔——(子)旺济勒多尔济车卜吞——(子)达什端多布——(子)棍布旺济勒——(子)巴勒珠尔拉卜坦——车楞塔什——车楞塔尔。

（三）南左中旗 俗称拉加旗。在黄河南岸拉加寺尕科亥浪麻一带，今同德县。初编2 000户，后60余户。世系：伊勒都齐——(次子)博硕克图济农——(次子)墨尔根诺颜——(子)拉察布（始封）——(长子)察罕拉布坦——(长子)多尔济色卜吞——(叔)旺舒克拉布坦——(长子)纳罕多尔济——(弟)罗卜丹津——(弟)沙拉布提里——(长子)衮布多尔济——(孙)贡布色布吞——索南多尔济——更登。

（四）北左旗 俗称可鲁沟贝子旗。在布隆吉尔河南，德令哈以北，今德令哈市。初编450户。后1 300~3 000户。世系：桑噶尔札——(子)塔萨博罗特——(次子)索诺木达什（始封）——(次子)噶勒丹旺札勒——(三子)莽乃——(子)罗卜藏色卜吞——(弟)巴勒济特——(子)拉札布（复爵位）——罗卜藏色卜吞——(长子)旺沁丹津——(长子)格勒克那木札

-283-

勒——棍布车布坦——那木当吹布尔——索南旺札勒

（五）北前旗 俗称布哈公旗。在大通河上游默勒一带，今祁连县。初编300户，后500户，世系：达延鄂齐尔汗—<u>季子</u>—墨尔根诺颜—<u>长子</u>—车凌（始封）—<u>长子</u>—色卜吞达什—<u>弟</u>—棍楚克札布—<u>长子</u>—吹忠札布—<u>长子</u>—格楞拉布齐—<u>子</u>—达马林札布—<u>毕齐罕车凌嗣子</u>—多尔济色卜吞—<u>子</u>—济克什札布——索诺木达什——索南木札西

（六）西前旗 俗称青海王旗。在都兰察罕诺尔一带，今都兰县。初编1 200户，后500户。世系：多尔济—<u>次子</u>—策旺拉布坦—<u>子</u>—额尔克巴尔珠尔—<u>长子</u>—朋素克旺札勒（始封）—<u>子</u>—棍楚克达什—<u>次子</u>—索诺木多尔济—<u>子</u>—车林端多布—<u>子</u>—乌尔津札布—<u>子</u>—阿玉尔什迪—<u>族兄</u>—县克济尔噶勒—<u>子</u>—才拉什札布—<u>嗣子</u>—王得海

（七）西后旗 俗称柯柯贝勒旗。在赛什克盐池一带，今都兰县。初编1 350户，后600户。世系：多尔济—<u>次子</u>—萨楚墨尔根台吉—<u>次子</u>—噶尔丹岱青诺尔布（始封）—<u>子</u>—达什车凌—<u>子</u>—丹巴车凌—<u>长子</u>—济克默特伊什—<u>长子</u>—札木巴勒多尔济—<u>子</u>—那木喀旺札勒—<u>子</u>—车凌诺尔布—<u>叔</u>—罗布桑占巴—<u>子</u>—旺占绰克都布——车凌端多

附录

（八）南左后旗　俗称阿喀公旗。在湟源西北拉拉达坂一带，今海晏县。初编2 000户，后150户。世系：达延鄂尔齐汗——次子——多尔济——子——垂库尔（始封）——长子——噶尔丹达什——子——丹津纳木札勒——弟——索诺木巴勒济——子——索诺木多尔济——弟——喇特纳锡第——子——察哈巴克——罗卜藏端多布——耀布塔尔——更登

（九）南右后旗　俗称托茂公旗。在青海湖东岸班马河一带，今海晏县。初编200户，后50户。世系：达延鄂齐尔汗——五子——索诺木达什（始封）——次子——诺尔布朋素克——嗣子——达什巴勒珠尔——从父——车凌三子——达什札布——长子——根敦端多布——长子——伊什达尔济——子——珠尔默特图布——子——吹达尔——棍楚克拉逊多布——索南群派勒——王完麻

（十）北左末旗　俗称茶卡王旗。在茶卡盐池一带，今乌兰县。初编180户，后60户。世系；多尔济——三子——策旺拉布坦——子——额尔克巴尔珠尔——次子——伊什多勒札布（始封）——子——毕齐罕车凌——族子——巴勒珠尔——毕齐罕车凌嗣子——桑多布——从弟——多尔济——旺沁端多布——子——巴什巴勒达什仑都布——同族——林沁那木都勒——罗堆僧格——索诺木兴额拉布坦

（十一）北右末旗　俗称可鲁札萨旗。在柴达木巴音河一带，今德令哈市。初编350户，后300户。世系：鄂木布——长子——墨尔根

台吉—^{六子}额林沁达什（始封）—^{次子}达玛林色卜吞—^弟博贝—^{从子}旺札勒—^{长子}根敦札布—^{长子}固本札本—^子察啥巴克——索诺木端多布——索南丹朱

（十二）西右中旗 俗称台吉乃尔旗。在诺木洪河以西，当金山以南，今都兰县西。初编1 200户，后1 050户。世系：固始汗伯兄哈纳克土谢图—^孙图湖尔绰克图—^{次子}僧格—^子车凌纳木札勒（始封）—^弟巴勒丹—^{长子}达什车木伯勒—^子丹朱布那木札勒—^子德沁—^{胞叔}恭藏—^侄旺沁—^子多布登色尔札勒——沙克多尔札布——土布坦嘉木措

（十三）南右末旗 俗称居里盖札萨旗。在恰卜恰至柳稍沟一带，今共和县。初编150户，后60余户。世系：鄂木布—^{次子}卓哩克图岱青—^子罗卜藏达尔札—^{长子}济格济札布（始封）—^{长子}车凌多尔济—^{长子}达克巴勒木札勒—^{长子}诺尔布林沁—^{长子}济克莫特—^{叔祖}索诺木旺济勒—^子拉木棍策勒谦—^弟拉木棍策勒克札勒—^子乌勒哲依巴图——棍布札布——官保加

（十四）南左首旗 俗称默勒王旗。在今祁连县，初编600户，后130户。世系：达兰泰—^子衮布—^子额尔德尼厄尔克托克托鼐（始封）—^{三子}索诺木丹津—^孙棍楚克敦多布纳木札勒—^{长子}刚

附 录

噶尔——叔伊什达尔济——族弟沙克多尔——子棍楚克济莫特——子济莫特那木札勒多尔济——子棍布拉卜坦——子栋阔林沁

（十五）北右旗　俗称宗子贝旗。在群科滩，今海晏县。初编900户，后40余户。世系：瑚鲁木什——次子哈坦巴图尔——弟车凌敦多布（始封）——从祖秉巴之次子丹巴——长子沙克都尔札布——次子绰尔济多尔济——子拉特纳锡第——子伊达木林沁——长子吹木丕勒诺尔布——索南年木哲——长子官保才仁

（十六）西右前旗　俗称默勒札萨旗。在俄博、永安一带，今祁连县。初编1 200户，后500户。世系：鄂木布——子默尔根台吉——长子纳木札勒——弟阿拉布坦（始封）——长子棍布拉布坦——长子班弟——子索诺木勒敏珠尔——子端多布旺济勒——齐木特林增——雅楞丕勒——兄仓哇——叶喜

（十七）东上旗　俗称巴哈诺尔札萨旗。在青海湖北岸，今海晏县。户口不详。世系：巴延阿布该阿玉什——十六子札布（始封）——长子达奇——长子桑济达什——长子车凌多尔济——弟札苏咙——次子端多布——子车布登端多布——勒克多勒

（十八）南左末旗　俗称群科札萨旗。今海晏县。初编300

户，后100户。世系：鄂木布—长子→默尔根台吉—子→纳木札勒—次子→罗卜藏察罕（始封）—长子→多尔济色卜吞—长子→恭桑车凌—嗣子→旺舒克—子→达尔玛什里—叔→永隆—子→丹津绰克都布—子→沙克都尔札布—子→伯朋楚克—长子→察木多尔济勒噶朗—长子→图布坦—胞弟→丹增

（十九）西右后旗 俗称巴隆札萨旗。在巴隆，今都兰县。世系：瑚鲁木什—四子→东图—长子→色布腾博硕克图（始封）—长子→车凌多尔济—子→罗卜藏车凌—子→巴勒珠尔—长子→噶勒丹丹忠—子→格勒克拉布坦—子→布颜达赖—子→达什多尔济——诺尔布达尔济——昂久多尔济——俄罗波仁庆

（二十）西左后旗 俗称宗加札萨旗。在宗加，今都兰县。初编500户，后150户。世系：固始汗弟色凌哈坦巴图尔—七子→茂济喇克—孙→哈尔噶斯（始封）—长子→恭格车凌—弟→吹忠札布—长子→楞棍多尔济—长子→恩克巴雅尔—长子→济克莫特旺楚克—次子→通昌噶尔布—子→布木达什——旺丹多尔吉——诺尔布达尔吉——太木巧扬森扎布

（二十一）南左次旗 在今共和县境内。世系：达兰泰—子→伊齐巴图尔衮布—子→额尔德尼厄尔克托克托鼐—四子→车凌多尔济

附录

(始封)——长子——恭格色布腾——长子——沙克都尔

嘉庆十三年，沙克都尔兼袭南左首旗，是年诏将南左次旗撤销。和硕特部减为二十旗，后加上察罕诺们汗一旗，仍习称二十九旗。

第二，土尔扈特部，四旗

（二十二）南后旗　俗称角昂札萨旗。在永安、默勒一带，今祁连县。初编500户，后130户。世系：翁贵——曾孙——丹忠（始封）——长子——纳木锡里策旺——族弟——都勒玛札布——长子——罗卜藏吹达尔——长子——拉木札拉木楚克——族弟——达阔——子——诺尔布——多锐

（二十三）西旗　俗称托里合札萨旗。在恰卜恰，今共和县。初编330户，后60户。世系：莽海——五世孙——诺尔布（始封）——弟——色特尔布木——长子——乌尔占——从弟——伊达木——从弟——贡格——子——旺舒克——子——达玛林车凌——子——洛布桑彦达克——族叔——棍布端多布——林沁诺罗

（二十四）南前旗　俗称托日和札萨旗。在苏乎大小外司，今河南县。初编100户，后300户。世系：翁贵——四世孙——察罕拉布坦（始封）——弟——达尔札——长子——色布腾多尔济——弟——棍楚克——三子——玛齐克策楞——子——索诺木拉布坦——从子——车林端多布——噶勒藏旺札勒——弟——老登——外甥——贡保札西

（二十五）南中旗　俗称永安札萨旗。在永安滩，今祁连县。初编600户，后150户。世系：翁罕后裔保兰阿噶勒琥——(曾孙)索诺木拉布坦多尔济（始封）——(族曾孙)栋——(长子)萨拉——(长子)达什拉布坦——(长子)萨木都布札木素——(族弟)多尔济旺济勒——(子)端多布那木济勒——(孙)丹巴——旺庆隆保

第三，绰罗斯部，二旗

（二十六）南右首旗　俗称尔里克贝勒旗。在班马河一带，今海晏县。初编600户，后150户。世系：翁罕传十五世卓特巴巴图尔——(子)色卜腾札勒（始封）——(子)车凌拉布坦——(长子)索诺木多尔济——(从弟)色布腾多尔济——(从祖)车木伯勒——(长子)吹忠札布——(长子)德里巴勒珠尔——(子)那木札勒丹巴——(子)拉旺多尔济——(子)林沁旺札勒——苏呼得力

（二十七）北中旗　俗称水峡贝子旗。在水峡外，今海晏县。初编375户，后200户。世系：翁罕后裔卓里克图和硕齐——(孙)阿拉布坦（始封）——(长子)那木札勒车凌——(子)齐默特丹巴——(子)拉特纳锡弟——(子)索诺木丕勒齐——(子)棍楚克旺丹忠——纳木希里——德济特巴勒珠——多普济——达什那木济勒——旦木正才仁

第四，辉特部，一旗

（二十八）南旗　俗称端达哈旗。在恰卜恰，今共和县。初

编150余户，后150余户。世系：辉特台吉纳木占——子——卓里克图和硕齐——孙——贡格（始封）——长子——纳罕塔尔巴——长子——旺札勒敦多布——长子——达玛林——长子——林沁旺楚克——子——多尔济沙木——弟——车林端多布——班玛旺济勒

第五，喀尔喀部，一旗

（二十九）南右旗 俗称喀尔喀札萨旗。在永安滩，今祁连县。初编1 010户，后2户。世系：成吉思汗后裔讷克额尔德尼——子——更敦（始封）——兄——达什敦多布——孙——车德尔——长子——济格济札布——子——车伯克多尔济——子——巴颜济尔噶勒——侄——达什萨布坦——子——拉布什诺尔布

第六，白佛旗

（三十）察罕诺们汗旗。旗下为蒙古族和藏族，在黄河南德庆寺一带，今贵德县。初编400余户。后一部分北移海晏。民国三年加封白佛"广大明智国师"。世系：拉莫·粗尼嘉措——拉莫·洛追嘉措——阿旺洛桑丹贝坚赞——洛桑图丹格勒坚赞——潘德旺秀克尊嘉措——阿旺却珠丹贝坚赞——根敦丹增诺布贝桑布——夏茸尕布

说明：此表是依据《青海民族史入门》"附录"、民国时期档案、青海1958年的社会历史调查以及原民革青海省委副主委王树中、海西州干修所达西仁钦等提供的部分材料制成。

附录二

历史大事记

历代纪年	公元	大事记
元太祖二十二年	1227	正月,成吉思汗率师从临津关渡河取积石州,二月破临洮。三月,蒙古军破西宁州。六月,西夏亡。成吉思汗驻军清水县西江。七月二十七日,大汗逝世于军中,大军北返,自西宁州迁民云州。
太宗八年	1236	蒙古军略定迭州等地,设迭州安抚使。
太宗十一年	1239	阔端派多达耶、那门率军进入藏北,路过青海的黄南、海南、玉树等地。1241年冬撤返。
宪宗二年	1252	皇弟忽必烈奉命征大理,次年秋从临洮、河州南进。达吾尔部在卓格浪地区设驿站马场,事平之后,一部分定牧于今河南县。
宪宗三年	1253	设吐蕃宣慰使司,治河州,辖安多地区。1264年改名吐蕃等处宣慰使司都元帅府。
世祖至元六年	1269	封皇七子奥鲁赤为西平王,镇吐蕃等地。划西宁为章吉驸马份地。
至元十二年	1275	赐西平王所部鸡城戍每人马三匹。西平王奥鲁赤征吐蕃,安西王忙兀剌、诸王只必贴木儿和驸马章吉,各遣所部蒙古兵从征。
至元二十四年	1287	封章吉驸马为宁濮郡王,镇西宁。其妻为郓国公主。
至元二十五年	1288	昔烈门叛,率属西逃,甘肃行省官约章吉合兵讨之。
至元三十年	1293	西平王奥鲁赤会万户张邦瑞率万人西征。
成宗元贞二年	1296	奥鲁赤长子铁木儿不花与脱会兵,讨阶州蕃。
成宗大德元年	1297	封奥鲁赤长子铁木儿不花为镇西武靖王。奥鲁赤次子及其子孙承袭西平王。
大德八年	1304	封出伯为威武西宁王。三年后晋封豳王,移甘州。
大德十一年	1307	章吉之弟脱脱木儿驸马(其妻桑哥不剌)封濮阳王,镇守湟水下游及庄浪河一带。
武宗至大元年	1308	封镇西武靖王铁木儿不花之长子老的罕为云南王。
仁宗延祐四年	1317	濮阳王脱脱木儿晋封岐王。
英宗至治三年	1323	西番攻阶州,镇西武靖王搠思班遣临洮路元帅降之。
文宗天历元年	1328	老的罕子阿纳忒纳失里由西安王晋封豫王。
天历二年	1329	忽答里迷失受封西宁王。
明宗至顺元年	1330	速来蛮封西宁王。云南镇兵之变,镇西武靖王搠思班、豫王阿纳忒纳失里率朵甘思、脱思麻、巩昌诸处军马会同荆王征剿。

续表:

历代纪年	公元	大事记
顺帝至元三年	1337	番盗起,杀镇西武靖王子丹巴。
元末		封卜烟帖木儿为宁王,镇守撒里畏兀儿地面,一部分扬州乐户随之迁来。
至正九年	1349	西番盗起,岐王阿剌乞奉命镇西番。
明太祖洪武二年	1369	明朝大军西进,豫王先败于潼关,二年又被俞通海袭破于海原县,退守河州。
洪武三年	1370	四月初七日定西之战,明军大败扩廓帖木儿。五月二十三日明军攻克河州,豫王西逃,明军追至西黄河黑松林,留成而还。镇西武靖王卜纳剌于六月十八日降明。次年三月入朝,留居南京,封武靖卫同知。
洪武五年	1372	元歧王朵儿只班据西宁之西息利思沟,朵尔只失结、徐景袭破其营,北逃大通山中,又北逃居延海,后被冯胜击走之。
洪武七年	1374	六月,元宁王卜烟帖木儿遣使入贡,归降明朝。诏立其酋长为阿端、阿真、苦先、帖里四部,给铜印。
洪武八年	1375	正月,卜烟帖木儿遣其王傅卜烟不花,献元朝所授金银字牌。明朝诏封卜烟帖木儿为安定王,并置安定、阿端二卫。以后又置罕东卫、曲先卫,以处其众。总称"西宁塞外四卫"。
洪武十年	1377	安定王卜烟贴木儿被沙剌所杀,王子板咱失里杀沙剌,沙剌部将又杀王子,部内大乱。
洪武二十五年	1392	蓝玉西征,追逃寇祁者孙至罕东地后,西宁"三剌"招归之。
洪武三十年	1397	锁南吉剌思遣使入贡,诏复置罕东卫,授指挥金事。
成祖永乐元年	1403	锁南吉剌思偕其兄答力袭入朝,授指挥使,授答力袭指挥同知。
永乐二年	1404	安定卫首领朝贡,明廷擢千户三即等人为指挥金事。
永乐四年	1406	诏复置阿端卫、曲先卫。
永乐二十年	1424	安定卫指挥哈三之孙散哥等,劫杀朝使邓诚、乔来喜。
仁宗洪熙元年	1425	明廷命李英等率军讨安定叛贼,追至昆仑山,大破之。曲先卫散即思远遁,几年后返回。
宣宗宣德三年	1428	赐安定及曲先卫指挥等官五十三人诰命。
宣德五年	1430	挚散即思劫西域贡使,明廷命史昭率军讨之,又远遁。
英宗正统三年	1438	安定都指挥金事桑哥卒,其子那奔嗣职。
孝宗弘治时	1488—1505	安定王子陕巴居曲先之地,被迎去哈密,为忠顺王。
武宗正德四年	1509	亦不剌、阿尔秃斯率众入西海,破安定卫。
正德七年	1512	亦不剌部袭踞西海,破曲先、阿端等卫。安定卫江缠尔加等僧俗四十余人迁威远城东。七月,西海蒙古入北川,守备汪淮追击于旱坪山。

续表：

历代纪年	公元	大事记
正德八年	1513	西海蒙古攻南川，金冕御之，败于扁道岭。
正德九年	1514	三边总制彭泽派军，从河西走廊击亦不剌。亦不剌移营西宁塞外，渡黄河掠洮岷，奔松茂。不久，仍返西海。
正德十年	1515	鞑靼部卜儿孩奔西海之西北，隶属亦不剌。
正德十四年	1519	西海蒙古驱隆卜部乌思尔等攻西宁南川，千户李谆战死。革咂部攻弘化寺，败于巴燕戎山。
世宗嘉靖二年	1523	西海蒙古攻西宁北川，明军败之于清水沟。
嘉靖四年	1525	卜儿孩攻大通河一带，被甘肃总兵姜奭击破。
嘉靖八年	1529	蒙古攻西宁南川，指挥使陈洽战死扁道岭。秋，掠碾伯，明军破之于土官岭。
嘉靖十年	1531	西海蒙古攻西宁，被守备彭果及鲁经、冶鸾所败。
嘉靖十一年	1532	蒙古攻西宁南川，百户葛镇、丁显战死于扁道沟。
嘉靖十二年	1533	鄂尔多斯部吉囊率五万骑入西海，袭破亦不剌营，收其部落大半而去，卜儿孩率尔苡脱逃。
嘉靖十三年	1534	吉囊、俺答兵临西海，于青海湖东北三角城袭击卜儿孩。
嘉靖十五年	1536	河套蒙古攻西宁，为鲁经、冶鸾所败。守备崔骐于思巴务峡伏兵袭击西海蒙古。
嘉靖十六年	1537	崔骐又败西海蒙古于铁佛寺。
嘉靖二十年	1541	河套蒙古攻下川口，都指挥祁凤击走之。
嘉靖二十二年	1543	俺答率部至西海驻牧区。
嘉靖二十三年	1544	五月，西海蒙古进攻南川，守备薛卿御之于王沟尔峡。俺答留大成诸颜于西海，自率众走甘、凉北归。
嘉靖三十一年	1552	守备郑晓与西海蒙古战于燕麦川。
嘉靖三十三年	1554	西海蒙古在沙棠川为参将金鉴败之。
嘉靖三十七年	1558	俺答汗在出征西海途中，俘获了西藏一个商队，释还一千名喇嘛。
嘉靖三十八年	1559	俺答汗率众由镇羌入西海，赶走卜儿孩部，留子丙兔七部落于此。一年后俺答汗返云中，并派宾兔占据松山。三月，西海蒙古人西川，指挥罗松伏兵沙山败之。九月，又入南川，庄浪参将周钦等合御之。
嘉靖四十年	1561	西海蒙古人巴燕戎山，参将崔骐击走之。
穆宗隆庆三年	1569	俺答汗率众又入西海，次年因把汉那吉事北返。隆庆五年明封俺答为顺义王。
神宗万历元年	1573	俺答率众再入西海，并进兵康区，征服诸番。次年北返。
万历二年	1574	西海蒙古在青海湖南岸察卜齐雅勒建寺，三年寺成，明廷赐额仰华寺。俺答汗遣使威静宰桑、达云恰等赴西藏邀请索南嘉措。约定万历五年，双方同时动身，相会于察卜齐雅勒。

附 录

续表：

历代纪年	公元	大事记
万历五年	1577	俺答汗率众再一次入西海，部众八万，西海迎佛。
万历六年	1578	五月，仰华寺大会，俺答与索南嘉措互上尊号，达赖神职产生。
万历七年	1579	明廷对西海蒙古首开茶禁。俺答汗率西海蒙古以五百匹马易茶。
万历八年	1580	俺答汗自西海返云中，弘扬佛教。留丙兔、真相、把尔户、火落赤等部驻牧西海。
万历十一年	1583	正月，明廷允准火落赤于扁都口设小市，发帑银一万两。十月，著力兔纠合永邵卜部攻杀番族。
万历十二年	1584	丙兔子真相移驻莽剌川。
万历十四年	1586	河套蒙古庄秃赖攻掠碾伯诸番。
万历十五年	1587	松山蒙古攻燕麦川、北川，为万世德击走。
万历十六年	1588	火落赤渡黄河，占据捏工川。九月，瓦剌它卜囊攻西宁南川，副总兵李魁败死覆军。
万历十七年	1589	火落赤攻掠河州、洮州，杀游击李芳，副总兵联芳败死覆军。阿赤兔趁势入西宁北川。九月，火失兔攻掠瞿坛等处。
万历十八年	1590	俺答汗孙扯力克送佛至西海，掠河二州。秋，明廷命兵部尚书郑洛经略青海。阿赤兔攻掠隆卜部番。
万历十九年	1591	明朝收抚番族一百六十五部，八万人。扯力克东返，卜失兔、阿赤兔返松山。火落赤、真相、瓦剌它卜囊、把尔户等遁西海以西。明军复捏工、莽剌二川。明军焚仰华寺。
万历二十三年	1595	五月初四甘肃巡抚田乐指挥明军在甘州甘浚山国歼青把都部。九月九日瓦剌它卜囊攻西宁南川，被明军大败。九月十二日，明军于西川西石峡败永邵卜部。十月二十二日，再大败之于康缠沟。
万历四十五年	1617	卜儿孩、永邵卜余部攻永昌，被祁秉忠击走。
思宗崇祯七年	1634	喀尔喀部却图汗入青海，占据西海地区。卜儿孩余部占据北川大通及热贡地区。
崇祯八年	1635	却图汗派子阿尔萨兰率军一万进藏，增援藏巴汗。路上与和硕特部固始汗相遇。
崇祯九年	1636	固始汗率联军经塔里木、噶斯口进入青海。固始汗遣头目库鲁克等赴盛京与清联系，次年十月方到，受到欢迎。察哈尔林丹汗西来支持却图汗，死于大草滩。
崇祯十年	1637	固始汗军大败却图汗，并擒杀之。
崇祯十一年	1638	固始汗再次以香客身份入藏，与五世达赖等会晤，议定通使清朝，及先消灭白利土司，后派兵进藏。
崇祯十二年	1639	固始汗率军南下康区，次年十一月二十四日擒杀白利土司顿月多杰，统治康区。

续表：

历代纪年	公元	大事记
崇祯十四年	1641	固始汗挥军入藏。
崇祯十五年	1642	正月，杀藏巴汗。三月十五，固始汗登上西藏王位。派伊拉古克三呼图克图等赴盛京，当年十月到达。次年返回，皇太极致书固始汗。
清世祖顺治二年	1645	固始汗派其六子多尔济朝见清帝。固始汗尊上罗桑却吉坚赞以"班禅博克多"称号，班禅神职产生。
顺治六年	1649	固始汗四子乌巴什赴京朝贡。
顺治九年	1652	五世达赖与固始汗代表到北京朝见。
顺治十年	1653	清廷封固始汗为遵行文义敏慧固始汗。
顺治十一年	1654	十二月初七日固始汗病逝于拉萨。长子达延鄂齐尔承袭汗位。
顺治十三年	1656	清廷以蒙古频入内地，派员勘查，并谕鄂木布车臣岱青。
顺治十五年	1658	定镇海、白塔、洪水堡为青海蒙古出入贸易之口。
圣祖康熙四年	1665	"定羌庙之捷"。
康熙五年	1666	以墨尔根台吉为首蜂屯祁连山，纵牧大草滩。五世达赖传谕诸台吉，不许生事。
康熙九年	1669	达延鄂齐尔汗去世，子衮楚克达赖承袭汗位。
康熙十四年	1675	麦力干占据皇城滩，达尔加围河州，掠和政。达赖岱青属下攻洪崖堡等地。
康熙十六年	1677	达尔加掠撒拉族。
康熙二十二年	1683	墨尔根台吉请求在大草滩放牧，清廷不许。
康熙二十三年	1684	麦力干去世，其部众以后分别属于和硕特及混合于土族。
康熙二十七年	1688	五世达赖命达什巴图尔驻守打箭炉地方。
康熙三十六年	1697	青海蒙古各部归附清朝。达什巴图尔率诸台吉赴北京朝见康熙帝。达赖汗去世，子拉藏汗承袭汗位。
康熙三十七	1698	清廷封达什巴图尔为亲王，其余封授有差。
康熙四十年	1701	察罕丹津赴京朝见请安，被封为贝勒。
康熙四十四年	1705	清廷封拉藏汗为诩法恭顺汗。
康熙四十八	1709	察罕丹津始建拉卜楞寺。
康熙五十年	1711	蒙古王公捐金修建塔尔寺金瓦寺，自此有大金瓦寺之称。
康熙五十三年	1714	札什巴图尔去世，其子罗卜藏丹津嗣位。二年后清廷封为亲王。
康熙五十六年	1717	策旺阿拉布坦扰西藏，执杀拉藏汗。察罕丹津朝觐请安，被封为郡王。
康熙五十九年	1720	青海诸台吉随清军入藏，平定西藏，送新达赖坐床拉萨。

附 录

续表:

历代纪年	公元	大事记
世宗雍正元年	1723	二月,察罕丹津晋封亲王,额尔德尼厄尔克托克托鼐晋封郡王等。五月,罗卜藏丹津反清。
雍正二年	1724	二月,罗卜藏丹津反清失败。五月,清廷批准年羹尧所拟《青海善后事宜十三条》和《禁约青海十二事》。
雍正三年	1725	编制蒙古二十九旗,其中和硕特二十一旗,土尔扈特四旗,绰罗斯二旗,喀尔喀一旗,辉特一旗,另有察罕诺们汗一旗。废止《卫拉特法典》,改行《蒙古律例》。
雍正四年	1726	三月,清朝派大臣在青海立碑修亭,主持祭海会盟。此后,由每年一次逐渐变为二年一次,三年一次。
雍正九年	1731	土尔扈特部西旗诺尔布、里塔尔在柴达木军前反叛,被解至西宁口外正法。
高宗乾隆三十八年	1773	祭海会盟由春季改为秋季。
乾隆四十年	1775	公礼塔尔出猎遇害。
乾隆四十七年	1782	诏令各蒙古王公爵位"世袭罔替"。
乾隆五十六年	1791	沙拉布提里被枪杀。
仁宗嘉庆四年	1799	番子抢掠蒙古六千余户,伤害男女二千人。
嘉庆六年	1801	定青海卡伦,不许擅出擅入。
嘉庆十三年	1808	和硕特南左次旗人丁无几,明令撤销。
宣宗道光元年	1821	藏族渡河北移,蒙旗人口流徙,不少人迁移河西走廊。
道光三年	1823	设左右翼正副盟长和札齐克齐、梅楞、札兰等职。那彦成在察罕托洛亥筑察罕城,设戍,祭海会盟。
道光十九年	1839	西宁办事大臣苏勒芳阿准许察罕诺们汗旗迁牧河北。
道光二十二年	1842	果洛藏族抢掠蒙古,蒙古盟长衮丹楚克集默特,率兵协助陕甘总督富呢扬阿进剿,受到奖励。十一月,贵德厅所属河南藏族各部乘黄河冰冻北迁至柯柯乌苏等地。
道光二十四年	1844	三月,左翼副盟长贝勒罗卜藏济木巴协助清军有功,赏戴双眼花翎。
道光三十年	1850	八月,"番贼"于口外札哈那林抢劫蒙古赴藏熬茶拜佛的喇嘛及蒙古族和番商。
文宗咸丰元年	1851	默勒王旗郡王楚济莫特,请准暂住永安城,次年归牧原处。
咸丰九年	1859	西宁办事大臣重新划定蒙藏牧地。
穆宗同治三年	1864	蒙古盟长王公会同塔尔寺阿嘉呼图克图遣人赴督办甘肃军务都兴阿军营禀报军情。西前旗乌尔珲布协助攻打回民军受到奖励。
德宗光绪三年	1877	清廷赐海神庙"威靖河湟"匾额,地方官府在西宁城西门外修庙悬匾。

续表：

历代纪年	公元	大事记
光绪四年	1878	清廷予青海历年剿匪出力之副盟长贝勒拉旺多吉等奖。
光绪二十一年	1895	"河湟事件"爆发。次年，青海蒙古协助清军堵截围剿刘四伏所率的回军余部。
光绪三十年	1904	重修海神庙于察罕城北。
光绪三十三年	1907	西宁办事大臣再度于青海湖东修建海神庙，次年竣工，仅作祭祀之用。会盟之所改在东科尔寺内。
宣统二年	1910	郡王巴勒珠尔拉布坦任资政员钦选议员。理藩院催青海两盟举办教育。西宁办事大臣办蒙古半日学堂（民国后改蒙番小学校）。
中华民国元年	1912	八月十九日公布《蒙古待遇条件》。九月二十日公布"加进实赞共和之蒙古各扎萨克王公封爵"命令。设蒙藏事务局。将西宁办事大臣改称青海办事长官。
民国二年	1913	秋，蒙古王公拥护共和，在祭海中改换牌位，代表到兰州致意。袁世凯令王公每人晋爵一级。
民国三年	1914	改蒙藏事务局为蒙藏院。
民国四年	1915	裁撤青海办事长官，其事务改属青海蒙番宣慰使。五月至九月，北洋政府先后公布《蒙人服官内地办法》、《蒙古冠服制》、《特赏蒙古荣典条目》等。王公年俸，沿袭未变。
民国五年	1916	"宗社党"人吕光到拉卜楞寺策动"反清灭民"活动，得到河南蒙古亲王等支持。
民国六年	1917	青海南左翼后旗札萨克镇国公耀布哈尔进京值班，呈氆氇二百匹。五月，马麟擒获吕光，解送兰州，八月处死。蒙古半日学堂改为宁海蒙番学校，设师范甲科讲习科。
民国十年	1921	青海和硕特西前旗札萨克和硕亲王才拉布什札布等五员进京值班。
民国十六年	1927	宁海蒙番学校改名青海筹边学校。
民国十八年	1929	青海筹边学校并入省立第一中学，附设蒙藏班。
民国十九年	1930	1923年设都兰理事，此时改设都兰县，海西蒙古八旗归县管辖。
民国二十年	1931	六月，盟公所呈报"开发青海建议书"。秋，省府首次派员祭海。1932、1934、1935年南京国民政府派员祭海。
民国二十二年	1933	扩充蒙藏班，成立省立蒙藏师范学校。南京政府对蒙古王公颁布"自治原则"，盟旗公所改称政府。
民国二十三年	1934	改颁各盟旗政府新印三十颗，官章三十颗。两盟代表呈报"青海蒙情，恳请扶植"九事。
民国二十七年	1938	在西宁设立"青海蒙古两盟二十九旗驻省办事处"。推行保甲制度。除河南四旗外，其余二十五旗均设保甲。
中华人民共和国	1949~1950	九月五日，西宁解放。班禅经师嘉雅劝导班禅致电毛主席拥护解放。1990年8月20日嘉雅去世。青海全境解放，蒙古人民获得翻身解放。